复旦城市治理评论

Fudan Urban Governance Review

中国人文社会科学期刊AMI综合评价集刊入库期刊
中文社会科学引文索引来源集刊（CSSCI）

复旦城市治理评论　10
Fudan Urban Governance Review 10
中国人文社会科学期刊AMI综合评价集刊入库期刊
中文社会科学引文索引来源集刊（CSSCI）

主编
唐亚林　陈水生

副主编
李春成　孙小逸

编辑部主任
陈水生（兼）

编辑部副主任
孙小逸（兼）

编辑委员会（按姓氏音序排列）

陈水生	陈　醒	高恩新	高　翔	谷志军
韩志明	黄　璜	李春成	李德国	李瑞昌
李文钊	刘建军	刘　鹏	罗梁波	马　亮
孟天广	庞明礼	容　志	尚虎平	锁利铭
孙小逸	谭海波	唐亚林	王佃利	吴晓林
线　实	肖建华	颜昌武	叶　林	叶　敏
易承志	余敏江	张海波	张乾友	朱旭峰

复旦城市治理评论

大都市圈治理：
战略协同与共荣发展

唐亚林　陈水生　主编

复旦大学出版社

内容提要

立足新时代社会主义现代化国家高质量发展要求与空间布局战略体系，大都市圈是引领城乡融合发展形态、促进区域间融合互动和协同共荣、探索新时代新型大都市治理范式的重要场域，围绕大都市圈构建区域共同治理的体制机制成为如今城市化发展任务的重中之重。

从纵向历史看，中外大都市圈的发展经历了哪些阶段？分别呈现出怎样的形态与特征？又呈现出怎样的发展趋势？大都市圈战略提出的时代背景与时代特征有何差异？在空间形态上，都市圈作为复杂的城市联合体，具有怎样的功能定位和空间格局？都市圈与城市群、大中小城市、中心城区、小城镇、郊区等空间形态之间存在怎样的层次关系与复合结构？在演化动力上，在经济全球化、新型工业化和信息化、城镇化发展的驱动下，大都市圈的日趋成型经历了怎样的内生过程？又如何主动响应国家战略的主动设计与主动塑造？在体制机制上，大都市圈的高质量一体化发展应该如何建构有效的体制机制？如何将大都市圈发展路径有机嵌入现有区域治理制度体系当中？如何探索区域战略协同和共荣发展的新型治理范式，建构国家、区域、城市等多层次、跨区域和跨主体协同与共同的一体化发展体制机制，开创带有普遍意义的城市群协调发展道路？本书对上述问题作了详尽的回应，有助于读者对大都市圈治理的认识。

目 录

| 专题论文 |

陈 文　陈 设　层级竞合:粤港澳大湾区城市群跨域
　　　　　　　合作与协同治理 …………………………… 3

赵 吉　张文斌　圈层协作:区域一体化战略与都市圈战略的
　　　　　　　体系优化 ………………………………………… 29

吴雅妮　毗邻党建推动跨域治理何以实现? ………………… 57

李 宁　姚尚建　跨界治理中的注意力分配与地方
　　　　　　　行动选择 ……………………………………… 76

胡重明　彭龙胜　谢 婷　情境导向、组织动员与网格化
　　　　　　　治理效能的多重实现路径 ……………… 96

| 研究论文 |

王欢明　隋 鑫　居民集体行动困境何以破解:基层党建
　　　　　　　与合作生产 …………………………………… 137

游 晨　吴金群　治国有"数":国家治理中的数字生产 …… 167

| 方　敏　张　华　唐　斌 | 韧性治理：城市社区应急响应的行动逻辑与效应 …………………………… 187 |

| 刘湖北　叶明婕 | 从行政控制到嵌合共治：社区物业融入基层社会治理的转换逻辑与实现机制 ………… 215 |

| 杨雪芬　李春成 | 和平解放以来西藏教育制度变迁研究…… 242 |

| 张　兵 | 从城市意象到城市文态：中国新城新区城市文态规划设计理论的构建 …………………… 287 |

| 王　翔 | 当代中国城市治理研究的诠释性研究路径 ………… 322 |

| 卞　菲 | 社会心理服务体系试点案例的主题识别与政策启示 ……………………………………………… 350 |

专题论文

层级竞合:粤港澳大湾区城市群跨域合作与协同治理

陈 文* 陈 设**

[内容摘要] 城市群是中国新型城市化的重要空间形态,城市群作为"城市集合体",是空间相邻、经济互联、治理互动的新型城市发展形态。既有文献对城市群协同治理的研究主要有多中心治理模式、多层级治理模式、区域化治理模式三种类型。本文基于粤港澳大湾区城市群协同发展的实践,从"结构—要素—功能"三个层面,阐释粤港澳大湾区在城市群跨域合作与协同治理方面的现实困境,并从行政层级结构、要素跨境流动、协同治理效能的三维视角,研究粤港澳大湾区城市群跨域合作的层级竞合特征,探讨解决城市群跨域合作的屏障和阻隔的消解路径和方式。

[关键词] 粤港澳大湾区;城市群;层级竞合;府际合作

一、问题提出与文献回顾

城市群是中国新型城市化的重要空间形态,城市群作为"城市

---

* 陈文,深圳大学政府管理学院教授、博士生导师,全球特大型城市治理研究院执行院长。
** 陈设,深圳大学政府管理学院硕士研究生。
注:该文部分章节参考和引用了本人主持的《粤港澳大湾区协同发展与创新要素跨境流动研究》及有关研究报告的部分内容和资料,感谢课题组成员雷雨若、劳婕、陈硕、杨靖旼、聂伟、吴灏文、隋欣、陈科霖、郭少青、祖皓月、蔡楚佳的相关建议。

集合体",是空间相邻、经济互联、治理互动的新型城市发展形态。建设粤港澳大湾区世界级城市群,既是新时代推动形成全面开放新格局的新举措,也是推进"一国两制"事业发展的新实践。实现粤港澳大湾区一体化高质量发展须完善城市群跨域合作与协同机制,破除阻碍贸易物资、人员、资金、信息等市场要素高速流动的各种壁垒,清除城市群治理实践中的一些现实障碍,消解城市群建设过程中的"商而不协""合而不作""议而难行"等现象。

(一)问题的提出

2019年2月18日,中共中央、国务院印发《粤港澳大湾区发展规划纲要》,其中强调要将粤港澳大湾区建成充满活力的世界级城市群、国际科技创新中心、"一带一路"建设的重要支撑、内地与港澳深度合作示范区,还要将其打造成宜居宜业宜游的优质生活圈,成为高质量发展的典范,粤港澳大湾区上升为国家战略性区域。自我国实施改革开放以来,珠三角的快速发展以及"一国两制"的实践经验为粤港澳大湾区的建设提供了基础。然而,在实践中,粤港澳大湾区客观上存在"一个主权国家、两种社会制度、三套关税体系、四大核心城市、五种区划设置"的空间异质性和制度差异化的特殊情况,粤港澳大湾区城市群建设仍存在着一些现实性的障碍,反映了大湾区城市群在府际合作与协同发展层面存在多层级治理的现实问题。因此,如何厘清粤港澳大湾区城市群府际合作关系,如何破解粤港澳大湾区城市群存在的体制机制障碍,如何避免因法律制度和行政体系的差异而影响粤港澳大湾区城市群的跨域合作,是建设粤港澳大湾区世界级城市群必须直面的现实问题。

(二)文献综述

随着现代城市之间共生关系的加强,诸多学者从不同角度对城市与城市之间的跨域合作开展研究,探讨了城市群发展过程中的城市聚集现象,愈发注意到城市层级化特点对城市群跨域合作与协同治理的影响。弗里德曼(Friedmann)提出了城市层级结构的观点,认为城市被全球资本用作生产、销售和组织的基点,城市间的联系形成了"复杂的空间等级"。① 与城市层级结构的观点相对应,有学者在 20 世纪 90 年代提出了城市网络结构的观点,将城市视为复杂网络系统的节点。基于世界城市网络理论,城市群区域合作发展涉及多层次、网络状的城市体系,以及多样化的区域协调模式和方式。

现有文献主要从以下三种类型对城市群协同治理模式进行研究。第一,城市群多中心治理模式。多中心性指具有多种决策中心的复杂治理形式,每个决策中心都有一定程度的自治权,强调自主化的治理形式。有的学者认为,如果决策中心在竞争与合作关系中相互考虑,并诉诸解决冲突的机制,则可以将它们视为多中心治理体系。② 有的学者认为,城市群的多元化特征制约着城市群区域整体利益的实现,地方政府应从区域共同利益出发进行发展规划和设计,建立政府间关系的多中心合作网络。③ 有的学者探讨了都市区多中心共生与协同发展问题,提出了区域多中心共生结构模式。还有的学者指出了多中心竞逐发展模式存在的问题,认为各个城市政府自主发展,形成了城市群的竞争性发展格局,这种竞争缺少必要的政府协调监管程序,将演化为各城市间的恶性竞争。城市从多中心竞逐到联动整合发展之路,要解决好城市之间的分工与协作问题,以增强整体竞争力。④

第二,城市群多层级治理模式。国家干预的层级治理模式强

---

① Friedmann J., "The World City Hypothesis", *Development and Change*, 1986, 17 (1), pp.69-83.
② See Ostrom E., *Understanding Institutional Diversity*, Princeton, NJ: Princeton University Press, 2005.
③ 王佃利、王玉龙、苟晓曼:《区域公共物品视角下的城市群合作治理机制研究》,《中国行政管理》2015 年第 9 期。
④ 张紧跟:《从多中心竞逐到联动整合——珠江三角洲城市群发展模式转型思考》,《城市问题》2008 年第 1 期。

调的是建立新的政府层级和垂直官僚制度,即通过结构调整加强对中心城市的支配权。① 在不同的竞争环境下,基于地方政府之间的竞争动机,中国的城市区域协作关系是协作动机、纵向治理和竞争关系等共同影响下的复杂府际关系。② 有学者以香港—珠三角地区为例,指出城市群治理中涉及"中央政府、广东省政府、香港特别行政区政府、各地级市政府与县级市政府"等多层级府际关系的影响。③ 国家或地区的各层级政府之间的纵横结构关系④,"政府之间在垂直和水平上的纵横交错的关系,以及不同地区政府之间的关系"⑤对城市群治理有着重要影响。也有学者着眼于多元互动的视角,将政府间的关系理解为多边多级政府之间的利益博弈与权力互动。⑥ 纵向府际之间的权力分配要合理,横向府际之间需要平衡竞争,实现共赢。⑦

第三,城市群区域化治理模式。新区域主义(New Regionalism)强调城市群区域的开放性、包容性、合作性以及国家的适度介入性,区域内各城市为了共同利益自发组成某种区域结盟,从某种程度上来说,这是综合了国家干预的层级治理模式和多中心治理体系模式的一种新模式,更加强调横向的政府间合作,试图解决不同

---

① Giliberto Capano, Michael Howlett and M. Ramesh, "Bringing Governments Back in: Governance and Governing in Comparative Policy Analysis", *Journal of Comparative Policy Analysis: Research and Practice*, 2015, 17(4): pp.311-321.

② 锁利铭:《协调下的竞争与合作:中国城市群协同治理的过程》,《探索与争鸣》2020年第10期。

③ YANG Chun, "Multilevel Governance in the Cross-Boundary Region of Hong Kong-Pearl River Delta, China", *Environment and Planning A*, 2005, 37(12), pp.2147-2168.

④ 方木欢:《纵横联动:粤港澳大湾区政府间关系的理论分析》,《学术论坛》2020年第43期。

⑤ 谢庆奎:《中国政府的府际关系研究》,《北京大学学报》(哲学社会科学版)2000年第1期。

⑥ 陈国权、李院林:《论长江三角洲一体化进程中的地方政府间关系》,《江海学刊》2004年第5期。

⑦ 杨龙:《府际关系调整在国家治理体系中的作用》,《南开学报》(哲学社会科学版)2015年第6期。

行政区域的矛盾冲突。但在实践中,城市群的区域化治理客观上体现为各城市之间的竞合关系,有认为中国改革开放以来形成了以府际竞争为核心特征的区域治理体系,地方政府能够通过建立跨地区竞争壁垒获得利益①,地方保护和市场分割是地方政府财政激励的结果。周黎安以晋升博弈的方法研究地区间竞争,他认为区域之间存在着激烈的竞争,跨地区的地方政府官员之间的高度竞争是中国晋升体制下的常态。②

总体而言,既往对城市群府际合作的研究大多集中于纵向央地关系互动和横向地方政府间的竞争与合作以及区域协商治理等方面,而对于跨区域、跨层级的多级别联动研究相对较少。实际上,随着粤港澳大湾区的建设和发展,区域空间结构、制度衔接和层级互动等问题愈加凸显,城市群不同类型、不同级别、不同部门的府际合作及协商联动机制亟须建立。

二、结构—要素—功能:城市群层级竞合的分析框架

在城市群的发展实践中,城市竞合是城市间既竞争又合作的共存现象,城市或竞争主体开展合作来实现城市经济活动的良性竞争。③ 城市竞争的着眼之处在于提高城市竞争力的目标。④ 城市群的体系形态表现为各城市之间的治理层级结构,粤港澳大湾区作为主要的世界级城市群,其治理层级结构在世界四大湾区中最为复杂。粤港澳大湾区城市群层级竞合主要体现在以下三个方

---

① 白重恩、杜颖娟、陶志刚等:《地方保护主义及产业地区集中度的决定因素和变动趋势》,《经济研究》2004 年第 6 期。
② 周黎安:《官员晋升锦标赛与竞争冲动》,《人民论坛》2010 年第 15 期。
③ 王青:《浅析城市合作性竞争》,《当代经济》2009 年第 1 期。
④ 线实、陈振光:《城市竞争力与区域城市竞合:一个理论的分析框架》,《经济地理》2014 年第 34 期。

面:一是粤港澳大湾区城市群行政层级复杂,既有特别行政区、副省级城市、地级市的城市行政区划差异,又有城市内部"市—区—街道—社区"的城市管理层级区分,这意味着粤港澳大湾区城市群跨域合作具有层级化、梯度化的特征,客观上存在不同层级府际合作的现实困难;二是在要素跨境流动方面存在不同类型和层次的法律、法规及政策规约,要实现粤港澳区域一体化的融合发展,必须破除阻碍贸易物资、人员、资金、信息等要素流动的各种壁垒;三是区域间地方政府的非对称性及行政层级差异性增加了城市之间的协商难度,亟须完善粤港澳城市群的多层级协商治理机制。

结构功能主义是重要的理论分析框架,最早可以追溯到孔德(Comte)提出的社会有机体论。社会学家涂尔干(Durkheim)认为,现代社会最重要的特点就是由"各种不同的机构组成的系统,每个机构都有自己特殊的职能,而且它们本身也都是由各种不同的部分组成的"。① 帕森斯(Parsons)进一步引申涂尔干的观点,认为社会是一个具有不同功能的多层次的次系统所形成的总系统,并正式提出了结构功能这一概念框架。帕森斯将社会系统之所以能保证其自身的维持和延续归结为四个功能性条件,即适应(adaptation)、目的达成(goal attainment)、整合(integration)和潜在模式维护(latent pattern maintenance and tension management),这就是他所构建的著名的"AGIL"分析模型。结构功能理论认为,社会系统以一个整体、均衡、自我调适的样态维持着社会运转的自然秩序,行动者之间的关系结构形成了社会系统的基本结构。② 四个功能分别对应的子系统为经济系统、政治系统、社会共同体系统和文化模式托管系统。③

---

① [法]埃米尔·涂尔干:《社会分工论》,渠东译,生活·读书·新知三联书店2000年版,第142页。
② See Parsons T., *The Social System*, London: Routledge, 1991.
③ 李静:《城市社区网络治理结构的构建——结构功能主义的视角》,《东北大学学报》(社会科学版)2016年第18期。

结构功能主义认为,结构决定功能,有什么样的结构就有什么样的功能。城市自产生起,就随之产生政治、经济、文化、军事和娱乐等各种功能。城市结构是城市得以发挥功能作用的基础和载体,而城市群作为区域性政治、经济、文化与信息中枢,是城市化发展到高级阶段的结果。早期的城市群研究主要基于城镇群发展变化的形式进行,对于城市群概念的界定范围相对局限,研究对象是城市以及周边的乡村和城镇组成的城镇群。早在1898年,英国著名城市学家埃比尼泽·霍华德(Ebenezer Howard)首先从群体联合的角度对城市发展进行研究,提出了城镇群(Town Cluster)的概念。到21世纪,彼得·霍尔(Peter Hall)和凯瑟·佩恩(Kathy Pain)基于巨型城市区概念,提出多中心大都市区(Polycentric Metropolis)的概念,以解释21世纪出现的一种新城市现象,即网络化的多中心巨型城市区域。① 国内对城市群结构体系的理论研究也强调区域核心的存在,有学者将城市群定义为:在特定的地域范围内具有相当数量的不同性质、类型和等级规模的城市,依托一定的自然环境条件,以一个或两个超大或特大城市作为地区经济的核心,借助现代化的交通工具和综合运输网的通达性,以及高度发达的信息网络,发生与发展着城市个体之间的内在联系,共同构成一个相对完整的城市集合体。②

中国城市群结构体系是由不同发育程度、不同等级、不同行政隶属关系、不同成因和空间区位的城市群,通过各种物质流、能量流、信息流和知识流有机耦合而成的综合集群体③,并通过不同等级的交通网络和治理网络为基本构架协调城市间的关系。因而,剖

---

① See Hall P. and Pain K., *The Polycentric Metropolis: Learning from Mega-City Regions in Europe*, 1st ed., London: Routledge, 2006.
② 姚士谋、朱英明、陈振光:《中国城市群》,中国科学技术大学出版社2001年版,第3页。
③ 方创琳、宋吉涛、张蔷等:《中国城市群结构体系的组成与空间分异格局》,《地理学报》2005年第5期。

析城市群治理体系,需要系统地把握城市群各城市的结构形式、要素流动与功能发挥之间的联系和互动。本文试图结合结构功能主义的相关理论,搭建"结构—要素—功能"的三维分析框架(图1),展开分析粤港澳大湾区城市群在跨域治理方面存在的层级竞合问题。

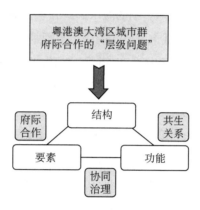

图1 粤港澳大湾区城市群层级竞合的"结构—要素—功能"三维分析框架

三、结构分析:粤港澳大湾区城市群府际合作的多层级关系

科勒·科赫(Beate Kohler Koch)提出,当从不同的行为体理解层级的概念时,可将多层级治理的背景置于国家、跨国家、超国家及国际环境情境下。① 粤港澳大湾区具有多层次的行政管理层级,且具有独具特色的"一国两制"模式,复杂的条块关系构成了粤港澳大湾区不同政府间多元互动的基本现状。

粤港澳大湾区是一个具有多重空间维度的区域空间,在此区域

---

① [德]贝娅特·科勒-科赫:《欧洲一体化与欧盟治理》,顾俊礼译,中国社会科学出版社2004年版,第168页。

空间基础上形成的是国家主导的多层级治理框架。① 粤港澳大湾区由"9+2"的城市组合而成,即广东省的广州、深圳、珠海、佛山、中山、东莞、肇庆、江门、惠州9市和香港、澳门两个特别行政区的11座城市聚合而成的城市群,管理体制涉及特别行政区、省级、副省级、地级、县处级、乡科级等不同行政级别(表1)。港澳特区政府与广东省内的湾区城市政府在组织结构上存在很大差异,同为特别行政区的香港和澳门在政治行政体制上也存在诸多不同。香港是一级政府架构,只有特区政府这一级;而广东省行政层级是省、市、县、乡一体的四级地方政府。② 港澳地区的最高行政负责人为特区行政长官,由港澳地区根据《中华人民共和国香港特别行政区基本法》《中华人民共和国澳门特别行政区基本法》选举产生,并由中央人民政府任命,对中央人民政府负责。香港特别行政区政府由三层架构组成:第一层是司长,由行政长官委任,负责领导制订香港特区政府最主要的政策,并直接向行政长官负责;第二层是决策局,负责制订、统筹和监督属下执行部门的工作;第三层是政府政策的执行部门(图2)。香港的行政长官全面领导香港粤港澳大湾区建设督导委员会,统筹香港参与粤港澳大湾区建设。澳门建设粤港澳大湾区工作委员会也由行政长官担任委员会主席,行政长官负责推进澳门参与大湾区建设的相关工作部署。澳门特别行政区政府是澳门特别行政区的行政机关,政府的首长是行政长官,下设司、局、厅、处(图3)。

表1 粤港澳大湾区各城市行政设置

城市	行政设置
香港	特别行政区

---

① 张福磊:《多层级治理框架下的区域空间与制度建构:粤港澳大湾区治理体系研究》,《行政论坛》2019年第26期。
② 刘建党、张惠:《粤港澳区域治理结构的演进和优化》,《开放导报》2012年第3期。

(续表)

城市	行政设置
澳门	特别行政区
广州	副省级城市
深圳	副省级城市(经济特区、先行示范区)
珠海	地级市(经济特区)
佛山	地级市
中山	地级市
东莞	地级市
肇庆	地级市
江门	地级市
惠州	地级市

粤港澳大湾区作为主要世界级城市群以及世界四大湾区中社会制度与行政层级最为复杂的城市群,层级性和差序性竞合是大湾区城市间关系的基本特点。在粤港澳大湾区城市群建设中,广东省推进粤港澳大湾区建设领导小组作为跨部门协调机构,由广东省委书记担任组长,省长担任常务副组长,统筹协调整个广东省推进粤港澳大湾区建设的工作。广州和深圳属于国务院规定的15个副省级城市之列,受省级行政区管辖,其主要行政领导为副部级中管干部。而珠海、佛山、中山、东莞、肇庆、江门、惠州为广东省下属的地级市,党政机关主要领导干部的行政级别属于正厅级。其中,珠海为经济特区;中山、东莞为不设区的市,既不设市辖区,也不辖县级市、县、自治县等县级行政区,直接管辖街道、镇、乡等乡级行政区。在一定程度上,粤港澳大湾区的府际治理还局限于传统的条块分割型行政体制之下。① 大湾区城市群在政府组织结

---

① 陈文理、喻凯、何玮:《府际治理:构建粤港澳大湾区网络型府际关系研究》,《岭南学刊》2018年第6期。

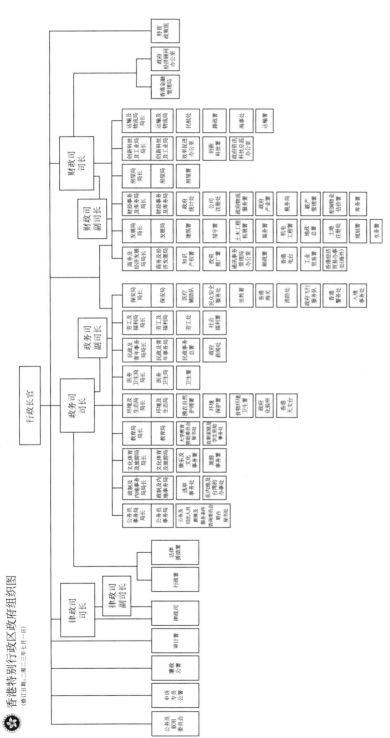

图 2 香港特区政府组织结构图

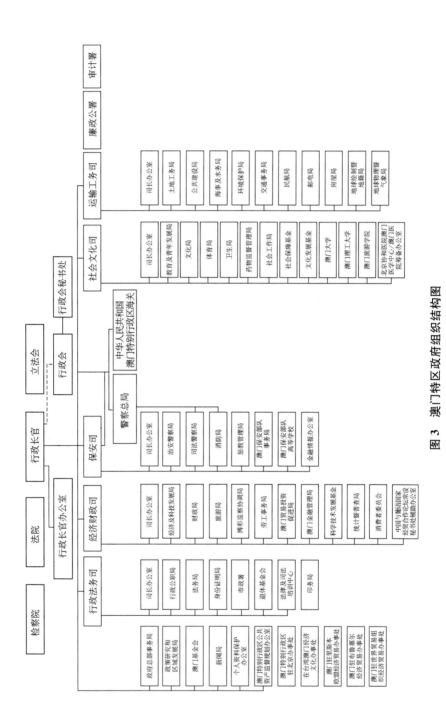

图 3 澳门特区政府组织结构图

构、行政领导等级上都具有等级差序的梯度特征,纵向上政府间的协商合作也存在层级结构的问题。

从统筹协调组织的建立来看,中央政府、省级政府与特区政府到地市政府的"三级架构、三级协调"的多层次结构关系,在实践中表现为跨层级互动。广东省与港澳特区是三个地位平行的地方行政区域,但港澳地区享有高度自治权,且远远大于广东省单一制下地方行政区域传统的权力范围。① 因此,粤港澳区域中的同一层级政府仍存在一定的体制机制问题。从权力结构来看,粤港澳大湾区纵向政府间的多层级统筹协调问题,是制约粤港澳区域合作的结构性因素。现阶段,中央政府、港澳特区政府、广东省政府以及珠三角9市政府之间的协调互动,通过建立不同级别的枢纽性组织来完成②,包括领导小组、工作委员会、专责小组等,由各行动主体共同制定行动方案与执行机制。

纵向上,中央层面设立粤港澳大湾区建设领导小组,地方层面则设立广东省推进粤港澳大湾区建设领导小组、香港粤港澳大湾区建设督导委员会、澳门粤港澳大湾区工作委员会。在不考虑广东省政府与地级市政府的纵向关系的情况下,大湾区内广东省各层级政府与港澳特区政府是一种横向政府间关系。横向上,广东省政府需在中央政府与地市政府之间上传下达,组织专门职能部门或联合多部门与港澳特区政府部门对接各项事务(广东省人民政府港澳事务办公室机构设置见图4)。而粤港澳大湾区内广东省各市政府与港澳政府之间的合作,如表2中列举的粤港澳大湾区部分合作协议,属于地级市政府与特别行政区政府的横向联动,体现了跨层级互动式关系。

---

① 曾华群:《香港特别行政区高度自治权刍议——对外事务实践的视角》,《比较法研究》2002年第1期。
② 方木欢:《分类对接与跨层协调:粤港澳大湾区区域治理的新模式》,《中国行政管理》2021年第3期。

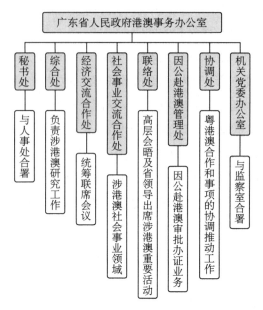

图 4　广东省人民政府港澳事务办公室机构设置

表 2　粤港澳大湾区部分合作协议及合作内容

合作城市	协议方(政府部门及合作单位)	合作协议	合作内容
香港及广东省9市	广东省政府和香港特别行政区政府	《粤港合作框架协议》	在经济、社会、文化、民生方面对广东省和香港两地的角色分工作出清晰的定位,落实和明确粤港两地合作,打造世界级经济区
澳门及广东省9市	广东省政府和澳门特别行政区政府	《粤澳合作框架协议》	支持澳门经济适度多元发展,跨界基础设施建设及通关便利化,共建国际科技创新中心,促进现代服务业合作,推进教

(续表)

合作城市	协议方(政府部门及合作单位)	合作协议	合作内容
			育、人才和青年交流合作,建设国际化营商环境,建设优质生活圈,携手参与"一带一路"建设
香港、澳门、广东省9市	香港特别行政区政府劳工及福利局/社会福利署、澳门特别行政区政府社会工作局、广东省民政厅、广东省9市民政局	《粤港澳大湾区城市民政事业协同发展合作框架协议》	加快推进协同发展,深化养老服务、民生保障、慈善事业、社会组织、社会服务等领域合作
香港、澳门、广东省9市	香港中联办研究部、澳门中联办研究室及广东省委宣传部、省委统战部、省民政厅、省社科联、暨南大学	《广东省粤港澳大湾区智库联合会与香港特别行政区粤港澳大湾区智库联盟战略合作协议》	为粤港澳三地智库及专家学者加强交流合作,聚力深化大湾区建设研究提供平台
香港及广东省9市	中央政府驻香港联络办、香港特区政府创新科技及工业局、广东省教育厅、省工业和信息化厅、省商务厅、省港澳办、省中医药局、省科学院、中国科学院广州分院、广州市科技局、深圳市科创委	《粤港科技创新交流合作协议》	进一步深化粤港科技创新交流与合作,推进大湾区国际科技创新中心建设
香港及广东省9市	香港特区政府财经事务及库务局和广东省地方金融监督管理局	《关于深化粤港金融合作的协议》	推进粤港两地金融深度合作

(续表)

合作城市	协议方(政府部门及合作单位)	合作协议	合作内容
香港及广东省9市	香港特区政府劳工及福利局及广东省人力资源和社会保障厅	《粤港劳动监察交流及培训合作机制协议》	在人才交流方面,提升粤港两地劳动监察的合作水平

在横向的府际合作方面,粤港澳政府间的对接合作,由同一层级政府的不同职能部门单独或牵头负责对接,按照双方框架协议执行特定领域的合作事项。广东省与港澳特区政府之间的一些重大合作需要从区域内最高行政层面开展协商,如港澳合作高层会议将港澳与广东省共同推进粤港澳大湾区建设视作重点①,其中就需要中央政府与省级政府、市级政府之间承上启下的层级协商。

府际合作是确保大湾区城市群协作的关键要素,如何促进粤港澳跨境政府合作与协商联动是亟须破解的现实难题。粤港澳大湾区依赖城市政府、省政府、特别行政区政府与中央多层级政府的合作,但分权化背景下地方政府治理和跨层级政府协调本身就面临一系列治理能力差异。② 区域治理呈现出"从同质化竞争到多样化互补与共荣"③的特征,粤港澳三方属于平行主体,政府事权有限,城市行政级别不同,在协同治理中需要解决法律执行难、法律程序不统一等问题。在建设粤港澳大湾区过程中,需要充分考虑到在政治体制和法律制度存在差异的情况下,中央与地方、粤港澳之间以及具体职能部门之间如何进行府际合作。

---

① 温国辉:《粤港澳大湾区年鉴》,方志出版社2019年版,第113页。
② 张福磊:《多层级治理框架下的区域空间与制度建构:粤港澳大湾区治理体系研究》,《行政论坛》2019年第26期。
③ 唐亚林:《从同质化竞争到多样化互补与共荣:泛长三角时代区域治理的理论与实践》,《学术界》2014年第5期。

四、要素分析：粤港澳大湾区城市群要素流动的现实障碍

相比纽约湾区、旧金山湾区、东京湾区，粤港澳大湾区在人口体量规模和产业多元化等方面拥有更显著的优势，发展潜力巨大；但也存在政治法律制度差异大、要素跨域自由流动障碍、城市治理体制机制不完善等现实问题。一方面，粤港澳大湾区的面积有 5.6 万平方千米，在体量规模上大于其他湾区（图 5），城市间陆路通达距离较长，在城市群空间方面会影响要素流动的效率①；另一方面，粤港澳大湾区内涉及三个地区、两种制度、三种货币和三种不同的关税制度，体制机制的差异化给要素流动带来一定的障碍。

从经济合作领域上看，粤港澳区域合作早在 20 世纪 90 年代就开启了，经过 30 多年的密切合作与发展，特别是在自由港、特别行政区、经济特区、自由贸易试验区的制度叠加效应下，粤港澳三地形成了长期贸易合作的基础（表 3）。但客观上也存在阻碍区域合作及要素流动的经济、政治、社会、文化、资源及科技等多种因素，粤港澳大湾区在政治制度及社会文化教育上的差异使得影响区域合作的因素更为复杂。不同的制度逻辑形成了不同的治理安排，塑造了社会成员的身份及认知并影响其行为决策。因而在湾区城市群建设中，当不同的制度逻辑发生交互时，制度差异就可能产生一系列的问题和张力。

---

① 王淑伟：《破除要素流动障碍 加快粤港澳大湾区建设》，《中国经贸导刊》2020 年第 20 期。

大都市圈治理：战略协同与共荣发展

表3　香港与澳门、内地的贸易服务输出及输入统计

服务贸易伙伴	年份	服务输出			服务输入		
		百万港元	所占百份比(%)	按年变动百分率	百万港元	所占百份比(%)	按年变动百分率
澳门	2018	7 411	0.9	7.8	8 178	1.3	3.4
	2019	7 164	0.9	−3.3	9 257	1.5	13.2
	2020	3 510	0.7	−51.0	2 185	0.5	−76.4
	2021	3 542	0.6	0.9	1 594	0.3	−27.0
内地	2018	340 128	40.4	9.6	237 543	37.9	4.0
	2019	286 475	37.7	−15.8	234 949	37.8	−1.1
	2020	96 715	19.8	−66.2	161 868	38.7	−31.1
	2021	100 110	17.1	3.5	196 904	41.4	21.6

资料来源：香港特别行政区政府统计处。

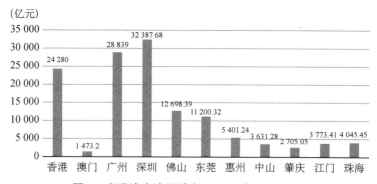

图5　粤港澳大湾区城市群2022年GDP总量

经济全球化始于贸易自由化，贸易自由化要求取消不必要的贸易障碍，最大限度地开放市场，以便为货物和服务在国际的自由流动提供便利。① 里尔·阿卡斯（Leal-Arcas）、格拉索（Grasso）等指

---

① 许立波：《世界贸易组织（WTO）概论》，东北财经大学出版社2018年版，第67页。

出当前城市群贸易物资要素流动中的碎片化、多层次问题,探讨了贸易物资要素治理的三个层次:多边、区域和双边。目前,大湾区存在三个不同的关税区,关税区域各自独立,且各自的经贸规则和法律不同,粤港澳三地的税制和税率存在显著差异。香港、澳门是自由港,香港只对四类作本销用途的商品征税①,澳门对烟酒制品等生活必需品征收消费税,其他进出口货物均无须缴付任何关税。尽管目前原产香港、澳门的所有货物进入内地实施零关税优惠,但在服务商品类方面,因服务业项目开放有限,而且三地之间的服务行业管理标准和经贸规则不同,自由贸易的制度壁垒尚未完全突破,致使港澳服务商进入珠三角的制度摩擦成本较高。

区域一体化意味着区域经济、社会、文化、生态等全面一体化的推进②,包括基础设施一体化、政务服务一体化、市场体系开发开放等多方面内容。经济贸易一体化旨在消除阻碍区域内经济贸易发展的障碍,实现区域内的互利互惠、协调发展和资源优化配置。③ 粤港澳大湾区经济一体化在交通通行、货物通关方面仍存在体制规则上的壁垒。粤港澳三地对湾区内高铁路段的管辖单位不同、造价成本不同,采取按双方运营企业分段计费、各自定价、加总核收的方式制定票价,造成乘坐同一趟车的价格存在较大差距。港澳与内地在货物通关制度和体制机制上也存在显著差异,目前,三地口岸查验主管部门仍存在各自为政、信息难共享等问题,出入境程序简化程度不够,通关效率仍然较低。

贸易和进出口监管程序的简化和透明,可以减少企业获取与贸易有关的法规和程序的困难度,降低企业收集和处理信息、数据

---

① 四类作本销用途的商品包括:碳氢油类(汽油、飞机燃油和轻质柴油)、酒精浓度以量计多于30%的饮用酒类、甲醇及烟草(除了无烟烟草产品)。
② 唐亚林:《构建新时代社会主义现代化国家的空间布局战略体系——基于城市化发展的考察》,《同济大学学报》(社会科学版)2021年第32期。
③ 于建春:《现代国际经济与贸易发展趋势研究》,吉林文史出版社2017年版,第171页。

的管理成本。① 但目前粤港澳大湾区的跨境企业自由建立流动机制不完善,尽管广东在全省推行对外商实施"准入前国民待遇+负面清单",但目前大湾区珠三角9市的审批制度、时间不同,且存在程序重复、效率不高的情况,这些均增加了港澳企业的进入成本。而珠三角企业如果要去香港、澳门设立机构或建立企业并获得与本地企业的平等待遇,仍然存在制度壁垒,粤港澳大湾区仍然缺乏企业自由建立的流动机制。

在全球化进程中,人才流动与城市群发展密不可分。人才的集聚和交流互动,往往伴随着知识、技术和创新的流动和扩散。② 但在湾区城市群的建设中,人才要素流动存在一些现实障碍。由于粤港澳三地的体制机制以及法律、教育和产业体系等存在较大差异,三地人才流动的行业范围比较有限。流动人才的日常生活、子女就学和老人就医等方面仍存在诸多不便,如港澳与内地的社保互不通行、不可结转,以上问题皆在一定程度上阻碍了湾区内的人才流动。格莱泽(Glaeser)提出的"消费城市"理论认为,城市提供的服务和消费品的质量,是人才源源不断涌入城市的关键动力。③ 因而,推动人才要素流动,吸引人才聚集,需要从整体的城市环境入手,为人才提供包括产业机会、教育制度、政治参与、社会融入等良好的成长环境。④

信息技术作为全球资源流动配置的重要驱动力,可以促进全球生产要素在地方空间累积,持续推动要素从地方流动转向区域、全球范围的流动。目前,粤港澳大湾区城市群信息要素的自由流动有着

---

① 王春蕊:《全球价值链视角下中国贸易便利化政策研究》,对外经济贸易大学出版社2018年版,第17页。
② 王京生:《世界四大湾区人才流动比较分析及启示》,《特区实践与理论》2022年第3期。
③ Glaeser E. L., Kolko J. and Saiz A., "Consumer City", *Journal of Economic Geography*, 2001, 1(1), pp.27-50.
④ 中国人才科学研究院:《中国人才聚集报告》,党建读物出版社2017年版,第21页。

诸多现实困难。首先,数据流入环节的法律壁垒。根据我国《计算机信息网络国际联网管理暂行规定》,计算机联网必须使用国家公用电信网提供的国际出入口信道,不得非法使用其他信道进行国际联网,港澳互联网均属于国际联网范畴,不利于内地与港澳企业的互联互通。其次,数据流出环节的法律壁垒。根据我国《网络安全法》第三十七条的规定,关键信息基础建设的运营商在中国境内运营中收集和产生的个人信息及重要数据应当存储在中国境内(不含港澳),如果需要跨境传输,应当由国家网信部门会同国务院有关部门进行安全评估。最后,数据关联行业间的壁垒。根据《关于建立更紧密经贸关系的安排》(Closer Economic Partner hip Arrangement,简称CEPA)和《服务贸易协定》的规定,香港企业在互联网、电信、出版、电影电视等行业不得参与内地的运营或限制运营,这增加了港澳信息流入内地的难度。由于信息安全监管的管理部门、机制和理念不同,湾区政府部门间在信息管理系统、信息公开共享等方面有着诸多现实障碍,跨境通讯成本较高,网络流量的价格也相对偏高。

五、功能分析:粤港澳大湾区城市群协同治理的效能转化

结构功能主义及社会有机论一般认为,人类社会是一个统一的有机体,每一部分都承担着相应的功能,整体内的各个组成部分都有其特定的功能。城市群集外贸门户、现代化工业、商业金融、文化先导等职能于一身,对国家、区域发展具有不可替代的中枢支配作用。[1] 城市群结构优化与功能升级已成为城市群区域可持续

---

[1] 国家发改委国地所课题组:《我国城市群的发展阶段与十大城市群的功能定位》,《改革》2009年第9期。

发展的必然要求,须根据世界城市群的发展规律和要求,加强粤港澳大湾区城市群的跨域合作,完善城市跨域协调机制和协同治理,全面促进城市群的功能升级和治理效能转化,调整原有城市群结构功能中不合理的部分,强化粤港澳三地政府职能部门间的府际合作,建立适应现代城市群可持续发展的功能体系和高效运行方式。①

城市群结构优化与功能升级相互依存、互相促进。结合粤港澳大湾区城市群的结构形态,层级性和差序性竞合是大湾区城市间关系的基本特点,府际合作是确保大湾区城市群协作的关键因素。城市群结构优化与功能升级已成为城市群区域,乃至国家以及全球经济社会可持续发展的重要内容。借鉴国内外城市群的合作经验和有益做法,为深化粤港澳合作构建更多切实有效的渠道和机制保障,有必要从府际关系、协作地域、合作领域、社会参与、市场驱动等不同层面,构建多层次的城市群协同发展机制,促进大湾区人才要素、物资贸易要素、资金要素、信息要素的高效流动,促使粤港澳三地成为深度融合、协同治理的典范区域。

从政府治理层面来看,粤港澳大湾区世界级城市群治理亟须解决跨域府际合作与协商机制存在的多层级、多主体、多部门的协同联动问题。粤港澳大湾区作为主要世界级城市群以及世界四大湾区中社会制度与行政层级最为复杂的城市群,在建设过程中需要充分考虑中央与地方、粤港澳之间以及城市间各个政府职能部门的府际合作问题。既要研究中央与地方的纵向府际关系、省级行政区与特别行政区的横向府际关系,又要分析城市群各政府职能部门之间实现有效府际合作的落实机制问题。促进粤港澳大湾区的深度融合发展,亟须解决城市群协商治理过程中的多元联动

---

① 郭荣朝、宋双华、苗长虹:《城市群结构优化与功能升级——以中原城市群为例》,《地理科学》2011年第31期。

问题,其中涉及中央各部委与粤港澳三方的协商联动、广东省政府与港澳特别行政区的协商联动、城市政府之间的协商联动以及区域内政府、市场、社会的协商联动。与世界其他三大湾区和国内长三角、京津冀城市群不同,粤港澳大湾区跨境府际合作和协商联动存在"两制磨合"的艰巨任务,国内外现有经验难以适应粤港澳大湾区的制度情境,因此,需要正视大湾区跨域合作中的多层级竞合问题以及城市群的多主体协同问题。

从社会治理层面来看,粤港澳大湾区世界级城市群建设亟须解决公共服务供给与社会融入层面的均等化问题及一体化问题。由于区位优势明显、经济实力雄厚、创新要素聚集、国际化水平领先、合作基础良好,粤港澳大湾区的公共服务供给与社会共同体建设具备良好的基础。但是,相对世界三大湾区城市群而言,粤港澳大湾区城市群内部发展不平衡的状况更加突出,湾区内各个城市经济发展水平和产业基础存在较大的差异,区域内各个地方城市的行政级别不一,公共服务供给的能力存在较大的差异,各城市的人才结构和种类分布很不均衡,导致区域内各城市公共服务供给及其质量参差不齐。推动粤港澳大湾区打造世界级城市群和美好优质生活圈,关键在于三地政府在公共服务供给方面强化协同,增强区域内发展规划、财政税收、教育科技、医疗卫生、养老健康等公共政策的衔接,提升区域公共服务均等化水平,推动各类要素的一体化自由流通,促进区域内基础设施互联互通、公共服务共建共享、社会民众互信互助,以均等化和一体化的公共服务体系助推城市群高质量发展。

从城市融合层面来看,需要从共同市场建设、法律规则衔接、人才要素流动、信息自由流通、多元主体参与等不同维度,推进粤港澳大湾区世界级城市群治理体系和治理能力创新。一是要构建大湾区一体化共同市场。粤港澳大湾区建设的重要目标是形成一个统一的区域共同体,应出台促进大湾区经济社会融合的持续发展政策,破除三地跨境交付、消费、自然人移动等服务贸易模式下存在的各种壁垒,构建国际化、市场化、法治化且简约便捷的营商环境,构建大湾区共同市场,实现贸易和服务在湾区城市自由流动。二是要创新大湾区法律规则衔接机制。在《中华人民共和国宪法》和《中华人民共和国香港特别行政区基本法》《中华人民共和国澳门特别行政区基本法》的框架下设立专门的法律争端解决机构,依据法定程序和规则解决人流、物流、资金流、信息流在粤港澳市场上流通所面临的障碍与争端,为粤港澳一体化提供高效的执法和司法保障。创新市场协调机制,以市场运作为主导,完善良性竞争的法律政策规则,加强粤港澳执法系统的联系与对接,致力于营造市场化、法治化、国际化的一流营商环境和市场体系。三是要促进大湾区人才要素流动。搭建大湾区人才资质互认和人才职业技能换算体系,做好粤港澳三地人才自由流动的政策规划,根据行业和职级不断细化港澳人才引进的优惠政策,探索建立专门的大湾区人才流动信息网站,优化港澳来粤就业人员的社会保障工作,探索建立"湾区通"公共服务体系,为港澳居民在粤学习、经商、就业、创业、生活、养老提供更多便利。四是要加快大湾区信息自由流通。通过提升完善通信基础设施建设,实现无线网络在大湾区主要口岸、交通干线和公共场所的全覆盖,推动大湾区通信一体化。建立大湾区数据交易平台,形成统一的数字市场,推动大湾区数字市场一体化。加强数字政府建设,实现政府数字治理和政务协作一体化,推动大湾区政务服务一体化。在信息保护、信息流通、数字版权、电子出版等领域,形成若干统一的原则、标准和法律性文件,推动大湾区法律规制一体化。五是要完善公共政策制定的多元参与机制。健全政府、市场、社会相互协同的公共政策制定和落实的多元参与机制,以市场运作为基础、以社会参与为动力,鼓励和支持内地与港澳智库加强合作,为大湾区发展提供智力支持,完善粤港澳工商企业界、劳工界、专业服务界、学术界等建立常态化的联系交流机制,扩大大湾区建设中的公众参与,畅通公众意见反馈渠道,支持各类市场主体共同参与大湾区建设发展。

六、结论与讨论

城市群是现代城市组团式发展的新型形态,也是国家治理的重要新型空间。既往对于城市群治理的研究主要有多中心治理、多层级治理、区域化治理三种解释模式,其主要讨论了多中心城市带动、纵向央地关系互动、区域一体化建设等问题,而对于城市群跨区域、跨层级、跨部门的多层次联动研究相对欠缺。

实际上,城市群合作发展涉及多层次、多要素、多部门的网络状城市治理体系,以及多样化的区域协调模式和方式。粤港澳大湾区客观地存在"一个主权国家、两种社会制度、三套关税体系、四大核心城市、五种区划设置"的空间异质性和制度差异化的特殊情况,粤港澳大湾区城市群治理仍存在着诸多现实性的障碍,反映了大湾区城市群存在多层级治理的现实问题,城市群不同类型、不同级别、不同部门的府际合作及协商联动机制亟须建立。

粤港澳大湾区城市群行政层级复杂,既有特别行政区、副省级城市、地级市的城市行政区划差异,又有城市内部"市—区—街道—社区"的城市管理层级区分,这意味着粤港澳大湾区城市群跨域合作具有层级化、梯度化的层级竞合特征,存在不同层级的府际合作的现实困难。在要素跨境流动方面,也存在不同类型和层次的法律、法规和政策规约,要实现粤港澳区域一体化的融合发展,必须破除阻碍贸易物资、人员、资金、信息等要素流动的各种壁垒,亟须完善粤港澳大湾区城市群的多层级协商治理机制。

如何厘清粤港澳大湾区城市群各个层级的府际合作关系,如何破解粤港澳大湾区城市群存在的体制机制障碍,如何避免因法律制度和行政体系的差异而影响粤港澳大湾区城市群的跨域合作,是建设粤港澳大湾区世界级城市群必须直面的现实问题。因此,有必要基于粤港澳大湾区城市群协同发展和治理的复杂实践,探究粤港澳大湾区城市群跨域合作的层级竞合特征,从"结构—要素—功能"三个层面,阐释粤港澳大湾区在城市群跨域合作与协同机制方面的现实困境,并从府际层级结构、要素跨境流动、协同治理效能的三维视角,研究破解城市群跨域合作和协商联动的屏障和阻隔。在理论建构层面,也需探讨"一国两制"下世界级城市群治理体系创新的理论供给问题,特别是针对粤港澳大湾区特殊情境下的理论创新问题。如何在全球城市群理论发展的基础上,构建适合于"一国两制"下粤港澳大湾区城市群治理体系和发展模式的理论框架,是当前中国城市群治理研究亟待探究的重要理论问题。

[本文系国家社会科学基金重点项目"特大型城市治理体系和治理能力现代化研究"(项目编号:22AZD141)、国家社会科学基金一般项目"西方城市政治学发展跟踪研究"(项目编号:20BZZ055)、教育部人文社科规划一般项目"城市社会治理'碎片化现象'的生成机理与消解路径研究"(项目编号:19YJA810002)的阶段性研究成果]

圈层协作:区域一体化战略与都市圈战略的体系优化
——基于泛上海与泛广州的区域发展案例比较

赵 吉* 张文斌**

[内容摘要] 基于城市群的区域一体化战略和基于大城市的都市圈战略,在政策设计方面存在一定的重合性,发挥不同尺度的层次优势,也面临一定挑战。本文以泛上海、泛广州的区域发展实践为案例,从历史制度主义的视角比较两种区域发展战略的发生与演化规律,进一步从决策体制、运作模式、市场驱动机制以及社会功能四个方面,对区域一体化战略与都市圈战略进行比较。研究发现,区域一体化战略更强调中央政府的统合作用,强调制度和规则的设计,突出中央对区域的产业政策引导和政策支持,重视理念引导性的社会功能实现。都市圈战略强调地区统合,开掘平台式合作,着眼于巩固核心城市的发展优势,更倾向解决实际社会问题。在未来的区域政策设计中,应当重视事先规划两大区域发展战略间的圈层协作,推动战略间高效联动,走都市圈深度嵌入区域一体化战略的政策体系优化之路。

[关键词] 都市圈;圈层协作;粤港澳大湾区;长三角一体化

---

* 赵吉,上海交通大学国际与公共事务学院助理教授,国家安全研究院研究员。
** 张文斌,中共广东省委党校政治学理论硕士研究生。

一、问题的提出

区域战略是国家通过尺度化政策调整,对一定区域的经济发展和社会建设,进行均衡发展、集聚优势的政策工具。党的二十大报告提出,要促进区域协调发展,深入实施区域协调发展战略、区域重大战略、主体功能区战略、新型城镇化战略,优化重大生产力布局,构建优势互补、高质量发展的区域经济布局和国土空间体系。① 区域一体化战略与都市圈发展战略,皆是促进区域经济社会建设、实现高质量发展的关键抓手。改革开放以来,为顺应国内外经济社会发展的新态势,国家陆续推出诸如实施西部大开发、东部沿海地区率先发展和中部崛起等一系列重大区域发展战略,着力推动全国区域均衡协调发展进程。② 党的十八大以来,面对新时代国内外发展的新形势和国家战略发展的新需求,我国相继在京津冀地区、长江经济带、长三角地区和粤港澳大湾区等区域,编制了多项重大区域发展规划,开启了区域协调发展和区域高质量发展的新时代。

区域协同发展,是我国未来经济建设动能再造的重要支撑,通过在区域内开展整合、协作与创新,能够极大地提升区域总体资源的利用效率,扩大区域经济发展的深度和广度。③ 区域一体化战略和都市圈发展战略作为推动区域协同发展的关键举措,存在三方面的共同特征。首先,区域一体化战略和都市圈建设都是筑牢

---

① 习近平:《高举中国特色社会主义伟大旗帜 为全面建设社会主义现代化国家而团结奋斗》,《人民日报》,2022年10月26日,第001版。
② 覃剑、赵蓓蕾、巫细波:《中心城市对接服务国家重大区域发展战略研究》,《区域经济评论》2022年第3期。
③ 曾鹏:《区域经济一体化下政府合作治理及其制度权威建设》,《湖北大学学报》(哲学社会科学版)2021年第1期。

经济增长极的必然要求。全球化的推进和城市化的发展,使得经济与社会发展的竞争不再局限于省际和市际之间,而是愈加表现为在国际上以超发达城市为核心的城市带或者城市群间的区域性竞争。这种通过区域一体化战略和都市圈建设的发展模式,将发达省、市的发展与其邻近省、市的发展进行整体考虑和统筹规划,形成优势互补、高效协作的区域发展格局,能极大地提升整个区域的国际影响力和竞争力。其次,区域一体化战略和都市圈建设都是实现共同富裕、缩小城乡差距的必然要求。一方面,区域一体化战略和都市圈建设均以经济梯度转移来促进共同富裕。区域经济的发展状况体现为该地区主导产业所处的生命周期阶段。根据区域经济梯度转移理论,产业的生产活动会随着产业的生命周期,从高梯度地区逐步向低梯度地区迁移,从而带动周边地区的发展。[①] 另一方面,区域发达的省、市和发展城市,可通过产业扩散作为联结彼此的纽带。在区域发达的省、市中,一些条件比较优越的产业可作为经济增长极进行培育和开发,当该产业规模超过该发达省、市所能承载限度或者产业所集聚的边际成本高于收益时,则将产业向周边地区扩散流动,并以此为纽带,带动区域的发展。[②] 最后,区域一体化战略和都市圈建设都是纾解超大城市负荷、提升城市治理能力的必然要求。超大城市有着远高于普通城市的社会资源,这就使得越来越多的人口趋向超大城市,同样也加剧了人口在超大城市高度集中的程度,给超大城市造成了巨大的治理负担。区域一体化战略和都市圈战略通过均衡社会资源,实现人口向周边城市的转移,从而纾解超大城市的治理负荷,为区域发展提供良好的社会环境。

区域一体化战略和都市圈建设存在相似的目标取向,这意味

---

① 王傲兰:《我国区域经济发展的实践与理论》,《宏观经济研究》2003年第3期。
② 袁建军:《都市圈建设促进共同富裕的内在逻辑、制约因素与实践路径》,《学习论坛》2022年第5期。

着在区域规划过程中,存在一定程度上的空间重合与尺度嵌套的状况,这可能会造成区域政策泛化、治理资源浪费、地方政府绩效评估不清等一系列的区域公共治理问题。因此,本文按照制度发展和功能演化的逻辑,基于泛上海和泛广州的案例,对我国区域一体化战略和都市圈战略进行比较研究,从而为超大城市发展的战略调适提供学理支撑。

二、历史制度主义视角下区域一体化战略与都市圈战略的政策内容比较

(一)我国区域一体化战略的演进历程

区域一体化发展战略,因其在资源配置、产业转移、技术溢出等方面具有独特优势,能够促进区域整体经济效率的提升,主导未来区域发展的空间格局和发展方向,目前正成为驱动区域经济发展的主要动力。党的二十大报告指出,要深入实施区域协调发展战略,推进京津冀协同发展、长江经济带发展、长三角一体化发展、黄河流域生态保护和高质量发展、粤港澳大湾区建设。① 在全球经济不景气和我国正迈向高质量发展的背景下,推行区域一体化发展战略,不仅可以有效地促进国内大循环,还能充分利用国内市场,使经济良好平稳地发展。

1. 长三角区域一体化的发展历程

长三角地区包括上海市、江苏省、浙江省和安徽省三省一市,是我国经济发展的最重要引擎和强劲增长极之一,在国家现代化

---

① 习近平:《高举中国特色社会主义伟大旗帜 为全面建设社会主义现代化国家而团结奋斗》,《人民日报》,2022年10月26日,第001版。

建设发展格局中有着极为关键的战略地位。实行长三角区域一体化发展战略,不仅能增加长三角地区经济社会高质量发展的新动能,提高区域创新能力和竞争能力,而且对于完善我国战略发展的空间布局,引领全国迈向高质量发展和建设社会主义现代化强国都有着重要意义。长三角地区的区域一体化发展设想始于1982年,在历时40余年的发展过程中,其空间规划以及战略定位也几经调整,主要分为以下三个阶段。

第一个阶段是以经济区引领区域发展的探索阶段。长三角区域一体化发展的雏形,肇始于1982年12月成立的以上海市为中心,包括苏州、无锡、常州等9个长江三角洲城市在内的上海经济区。上海经济区的设立,是中国在经济体制改革进程中的一次重大探索。它期待通过发挥中心城市的引领作用,试图打破过往的僵化经济体制模式,率先探索具有中国特色的社会主义的区域经济新体制。

第二个阶段是以建立城市群为目标的发展阶段。1997年,长江三角洲城市经济协调会成立,奠定了长三角城市群的合作基础,为促进和强化长三角各城市间经济联合与协作提供了重要的交流平台。2003年8月,在南京市举办的长江三角洲城市市长峰会中,首次提出了"长三角人"这一概念,使长三角城市群协同发展的观念从经济、社会、交通等领域逐渐延伸至生态、文化、旅游等领域。2008年,国务院颁布《关于进一步推进长江三角洲地区改革开放与经济社会发展的指导意见》,提出要把长三角地区建设成为具有较强国际竞争力的世界级城市群。2010年,国家发展和改革委员会颁布《长江三角洲地区区域规划》,首次在国家战略层面上明确了长三角区域的范围,标志着地方为探索区域协作而建立起的以经济发展为目标的长三角城市群,正式得到了国家的认可。

第三个阶段是以国家区域一体化发展战略提出为标志的深入阶段。党的十八大以后,为加快推进长三角区域一体化发展,国家陆续颁布了关于长三角区域一体化发展的相关政策与文件。2016年6月,《长江三角洲城市群发展规划》发布,将安徽省部分城市纳入长三角城市群,使得长三角城市群总数拓展至26个地级市。2019年5月13日,中共中央政治局会议审议了《长江三角洲区域一体化发展规划纲要》,该纲要专门对长三角区域的高质量发展进行了总体要求和战略规划,使得长三角区域的发展建设上升到国家战略层面。

从长三角区域一体化发展战略的历程来看,早期的长三角区域发展战略设想是以上海为核心引领周边城市发展,进而促进整个华东地区的经济建设。但是,在早期探索阶段,由于地方政府在区域建设上的经验不足,都市圈与区域一体化发展存在混用,一定程度上忽视了区域间各省市存在的经济社会发展差距和利益冲突。在总结早期经验的基础上,长三角地区为加强各城市间的经济联合协作,建立了长江三角洲城市经济协调会。随着经济合作发展的深入,长三角地区的各城市也由最初的经济合作到交通、文化、生态、旅游等多方面协同发展。进入新时代后,由于长三角地区的各省市的经济发展都处于由传统要素驱动向创新驱动转变的关键阶段,且各省市在地域上接近、资源上互补、经济上依存以及人文上相通,加之长期趋向于联动和一体化的顶层设计传统,长三角区域一体化发展进入快车道。

2. 粤港澳大湾区建设的发展历程

粤港澳大湾区是包括广东省珠三角9市以及香港、澳门两大特别行政区在内的世界级湾区,是我国现阶段开放程度最高、最具经济活力的区域之一。由于粤港澳大湾区建立在具有两种制度体系、三个关税区、三种法律体系和四个核心城市的异质性区域内,使得粤港澳大湾区概念的提出经历了漫长的历程。

第一个阶段是地方政府自主探索合作阶段。2003年,为全面提升内地与香港、澳门特别行政区在经济和技术上的交流与合作,内地与香港、澳门特区政府分别签署了《关于建立更紧密经贸关系的安排》,为粤港澳三地开展合作提供了制度化渠道。2005 年,广东省政府在《珠江三角洲城镇群协调发展规划》中提出湾区的概念,并于 2008 年在《珠江三角洲地区改革发展规划纲要(2004—2005)》中,提出珠三角 9 市要同香港、澳门两地开展紧密合作,建立起优势互补和全球最具核心竞争力的大都市圈。随后出台的《环珠江口湾区宜居区域建设重点行动计划》,将湾区这一概念正式纳入粤港澳三地合作发展的地理范畴。

第二个阶段是地方融入国家发展战略阶段。2014 年,深圳市在政府工作报告中提出湾区经济这一概念,体现了地方政府正着力推行建立粤港澳大湾区。2015 年 3 月,在国家发展和改革委员会、外交部和商务部联合发布的《推动共建丝绸之路经济带和 21 世纪海上丝绸之路的愿景与行动》中,首次提出要建设粤港澳大湾区。国务院随后也颁布了《关于深化泛珠三角区域合作的指导意见》,并用专门章节陈述如何打造粤港澳大湾区。中央文件提出要建设粤港澳大湾区,是对地方政府探索湾区建设工作的肯定,也是国家关于区域空间发展的战略布局。

第三个阶段是中央主导粤港澳大湾区建设阶段。2017 年度的《政府工作报告》提出,要研究制定粤港澳大湾区城市群发展规划,这标志着粤港澳大湾区这一概念被纳入国家顶层设计;同年 10 月,党的十九大报告提出:"要支持香港、澳门融入国家发展大局,以粤港澳大湾区建设、粤港澳合作、泛珠三角区域合作等为重点。"[1]从《政府工作报告》中的"推动内地与港澳深化合作"到党的十九大报告中的"全面推进内地同香港、澳门互利合作",表明粤港

---

[1] 习近平:《决胜全面建成小康社会 夺取新时代中国特色社会主义伟大胜利》,《人民日报》,2017 年 10 月 28 日,第 001 版。

澳大湾区已正式步入湾区共建时代。① 2019年2月18日，中共中央、国务院印发《粤港澳大湾区发展规划纲要》，明确指出要将粤港澳大湾区建设成充满活力的世界级城市群、具有全球影响力的国际科技创新中心、"一带一路"倡议的重要支撑、内地与港澳深度合作示范区和宜居宜业宜游的优质生活圈，这标志着粤港澳大湾区正式上升为国家级区域发展战略，成为推动我国区域发展的重要引擎。

粤港澳大湾区从提出到建设的历程，主要遵循着地方政府探索、融入国家战略和中央主导地方协同的逻辑。粤港澳三地开展合作的最初目的，主要是广东省政府及珠三角9市想通过香港、澳门的产业转移和国际影响力来带动其经济发展。一开始，由于香港和澳门在制度和法律上有别于内地，粤港澳早期三地开展合作需要得到中央层面的许可。后来，以内地与香港、澳门分别签署的《关于建立更紧密经贸关系的安排》为开端，广东省政府及珠三角9市便开始积极探索建设湾区的可能性。经过地方政府和香港特别行政区政府、澳门特别行政区政府近十年的探索和发展，珠三角9市与香港、澳门已形成要素流通、资源互补、产业分工有序的格局，三地所产生的经济效益和政治影响力也日趋强大。当前，中央将粤港澳大湾区建设纳入国家重大战略之中，以国家主导地方系统建设的模式积极推进粤港澳大湾区的建设发展。

（二）我国都市圈战略的演进历程

都市圈是以一个超大特大城市为核心、由若干个与核心城市有密切经济联系和交通往来的邻近城市共同组成的，以1小时通勤圈为基本范围的环状空间形态，通常以核心城市来命名。都市

---

① 叶林、宋星洲：《粤港澳大湾区区域协同创新系统：基于规划纲要的视角》，《行政论坛》2019年第3期。

圈作为城市化发展的高级阶段,有着发达的交通网络、繁荣的经济产业和丰富的人口资源,通过发挥核心城市的扩散辐射效应和城市网络,促进区域内的资源流动和产业合作。培育现代化都市圈,不仅有利于人口与经济空间结构的优化,还能吸引有效投资,拉动潜在消费需求,强化内生发展动力,提升地区劳动生产率,是推进中国式现代化建设的必然选择。

1. 上海都市圈的历史演进

上海都市圈地处长江三角洲的核心区,是顺应全球城市区域协同发展趋势、发挥中心城市辐射作用与承载国家战略要求的核心空间。上海大都市圈的雏形,最早可追溯至1982年由国务院确认成立的上海经济区。而上海都市圈这一概念的正式提出,始见于2017年发布的《上海市城市总体规划(2017—2035年)》。该规划明确提出,要"充分发挥上海中心城市作用,加强与周边城市的分工协作,构建上海大都市圈"。同年,国务院在《关于上海市城市总体规划的批复》中,明确提出要"充分发挥上海中心城市作用,加强与周边城市的分工协作,构建上海大都市圈"。2019年12月,中共中央、国务院印发的《长江三角洲区域一体化发展规划纲要》指出,要"推动上海与近沪区域及苏锡常都市圈联动发展,构建上海大都市圈"。2022年1月,随着新时代我国第一个跨省区的国土空间规划及第一个都市圈国土空间规划——《上海大都市圈空间协同规划》的颁布,确定了以上海为中心城市以及苏州、无锡、常州等几个上海周边城市在内的都市圈行政范围,上海都市圈正式开启了都市圈协同共建的时代。

在区域城市关系上,上海大都市圈已经突破传统意义上的通勤圈,是一个以上海为核心,以周边地理邻近性为基础、功能紧密关联性为核心、地理文化认同感为纽带,并兼顾行政治理的空间完整性而构成的"1+8"多中心城市区域。从整体来看,上海大都市圈的各城市文化同源、水脉相依、人缘相亲、产业相通,是一个充满生机活力的区域生命共同体,也是一个整体实力可以比肩世界顶级都市圈的高收入经济体。在"双循环"新发展格局和高质量发展的要求下,上海大都市圈具备比肩世界一流的综合经济实力和相对完整、高水平的产业链与供应链,是我国推动国内外"双循环"、参与全球竞争的重要载体。

2. 广州都市圈的历史演进

广州都市圈位于珠三角核心腹地,是珠三角经济发展的核心区域,发挥着引领和辐射珠三角经济、政治、社会发展的重要作用。广州都市圈的形成,最早可追溯至 2000 年广州市政府在《城市总体发展战略规划纲要》中提出的"西联"佛山共同发展战略。此后,广州市与佛山市联合编制并实施了多项交通工程项目,致力于实现两市实现交通上的全方位对接。2008 年,国务院出台的《珠江三角洲地区改革发展规划纲要(2008—2020 年)》正式提出"广佛同城",并要广州市"建成珠江三角洲地区一小时城市圈的核心",标志着广佛同城化发展正式进入国家战略层面。党的十八大以来,在"一带一路"倡议和粤港澳大湾区建设等国家战略的背景下,广州市围绕建设世界级湾区城市的功能与定位,提出了以大都市圈建设为重要战略,对城市发展战略进行了调整和深化。

以同城化为导向、以产业协作为重点的广州都市圈,更符合国家发展和改革委员会在《关于培育发展现代化都市圈的指导意见》中关于都市圈的定义。虽然地缘相近、文化同源、基础设施相衔接是广州都市圈形成的重要基础,但产业的协作与合理的利益分配才是广州都市圈建设的实质性内容,也是广州都市圈互动合作的前提。广州都市圈通过合理地均衡产业布局,协调产业链间的上下游利益,引领都市圈内政府、企业、社会组织、民众等主体热情参与,能有效地推进项目合作,发挥都市圈的最大效能。

(三)历史制度主义视角下区域一体化战略与都市圈战略的发展比较

历史制度主义产生于社会科学的学科交叉地带和政治科学的范式嬗变,它注重特殊时间、空间的社会、经济和政治结构带来的影响。对历史制度主义来说,相较于观念,试图创造或改变制度的社会团体的集体行动所发挥的效力更为重要。① 一般而言,对历史制度主义的分析尝试从权力关系、时序要素、制度变迁、观念分析等方面进行比较研究。② 在结构观上,历史制度主义强调制度变迁对于公共政策和政治后果的重要作用;在历史观上,历史制度主义注重通过追寻事件发生的历史轨迹,探析过去所发生的事对现在的重要影响,并试图通过放大历史视角来找出影响事件进程的结构性因果关系和历史性因果关系。③ 一些历史主义者曾关注到,政治事务中发挥有力作用的理念总是按照制度的定位来行动和思考的④,因此,基于制度进行政策理念的分析具有重要意义。循着历史制度主义的经典分析框架,本文对两种区域战略进行比较。

一是政治经济环境对两种战略的深层影响。宏观的政治经济环境对制度的变迁具有不可忽略的影响,区域发展相关政策的产生、发展与调整都不可忽视其背后的政治经济结构。历史制度主义非常强调事件发生的时机和次序。⑤ 从经济体系来看,改革开

---

① Lieberman C., "Idea, Institutions, and Political Order: Explaining Political Change," *American Political Science Review*, 2002, 96(1), pp.697-712.
② 马雪松:《历史制度主义的发生路径、内在逻辑及意义评析》,《社会科学战线》2022年第6期。
③ 何俊志:《结构、历史与行为——历史制度主义的分析范式》,《国外社会科学》2002年第5期。
④ Rogers Smith, "Ideas, Institutions, and Strategic Choice," *Polity*, 1995, 28(1), pp.135-140.
⑤ 参见[美]保罗·皮尔逊:《时间中的政治:历史、制度与社会分析》,黎汉基译,江苏人民出版社2014年版。

放后我国逐步探索并发展市场经济的趋势没有发生明显改变。两案例中的战略实践基本上都发生在这一历史场域。从整体来看，以城市群为载体的区域一体化战略，其酝酿与萌发的时间相对于都市圈要更早，这主要与我国追求经济快速增长的历史背景相关。相对而言，围绕着都市圈这一概念，出现的密集的战略与政策调整主要集中在近十年，从更大的背景上看这一动力的生成，又与市场经济中地方政府的政绩锦标赛等现象密切相关。从政治体系上看，都市圈战略与区域一体化战略在最初的设计上存在较大的重合度，在地方前期自主探索阶段往往难以明确划分。随着我国央地关系的渐进调适，区域一体化战略的主导权越来越向中央集中，"中央主导、地方协同"的色彩较为明显。相对而言，都市圈战略则成为地方政府自主推进区域合作的一种补充，地方在推进都市圈建设中往往更多地扮演能动性角色。

二是共同的区域发展战略路径依赖。从政策文本来看，上海和广州两大城市的都市圈战略，相比于区域一体化战略在空间尺度上更小。对于两大城市而言，无论是区域一体化战略还是都市圈战略，它们力图实现的阶段性目标差异不大，这构成了地方政府持续参与国家区域战略的利益相容机制。在中央层面持续推进层次化的区域发展战略背景下，我国已经形成了以"开发区—自贸区、综改区—国家级新区—中心城市—城市群—区域发展战略"为主轴的区域战略链条。① 各层次的国家区域战略形式不断丰富，既为国家持续赋能地方发展、转变发展模式提供了机遇，也为地方因地制宜地确立发展议程提供了空间。

三是区域战略转变的动力机制分析。基于议程战略主导权的视角，区域一体化战略在近年来不断得到加强，中央政府在区域一

---

① 赵吉：《支点型战略功能区：政策链视角下的国家级新区功能定位》，《地方治理研究》2019年第3期。

体化战略中的议程主导权持续上升。特别是粤港澳大湾区,面临"一国两制"下制度差异的特殊情况,若缺乏中央政府的介入和领导,区域一体化进程将大大放缓。相对而言,长三角区域一体化的制度瓶颈更少,但省际协同同样存在困难。中央印发《长江三角洲区域一体化发展规划纲要》,实际上也加速了长三角之间的一体化进程。而都市圈战略最初作为一种市场经济的重要产物,战略主导权主要集中在地方,是为了建立经济增长极而构建的区域战略。随着近年来对高质量发展的新要求,都市圈战略也发生了质性变革,突出的表现就是社会、生态、文化等目标日益扮演重要角色。与此同时,超大城市布局都市圈还具有鲜明的倒逼色彩,即纾解相关功能和产业,完善城市功能,这也成为现阶段超大城市着力都市圈建设的重要理由。

三、"结构—功能"视角下区域一体化战略与都市圈战略的体制机制比较

基于历史制度主义的比较可以看出,在政策演进上,区域一体化战略与都市圈战略虽然存在差异化的发展路径,但整体上仍存在较大的一致性。本部分将从"结构—功能"的视角对区域一体化战略与都市圈战略的体制机制进行进一步的比较。区域战略作为一种公共政策,其背后的政策系统运转具有一定的结构,而依托于特定的结构政策系统又会发展出差异化的功能。本部分借用结构功能主义的分析范式,结合中国区域发展战略的现实背景,对政策系统结构中最为重要的决策体制和运作模式进行比较;与此同时,对区域发展战略的功能指向——市场驱动和社会功能进行比较,由此形成体制、模式、机制与功能的四维度比较框架框架。

（一）决策体制比较

1. 区域一体化战略：中央主导下的协同治理

区域一体化战略在决策体制方面，主要表现为中央主导下的协同治理。以粤港澳大湾区和长三角区域一体化战略为例，2018年8月，粤港澳大湾区建设领导小组成立，主要负责研究和解决粤港澳大湾区在政策落实、项目安排、平台建设以及区域协同等方面的重大问题；大湾区建设领导小组由担任中共中央政治局常委的国务院副总理任领导小组组长，并由国家发展和改革委员会担任统筹执行角色。同时，在广东省层面也建有广东省推进粤港澳大湾区建设领导小组，广东省委书记任组长，省长任常务副省长；在相关地市级层面也建有市级推进粤港澳大湾区建设领导小组。可见，在粤港澳大湾区建设中，决策体制形成了鲜明的自上而下主导之特征，以央地关系为主轴，在省、市级层面形成了牵引协同的领导小组机制。

与之类似，2019年在《长江三角洲区域一体化发展规划纲要》印发后，国务院成立了长三角一体化发展领导小组，统筹规划、综合协调长三角区域一体化发展，也由担任中共中央政治局常委的国务院副总理担任领导小组组长，并且在三省一市层面都建立了长三角一体化发展领导小组，市级层面也建立了相应的协调机构。中共中央和国务院印发《粤港澳大湾区发展规划纲要》《长江三角洲区域一体化发展规划纲要》，是中央在国家顶层设计层面对区域发展进行的战略部署，是党和国家意志的体现。各层级建设的一体化推进小组则是地方层面根据中央所做的规划，进行区域建设与发展的重要领导机构，是对党和国家意志的自上而下的贯彻落实。

2. 都市圈战略：地方推进的合作生产

都市圈的建设更倾向于作为区域一体化在战略上和政策上的

延续,主要表现为各城市之间在经济上和产业上开展合作。以上海大都市圈为例,针对上海都市圈具有跨多省域、产业要素相近、人文相通等特点,上海都市圈规划组织采取了以编制组织创新促进区域空间协同治理的路径,通过"共同组织、共同编制、共同认定、共同实施"的模式,实现从城市政府主导向多主体协同参与以及从自上而下编制向跨地域平等协商的转变。在组织体制方面,一方面,上海都市圈成立了都市圈空间规划协同工作领导小组,负责对上海大都市圈规划的编制、审查、实施等工作进行指导和决策,对跨地市的重大规划、重大项目等进行统筹协调[1];另一方面,上海都市圈还构建了跨地域、跨领域的矩阵式协作平台,要求相关主体各负其责、各扬所长。这种决策体制实际上是在多方互动之中不断地推进政策优化和再生产,从而保障都市圈的发展符合地方利益。

比较而言,广州都市圈发展的核心在于广佛同城化,以此辐射和带动肇庆、清远、云浮、韶关四市在产业经济、城市品质、文化生活等方面的提升。作为国家中心城市,广州在都市圈发展中扮演着重要的引领角色。随着广州国家中心城市地位的确立和长期发展的积累,广佛地区已经形成了具有竞争力的产业基础和产业链条,形成了一定程度的自发合作。而基于广州都市圈的发展定位,要将一些不符合广州国家中心城市定位的功能和产业进行转移和迁移,因此,未来肇庆、清远、云浮、韶关等地承接广佛产业的转移迁移将成为都市圈内重要的合作基础。

3. 中央统合还是区域统合:两种区域战略的决策体制差异

粤港澳、长三角在推进区域协同发展的过程中,均由中央层面进行统一规划并成立领导小组,这不仅能起到维护区域规则、增进

---

[1] 熊健、范宇、张振广等:《区域协调与空间治理背景下的上海大都市圈空间协同规划编制创新探索》,《城市规划学刊》2022年第2期。

彼此联系、促进协同合作,对协同合作主体形成行为制约,确保协同结果能实现共赢的作用①,更彰显了国家意志,为区域协同合作的有效实施奠定了基础。不同于区域一体化在中央主导下的协同治理,产业是促进都市圈内各城市间经济、社会、文化、基础设施共建发展的基础,长期以来,都市圈建设主要表现为地方政府为促进地方的经济建设,与周边地区积极开展产业协作和功能分工,更加注重经济效益的提升。从实际运转来看,两种区域发展战略背后存在着差异化的政治统合力。

一般而言,学术界使用政治统合的概念,专指党委围绕中心工作,对行政科层制进行结构整合、资源聚集、功能重组的治理模式。② 但是,在区域发展战略的实施中,本质上存在政治统合力的特征差异,即区域一体化战略突出党中央对国家区域发展的重大部署,通过建立协调机制推动省市层面强化协调,从而更好地实现资源合理配置,服务国家发展需要,这主要表现为一种基于自上而下的中央统合;都市圈发展战略则突出超大城市发展的现实需要,通过共同编制规划方案等,促进资源利用最大化,最终实现城市功能与需求的再平衡,是一种由点及面的区域统合。前者主要依托国家权威,而后者主要取决于超大城市的引领力和辐射力。

(二) 运作模式比较

1. 区域一体化战略:制度化合作模式

在行政管理体制上,区域一体化战略倾向于从政府层面建构联席会议制度,联通区域各成员单位推进区域的协同合作,是一种制度化的合作模式。当前,长三角各城市政府职能部门之间,建立

---

① 罗守贵:《协同治理视角下长三角一体化的理论与实践》,《上海交通大学学报》(哲学社会科学版)2022 年第 2 期。
② 欧阳静:《政治统合制及其运行基础——以县域治理为视角》,《开放时代》2019 年第 2 期。

了诸如长三角港口管理部门合作联席会议等各种协调会多达 30 多个,这些专业领域内的合作机制成为省、市间开展专题合作的实施主体和基础保证。① 长三角地区在政府合作方面发挥主要引领作用的是长三角城市经济协调会、沪苏浙主要领导会晤机制、沪苏浙经济合作与发展座谈会和长三角各城市政府职能部门协调会。以成立时间最长的长三角城市经济协调会为例,作为长三角区域地方政府合作的核心组织和机制,长三角城市经济协调会是以经济为纽带的区域性经济合作组织,本质上属于市一级的协调会,具有一定的权威性,其协调功能不仅局限于纯粹的信息交流,而更趋于开展具体、实质的领域合作,在区域建设规划、强化区域合作、促进区域经济发展等方面发挥核心作用。

近年来,粤港澳大湾区建设领导小组办公室会同有关部门,与粤港澳三地一道,建立健全统筹协调机制,不断完善体制机制,全面推进粤港澳制度化合作。国家发展和改革委员会会同有关部门,与粤港澳三地一道,坚持基础设施"硬联通"和规则机制"软联通"并举,推动大湾区设施联通和规则融通,促进要素高效便捷地流动,加快推动大湾区市场一体化进程。② 粤港澳三地也在积极寻求两种制度规则下的"最大公约数",为不同市场机制之间的对接和融通提供经验和参考,如人员流动方面,港珠澳大桥珠澳口岸、横琴口岸旅检区域实行"合作查验,一次放行"的通关模式,香港西九龙站实行"一地两检"的查验模式,通关便利化水平不断提高。通过建立制度实现最大程度的合作,是区域一体化战略打破行政壁垒、推进一体化发展的重要经验;依靠制度的细化、深化也能够将区域一体化的合作网络逐步延展,使其成为推动区域发展的强大动力。

---

① 彭彦强:《长三角区域地方政府合作与资源的跨行政区配置》,《经济体制改革》2012 年第 4 期。
② 何立峰:《深化粤港澳合作 推进大湾区建设》,《中国产经》2021 年第 11 期。

2. 都市圈战略:平台式合作模式

与区域一体化战略不同,都市圈负责统筹规划的组织,更多倾向于在经济上和产业上开展平台式合作。所谓平台式合作,是指城市之间以都市圈规划建设为契机,按照自由合意的原则,利用合作网络共同赋能发展。以上海和广州都市圈为例,所成立的上海大都市圈空间规划协同工作领导小组和广佛联合规划委员会,其目的都是通过合理配置都市圈内的空间资源,优化产业结构,实现区域的经济发展。除此之外,上海都市圈还建立了多元主体参与实施机制,鼓励支持各行业领域建立起联盟、协会、商会等商业合作伙伴关系,交流分享产业发展经验。这些探索实践表明,都市圈成为一种城市内部各行业、各领域合作互惠的重要理由。这种平台式合作相比于区域一体化的制度性合作而言,更灵活、更具弹性。

3. 体系重构与能力释放:两种区域战略的运行模式差异

即便在具体运行中,都市圈战略往往成为区域一体化战略的具体支撑,但两种区域战略在运行模式方面存在的差异不可忽视。国家在推行区域一体化建设的过程中,建立各种合作组织、机制以及签订合作协议等制度性合作,其目的主要是通过政府间合作,使行政权力运行规则逐渐统一,限制地方政府在区域市场中的消极作用,从而减少区域间的市场壁垒,让市场机制的作用得到更好地发挥,提高资源的流转效率和区域配置效率。从根本上看,这表现为一种体系重构,通过制度建设为区域一体化提供基本的规则和约束体系。都市圈在行政管理体制上,表现为平台式合作,即都市圈政府更加侧重于空间的合理布局和产业的有序协作,为各行业领域开展合作提供渠道和机会。这种平台型合作的模式,能使都市圈的空间布局更加合理,不仅提高了都市圈产业的经济社会效益,而且对其他经济要素的合理流动和优化配置也有积极的促进作用。这更倾向于一种能力释放,也就是说,虽然都市圈进行了体系化的创新，但是其目标导向是更明确的，释放持续的发展能力和治理能力是其行政体制的根本特点。

（三）市场驱动机制比较

1. 区域一体化战略：产业布局驱动发展

区域发展战略的核心是如何实现更高质量的发展。因此，区域一体化战略尤其强调经济功能在战略规划中的基础性作用。在市场驱动机制上，区域一体化战略突出强调产业的重要作用。以《长江三角洲区域一体化发展规划纲要》为例，在产业方面提出了以科创中心建设为引领，打造产业升级版和实体经济发展高地，并在构建区域创新共同体、共建产业创新平台、合力发展高端服务经济、引导产业合理布局、加强创新链与产业链区域协同、共同培育新技术新业态模式等方面进行谋划。与之相对，在粤港澳大湾区的规划中，也明确提出"瞄准国际先进标准提高产业发展水平，促进产业优势互补、紧密协作、联动发展，培育若干世界级产业集群"的类似战略任务。一直以来，我国通过产业政策的引导，不断促进经济转型和高质量发展。在区域发展战略中强化产业布局，有助于通过国家经济政策引导发展预期。从国家对区域的产业布局来看，未来将会有更多配套政策进行相关引导和支持。从这种意义上而言，促使区域一体化战略本身也成为政策高地，助力高质量发展。

2. 都市圈战略：核心优势驱动发展

相较于区域一体化战略，都市圈战略更多强调发挥超大城市的比较优势。以上海市为例，在上海大都市圈的产业发展方面，就强调要以全球领先的多元知识集群和世界级的高端制造集群为建设方向。通过创新链与产业链的深度融合，着力构建内生型的供应链体系。这种内生型供应链体系可以最大限度地链接都市圈中的生产网络体系，也能够充分依托上海独特的比较优势。在具体的规划方面,上海大都市圈也沿袭了上海生物医药产业、新一代信息技术产业、高端智能装备产业、新能源产业、绿色化工和汽车制造等方面的布局。广州市和佛山市强调打造一批跨区域制造业产业集群,强化产业链稳链、补链、强链、延链、控链协同联动,也是突出城市的比较优势和互补优势。整体来看,都市圈更强调对现有优势的扩大,以及都市圈内城市之间的优势或功能互补,以此筑牢发展的优势。实际上,这种市场驱动功能更强调对既有资源的再组合,这与区域一体化战略的政策性配置存在显著差异。

3. 产业布局驱动还是核心优势驱动:两种区域战略的发展逻辑差异

无论是长三角区域一体化战略还是粤港澳大湾区建设,都是国家层面的区域重大发展战略,国家会将更多的资源和政策向其倾斜。产业政策既能够实现国家经济的有效调控,又能够支撑区域形成产业发展的政策高地,这就会为该区域吸引大量的投资资金和劳动力资源,能在最大程度上推动区域经济的发展。相比较而言,都市圈则主要依靠中心城市的核心产业和人口资源向周边城市转移,以及周边城市对核心城市的互补性支撑。因此,通过筑牢都市圈内产业的比较优势则成为地方的首选战略。现阶段来看,中央的产业布局在较大程度上与地方的比较优势具有一致性,如果能合理发挥中央在产业布局上的超前谋划力和地方在产业优势构筑上的能动性,则更能够充分实现区域发展战略的经济功能。

(四)社会功能比较

1. 区域一体化战略:理念牵引型

在社会目标上,区域一体化更倾向于理念上的引领,引导区域的公平和共同发展。早有学者提出,区域一体化注重从顶层设计的高度统筹区域协同发展,以区域为整体,促进区域公共服务标准化、均等化、法治化和一体化,形成区域一体化发展整体合力。①从规划文本上看,区域一体化战略在人文、社会治理、民生等众多方面属于理念牵引型,是一种共识凝聚,因此,这些规划设计也更为系统。以粤港澳大湾区为例,《粤港澳大湾区发展规划纲要》结合粤港澳大湾区的现实情况,对其在经济、社会、生态、文化等方面进行顶层设计,如提出休闲湾区、人文湾区、建设具有岭南特色的宜居城乡等。《长江三角洲区域一体化发展规划纲要》中提出的数字长三角、平安长三角、区域创新共同体等,也表现出极强的理念牵引特征。从社会功能上看,国家区域发展战略存在适度超前的战略谋划。这与我国发展规划制定的传统保持一致,在具体的社会功能方面既强调全面,又强调自主空间,是区域一体化发展战略的鲜明特征。

2. 都市圈战略:问题导向型

相较于区域一体化,都市圈更加侧重于实际社会问题的解决,提升人民在都市圈的生活质量,这主要表现在纾解中心城市的压力方面。以上海都市圈为例,上海都市圈的构建,能纾解都市圈中心城市的拥挤和集聚,促进中心城市功能的转型与升级,为新功能提供发展的空间载体,以实现人口、产业和经济活动获得更为合理有效的空间布局之目标。除此之外,应对社会治理的复杂难题,对都市圈战略来说也尤为关键,上海存在广泛的治理难题,例如:水系统问题复杂,治理难度较大;环境空气质量仍有待改进;老龄化程度较高且不断增加等。在《广佛全域同城化"十四五"发展规划》中,提及"紧紧围绕社会治理体系和治理能力现代化的总要求,推动广佛社会治理资源整合、力量融合、功能聚合、手段综合,形成共建共治共享的社会治理格局"。从广义的社会功能而言,"城市病"

---

① 于迎、唐亚林:《长三角区域公共服务一体化的实践探索与创新模式建构》,《改革》2018年第12期。

叠加风险社会的因素,极大地增强了现代城市独立治理的难度,因此,在都市圈建设中,提升城市治理体系的联动和能力提升是重要的战略性任务。

3. 理念牵引型与问题导向型:两种区域战略的社会功能差异

中国特色社会主义进入新时代,我国社会主要矛盾已经转化为人民日益增长的美好生活需要和不平衡不充分发展之间的矛盾。新时代区域协同发展战略的根本指向也是回应这一重大命题。社会功能相较于经济功能而言,更直接地服务于百姓生活,其涵盖面广、覆盖内容多、涉及事务规模较大。通过对区域一体化战略与都市圈战略的系统比较可以看出:区域一体化战略更多地站在国家发展的导向上强调战略预判和理念牵引,实际上也表现了中央对地方的一种政策性引导;都市圈战略更多的是从地方立场出发,着力解决地方治理中的现实难题,为超大城市的发展减负增能。两种政策规划的不同立场实际上存在着良性互动:区域一体化战略的政策文本往往充分汲取了地方意见,并根据中央层面的判断作出部署;都市圈的战略往往会根据国家的区域一体化战略进行完善和调整。因此,仅从规划文本角度看,两者存在社会功能的差异取向,但是从长期的政策实践中看,理念牵引和问题导向都能够被吸纳进入区域发展战略议程中。

四、都市圈嵌入区域一体化:圈层协作的区域发展战略体系建设

本文的核心关注点在于作为区域发展战略的区域一体化战略与都市圈战略存在大量相似性特点,同时,探析二者间存在的差异化功能与价值,以此来寻求更科学地配置我国的区域发展战略体系。从比较研究的基本结论来看,受到我国政治经济环境的影响,

区域一体化战略与都市圈战略在最初提出时边界并不清晰。随着改革开放的不断推进,区域一体化战略从城市群政策逐步发展,日益上升成为国家重要的区域发展战略。都市圈作为市场经济下追求经济增长极的重要制度性产物,其功能逐步完善,围绕着社会生态等方面的功能也逐步健全。

通过两种区域发展战略在结构与功能方面的比较,可以看出在政策设计的本质上,二者仍然存在一定的差异(表1)。从决策体制来看,区域一体化战略更强调中央政府的统合作用,通过中央政府的权威来打破省域、市域的边界,从而建立一种合作性的政治框架;都市圈战略则强调地区统合,重视核心城市在其中的引领力和辐射力,本质上是对城市间自发合作的一种确认。从运行模式来看,区域一体化战略更强调制度和规则的作用,是对我国条块关系和行政管理体制的一种补充和修正;都市圈战略则强调平台式合作,通过都市圈发展这一重要契机,城市之中各行业各领域可以以此搭建合作关系,自由合意地开展各项合作,相较区域一体化战略而言,都市圈的行政管理体制更鼓励先行先试。从市场驱动机制来看,区域一体化战略强调中央对区域的产业政策引导,通过产业区域化布局,构筑国家的产业配置空间,引领高质量发展,再通过有效的产业政策支持,挖掘比较优势,带动经济增长;都市圈战略则着眼于巩固核心的发展优势,通过与周边城市之间的供应链协作,提升和巩固比较优势。从社会功能层面来看,区域一体化战略突出理念引导性,旨在回应中国式现代化的未来前景与发展方向;都市圈战略则更多侧重于解决实际社会问题,强调对城市治理压力的纾解和城市治理能力的提升。从上述结论来看,都市圈战略与区域一体化战略作为两种各有侧重的区域发展战略,本质上可以通过差异化的结构与功能设定,实现纵向的战略延伸。

表 1 泛上海与泛广州区域发展战略比较

比较维度 发展战略	区域一体化战略	都市圈战略
决策体制	中央统合	地区统合
运行模式	制度化合作	平台式合作
市场驱动机制	产业布局驱动	核心优势驱动
社会功能	理念引领型	问题导向型

从空间的意义上来讲,无论是都市圈战略还是区域一体化战略,本质上都是一个"圈",而都市圈与区域一体化之间又构成了两个尺度不同的层,这两个不同的层之间相互嵌套,就形成了圈层。结合历史制度主义和结构功能主义的双重分析视角,要进一步推动区域一体化战略与都市圈战略的高效联动,发挥两大区域发展战略的积极性和科学性,构筑科学合理的区域政策立体协作体系,应当从实现区域一体化战略和都市圈战略的圈层协作开始。相对而言,区域一体化战略是都市圈战略的上位规划,都市圈战略则是区域一体化战略的下位延伸,这一点在当前的规划当中已经有所体现。例如,在粤港澳大湾区建设中突出强调的"广州-佛山、香港-深圳、澳门-珠海的极点带动的空间格局"等,长三角区域一体化将加快都市圈一体化发展、推进都市圈协调联动作为重要的工作等。

圈层协作是单一制大国在强调自上而下战略权威性贯穿和尺度空间内能动自主的基础上,对既有体制和政策进行的机制性调适。整体而言,圈层协作是一种弥补科层制自上而下职责同构、层层加码和形式主义的重要治理策略。在国内的相关研究中,圈层协作曾被用作指导应急管理的策略性行为,其核心是化解条块分割对整体性治理带来的挑战。[①] 本文在国家区域发展战略的层面

---

① 赵吉:《圈层协作:尺度政治视域下全国性应急防疫的治理逻辑》,《北京科技大学学报》(社会科学版)2020年第2期。

强调圈层协作,突出不同尺度国家区域战略的功能实现,突出政策体系立体化联动,防范和化解政策资源浪费。具体而言,实现区域一体化战略与都市圈之间的圈层协作,需要从如下方面着力。

首先,区域一体化战略应该更注重发挥国家能力,都市圈战略更注重发展城市能动性。区域一体化战略重在突破行政限制,打破行政区经济。当前,我国统筹城乡发展,实现共同富裕等重大战略议程已经设定,而实现区域协调发展则是重要的政策工具。要强化国家在区域一体化战略当中的政策权威,将地方政府统合进中央的政策发展体系之中,提升区域战略服务国家战略的能力。另外,都市圈战略要在区域一体化战略的框架下,既遵循区域一体化战略的整体性设计,又要重视城市之间的能动性协作与创造,鼓励城市不断创造新的发展亮点。

其次,区域一体化战略更注重规划设计,都市圈战略更鼓励先行先试。制度设计是推进区域一体化战略的重要抓手。只有建立行之有效的制度,才能够形成稳定的合作关系,为更深层次的发展合作奠定基础。区域是国家中的区域,对国家发展与安全全局有着至关重要的影响,因此,通过制度化的规范,有助于在国家体系内形成良性的合作与竞争关系,构筑安全发展的格局。相对而言,都市圈战略由于涉及的事物更为具象,参与的主体也不仅限于政府内部。各行业各领域应当共同加入区域发展共同体之中,献计献策。应当鼓励上海、广州等都市圈先行先试,在法治框架下探索更多经济与社会治理的方案,为我国其他都市圈的建设与发展提供可复制、可推广的经验。

最后,区域一体化战略更注重公平和质量,都市圈战略需要更强调效率和辐射。区域一体化战略由于政策覆盖的尺度范围更大,涉及人口更多,因此应当更注重政策设计的综合性。在强调经济动能转换、产业升级发展等方面的同时,要更加注重公共服务、民生问题、环境问题等方面的政策公平性和人民的获得感。都市圈在生成逻辑上具有鲜明的经济增长极导向,倘若没有强劲的增长动能,都市圈也将难以维系。都市圈中核心城市往往具备最强劲的发展动能,也是其他城市持续发展的动力来源,因此,在都市圈的战略设计上可以突出效率导向,强调都市圈对周边城市的辐射带动作用。

基于以上方案,将都市圈的能动性置于国家区域一体化战略的政策统合之下,将都市圈的先行先试置于区域一体化的制度框架之下,将都市圈的效率和发展置于区域一体化战略的公平和质量之下,能够实现都市圈深度嵌入区域一体化战略,从而最终实现国家区域发展的政策体系优化。这对于优化我国区域发展政策体系格局,强化中央政策引领,释放地方发展活力,挖掘中国式现代化的强劲动能具有重要的现实意义。

五、结论与讨论

区域一体化战略和都市圈建设,是国家通过尺度化政策调整、促进区域协调发展的政策工具,是推进中国式现代化、实现高质量发展的必然选择。但是,区域一体化战略和都市圈建设作为调整不同层次的区域政策,在政策设计方面存在一定程度的重复,抑制了不同尺度区域发展战略的特色和优势发挥。本文以泛上海、泛广州的区域发展战略为例,梳理两种区域发展战略的演进历程,并基于历史制度主义视角的结构观和历史观进行分析。研究发现,区域发展战略受到政治、经济、环境的深层影响,近年来随着我国央地关系的渐进调适,区域一体化战略的主导权越来越向中央集中,"中央主导、地方协同"的色彩较为明显;都市圈战略更强调地方能动性。从政策设计上看,两种区域发展战略存在共同的区域发展战略路径依赖,阶段性目标差异不大。从动力机制上看,中央政府在区域一体化战略中的议程主导权持续上升,而超大城市布局都市圈具有鲜明的倒逼色彩。

通过"结构—功能"视角的比较可以发现,区域一体化战略更强调中央政府的主导作用和统合作用,强调制度和规则的设计,突出中央对区域的产业政策引导和政策支持,重视理念牵引的社会功能;都市圈战略则强调基于城市实力的地区统合,挖掘城市间的平台式合作,着眼于巩固区域核心的发展优势,更倾向于解决实际社会问题。整体来看,区域一体化战略是都市圈战略的上位规划,都市圈战略则为区域一体化战略的下位延伸。在未来的区域政策设计中,应当在锚定二者合理战略定位的基础上,在不同的层次发挥两大区域发展战略的积极性和科学性,实现都市圈深度嵌入区域一体化战略的政策体系优化,推进区域一体化战略与都市圈战略的圈层协作。

圈层协作的基本理论是在发挥我国自上而下的系统战略谋划和城市区域自主能动发展的两个积极性意义上而提出的,其核心是防范区域发展战略之间过度同构,从而造成资源浪费。在政策领域实现圈层协作,有其重要的特定的内涵特征。一方面,圈层协作强调区域尺度与功能目标的适配性,发挥不同尺度区域发展战略的差异化功能,实现战略间基于差异的互补与嵌入;另一方面,则是强调区域尺度与动力机制的适配性,在不同的区域发展战略中,强调不同主体权威和资源的差异化配置。

整体来看,圈层协作的政策机制与其他主流的区域政策解释理论相比,具有一定的延伸性。圈层协作强调的是两种区域发展战略之间的立体化互动,是在承认自上而下的单一制国家政策传导逻辑的基础上,既兼顾了政治秩序,又关注了管理效能,相比以往的整体性治理、尺度政治而言,是更具象对中国区域发展实践的解释。与此同时,圈层协作将城市作为重要的生产和服务单元,强调根据区域发展目标对城市的差异化赋权,并且,圈层协作既可以推进行政区或经济区实体的联动,也着眼于发展规划的体系优化,是一种公共行政与公共政策相结合的区域发展理论。

〔本文系国家社会科学基金重大项目"超大城市治理的理论与数字化转型路径研究"(项目编号:22&ZD171)的阶段性研究成果〕

毗邻党建推动跨域治理何以实现？

——以上海市金山区—嘉兴市平湖市为例

吴雅妮*

[内容摘要] 党的二十大报告对长三角一体化发展寄予厚望,在中国式现代化高质量发展的目标下,探索围绕上海大都市圈而构建的跨区域共同治理机制成为长三角一体化发展研究中的热点话题。本文着眼于促进上海大都市圈区域战略协同与共荣发展的新型治理范式,以毗邻党建下跨域项目治理模式为切入口,探索构建有效的实践举措,以试图打破跨域治理中面临的行政壁垒,提升跨区域空间发展的创新力与竞争力。本文以嘉兴市推进全面接轨上海市"桥头堡"建设项目为案例,探讨上海市金山区与嘉兴市平湖市在近几年对接工作中逐步探索出的党建引领跨域治理的有效经验,并试图分析以毗邻党建作为突破口构建"互动+共治+发展"治理模式的作用机制。本文认为,毗邻党建通过发挥基层党组织有效整合的优势,将毗邻地区的整体性党建思维贯穿跨域治理过程中,以毗邻地区的一体化党建带动一体化治理,对破解跨域治理困境问题具有显著作用。在毗邻党建有效推动跨域协同治理的作用机制中,议题聚焦拓展提升了跨域共识凝聚力,项目谋划合作提升了跨域治理便捷度,利益整合共享提升了跨域治理百姓获得感,文化交

---

* 吴雅妮,英国卡迪夫大学博士。

流共融强化了毗邻地区共同体意识,为进一步推进跨域合作治理提供了样板经验,创新绘就了党建引领的"红色蓝图"。

[关键词]　跨域治理;毗邻党建;浙沪协同;项目建设;机制创新

一、问题的提出

2020年8月20日,习近平总书记在扎实推进长三角一体化发展座谈会上强调:"要提高党把方向、谋大局、定政策、促改革的能力和定力,为长三角一体化发展提供坚强政治保障。"①长久以来,跨域治理如何有效地破除行政壁垒以促使区域内各资源要素的有序自由流动,始终是长三角一体化发展过程中难以回避的痛点问题,而如何发挥党的领导凝聚力以破解此困境,成为党建引领跨域治理实践关注的焦点。

在党中央强化基层党建、推动跨域治理的改革发展背景下,基层部门在党建引领区域治理的实践工作中逐步探索出一条创新路径,即毗邻党建模式下的日常工作成为破解跨域治理困境的有效举措,并得到全国一些地区的经验借鉴。从实践层面看,毗邻党建通过发挥日常工作中基层党组织的凝聚优势,将整体性与系统性思维贯穿跨域治理的过程中,以达到一体化党建带动一体化治理的目的。然而,有关毗邻党建模式如何在实践层面有效推动跨域协同治理的相关研究仍处于起步阶段。具体而言,从学理意义上

---

① 《习近平在扎实推进长三角一体化发展座谈会上强调 紧扣一体化和高质量抓好重点工作 推进长三角一体化发展不断取得成效》,《人民日报》,2020年8月23日,第001版。

探讨毗邻党建及其在跨域治理中的作用机制尚未开展,多数关于毗邻党建的研究依旧停留于背景介绍或经验做法层面,缺少对毗邻党建模式推动跨域治理的创新机制进行全面准确的学理界定。因而,如何准确认识其作用机制,还有待学术界予以回应与探讨,并在未来开展具有针对性的学术研究。

随着上海大都市圈的蓬勃发展,公共事务的处理模式逐渐打破传统行政区划界限障碍,呈现跨域特质,跨域协同治理正是针对这一发展现象而提出的新型治理模式。在学术研究范畴内值得反思的是:跨域治理的理论发展不断迭代更新,但在实际工作中常常出现因行政壁垒无法被打破而导致实践成效不尽如人意的问题。针对此研究缺口,本文基于嘉兴市推进全面接轨上海市"桥头堡"建设项目实践,以上海市金山区与嘉兴市平湖市毗邻党建引领下的跨域治理案例为观察样本,以实地走访与重点部门座谈为主要调研方式,认识与把握毗邻党建的内涵及其日常运作,分析讨论毗邻党建模式下的议题聚焦拓展、项目谋划合作、利益整合共享、文化交流共融四大机制如何有效推动跨域治理的实践成效。

二、文献综述

(一)跨域治理

跨域治理源自西方学界,旨在解决超越单一主体能力范围的跨域城市治理问题,其发展任务与目标是将需要合作的多方利益攸关者聚集在一起,共同制定解决方案。跨域治理的发展历程是在融合治理理论的研究基础上形成的一套新的理论体系,并呈现两个发展方向:以集体行动理论作为跨域治理研究的分析范式并解释其产生逻辑;从过程与结构两方面探究跨域治理中主体间的权变互适关系。① 21世纪以来,西方学界对跨域治理的研究不断深化,形成了较为成熟的理论体系,并逐渐影响东方语境下的学术研究,使跨域治理理论成为化解我国跨域公共问题的突破口。

跨域治理机制是解决跨域治理的关键,决定着跨域治理的模式、方式、绩效等。毛永青等②提出,跨域治理大致可分为三种机制:以政府管理为主的传统区域主义模式;以市场化手段开展竞争的公共选择模式;倡导政府、企业、公民等多个主体参与的新区域主义模式。对此,在理论与实践两个层面形成了不同的治理机制,其中,以行政区划调整和以协同合作两大治理思路为学术界普遍关注的热点。以行政区划调整为治理思路的观点认为,制定全新的行政区域规划,即对过去的行政区划进行重新规划与整合,是打破行政区经济、走向区域经济融合的解决办法。③ 以协同合作为治理思路的观点则认为,跨域治理以多元主体之间的有序合作为主,为单一治理主体无法破解跨域问题提供了全新的治理思路。周伟指出,明确跨域治理主体的权责体系是解决治理困境的有效途径。④ 跨域治理作为发生在不同区域间的问题,拥有一般公共事务问题的"突发性、人为制造性与不确定性等共性特征"⑤,同时又具有自身单独的特征——跨域问题通常发生在两个或两个以上的行政区域,由于行政区划刚性限制导致的信息要素流动边界障碍,问题被察觉的程度在一定情况下会被降低,不仅会影响治理效

---

① 武俊伟、孙柏瑛:《我国跨域治理研究:生成逻辑、机制及路径》,《行政论坛》2019年第1期。
② 毛永青等:《跨域水体生态修复全周期一体化项目管理实践——长三角生态绿色一体化发展示范区元荡示范段案例》,《景观设计学》2022年第6期。
③ 刘君德:《中国转型凸现的"行政区经济"现象分析》,《理论前沿》2004年第10期。
④ 周伟:《跨域公共问题协同治理:理论预期、实践难题与路径选择》,《甘肃社会科学》2015年第2期。
⑤ 王芳:《冲突与合作:跨界环境协同治理的应然逻辑——以长三角地区为例》,《中国地质大学学报》(社会科学版)2014年第5期。

率与成效,还会在爆发冲突时带来潜在的社会风险。综合跨域问题的共性与个性特征,对其有效的治理仅仅依靠单体政府主导的管理模式则会存在较大的管理难度,因而需要借助不同利益攸关者之间的合力实现协同治理的共赢局面。依赖利益攸关者的共识是解决跨域治理问题的首要条件。"在跨域治理问题上存在着一个最基本的矛盾——区域是一体的,各种治理主体的认知却是分裂的"①,但权威性的组织机构则有助于提高跨域问题的治理效率,并增强彼此间的紧密联系,例如,成立领导小组并及时通报工作进展,强化各部门间的沟通交流,增强各部门间的措施联动、信息共享与统筹协调能力。

(二)党建引领

党的十八大以来,党中央不断强调党建引领的重要性,围绕新时期社会结构的不断变化,党建引领作为热点话题得到学术界的持续关注,并主要集中在重要意义与完善路径两个维度。首先,既有研究从党的宗旨与性质出发,强调党建引领的重要性与必要性:从党的执政基础层面看,"在基层治理中发挥党组织的引领作用,是稳固党执政基础的必然需要,有利于系统推进基层的党建工作,扩大并巩固党的工作覆盖面"②;从社会治理的实践需求层面看,党自身的科学领导方式在社会公共性事务的治理过程中具有独特优势,是"完善新时代多元化社会治理结构的内在要求"。③ 其次,学界关于党建引领基层治理模式的研究大多通过对案例进行归纳总结,提出强化制度保障④与创新工作机制两大方面的政策建议。

---

① 余敏江:《论区域生态环境协同治理的制度基础——基于社会学制度主义的分析视角》,《理论探讨》2013 年第 2 期。
② 邵妍:《以党建引领基层治理》,《人民论坛》2018 年第 8 期。
③ 齐卫平:《论党的领导与多元社会治理结构》,《探索与争鸣》2012 年第 12 期。
④ 陈东辉:《基层党建引领社会治理创新的探索与路径》,《理论与改革》2019 年第 3 期。

在上海大都市圈区域战略协同与共荣的发展背景下,毗邻党建作为党建引领跨域治理模式的创新举措逐渐进入学术界的视野。陈世瑞在其最新研究中提出,为破解行政边界的束缚,毗邻党建通过系统思维下的组织联动方式,旨在推动资源、制度等要素的整合,以达到打通跨域治理各个环节的目的。① 目前,以毗邻党建推动跨域治理为主题的研究主要集中在党建引领基层治理的总体性探讨层面,并分为以下两大主要方面:一是公共管理学科视角下对党建治理内在逻辑性的探讨;二是城市规划学科视角下对党建引领城市基层治理的案例探讨。前者包括党建治理的整体逻辑②、治理逻辑③、制度逻辑④与创新逻辑⑤,后者包括党建引领基层治理的理论与实践探讨⑥、类型划分及优化路径⑦、体系构建及案例经验讨论。⑧

随着党建引领国家治理议题研究的不断深入,党建引领区域治理的议题也逐渐受到学术界的关注。有学者指出,毗邻党建是区域治理的全新探索⑨,联合党委为党建引领跨域合作治理提供

---

① 陈世瑞:《党建引领区域治理的实践创新模式探析》,《科学社会主义》2020年第6期。
② 陈晓岚:《党建引领社会治理新格局的整体逻辑》,《广东社会科学》2021年第2期。
③ 吴新叶、曹都国:《党建引领社会治理:制度逻辑与效能改进》,《江淮论坛》2020年第6期。
④ 布成良:《党建引领基层社会治理的逻辑与路径》,《社会科学》2020年第6期。
⑤ 陈亮、李元:《去"悬浮化"与有效治理:新时期党建引领基层社会治理的创新逻辑与类型学分析》,《探索》2018年第6期。
⑥ 张冬冬:《党建引领社区治理创新的理论与实践逻辑》,《毛泽东邓小平理论研究》2019年第11期。
⑦ 陈毅、阙淑锦:《党建引领社区治理:三种类型的分析及其优化——基于上海市的调查》,《探索》2019年第6期。
⑧ 姜晓萍、田昭:《授权赋能:党建引领城市社区治理的新样本》,《中共中央党校(国家行政学院)学报》2019年第5期;李威利:《党建引领的城市社区治理体系:上海经验》,《重庆社会科学》2017年第10期。
⑨ 程艳:《毗邻党建引领区域联动发展》,《政党论坛》2019年第2期。

了可行路径①,毗邻党建通过组织共建、党员共管、资源共享、发展共赢的方式推动目标、资源、制度各要素的区域整合,达到破解区域治理困境的目的。② 当前,学术界已围绕跨域治理的整体性治理模式及合作治理模式③、政策能力④、生成逻辑与内在机理等多方面进行了探讨⑤,但在实践工作中,基层部门对具有边界模糊化、问题棘手化、主体多元化等特征的跨域公共性事务有时却难以有效应对。此外,既有的跨域治理研究与党建引领的研究并未充分融合,过多地将研究重心置于全域化党建模式,对党建引领跨域治理的创新举措缺少实践性的思考。

三、毗邻党建模式下跨域治理模式的实践探索:以金山区-平湖市为例

本文立足于实地调研走访,以上海市金山区—嘉兴市平湖市两地的毗邻党建为研究对象,以党建引领跨域治理的有效整合优势为研究视角,以议题聚焦拓展、项目谋划合作、利益整合共享、文化交流共荣四个机制为分析角度,讨论毗邻党建模式如何为破解跨域治理困境问题提供可借鉴的实践思路。

---

① 王勇:《联合党委:促进跨域问题合作治理的党建路径》,《求知》2021年第10期。
② 陈世瑞:《党建引领跨域治理的实践创新模式探析》,《科学社会主义》2020年第6期。
③ 崔晶:《区域地方政府跨界公共事务整体性治理模式研究:以京津冀都市圈为例》,《政治学研究》2012年第2期。
④ 余亚梅、唐贤兴:《组织边界与跨界治理:一个重新理解政策能力的新视角》,《行政论坛》2020年第5期;锁利铭、杨峰、刘俊:《跨界政策网络与区域治理:我国地方政府合作实践分析》,《中国行政管理》2013年第1期。
⑤ 范永茂、殷玉敏:《跨域环境问题的合作治理模式选择——理论讨论和三个案例》,《公共管理学报》2016年第2期。

（一）沪浙协同发展目标下跨域治理模式的实践探索

上海市金山区与嘉兴市平湖市两地毗邻而居、红色基因一脉相承，毗邻党建引领区域联动发展的实践有声有色。2016年，金山区在提炼总结多年跨省毗邻区域化党建协同联动发展经验的基础上，首次提出毗邻党建的概念，即"打破区域壁垒、突破行政区划，坚持党建引领、政府主导、社会协同、公众参与。在属于同一行政隶属关系的毗邻地区，凝聚各级党组织、党员以及群众合力，围绕党建联建、社会治理、区域发展等内容广泛开展合作"。[①] 2022年7—8月，笔者在调研嘉兴市推进全面接轨上海市"桥头堡"建设项目的过程中，以实地调研走访及政府重点部门座谈会的方式深入了解金山区—平湖市两地毗邻党建引领区域联动发展的工作内容，并以此作为研究基础，试图探索在区域一体化发展目标下，以协同发展、共享共建为宗旨的跨域治理模式的实践价值。通过调研获悉，在沪浙区域联动协作协调发展的进程中，党建既是发展的引领，更是发展的保障。围绕解决行政区划带来的刚性约束问题，日常党建工作成为共联沟通渠道与机制构筑的有效保障。一方面，上海市金山区充分发挥党组织的凝聚纽带作用，以单位为主体开展党建联姻活动，为进一步搭建跨域合作项目提供发展平台。在区级层面，金山-平湖两地打造了一条毗邻党建示范带，汇集了在生态环境治理领域的多项示范项目；在街镇层面，金山区廊下镇与平湖市广陈镇在一桥之隔的山塘村成立了沪浙山塘联合党支部，既增进了两地人员的交流互往，又有效推动了日常工作进度。另一方面，针对跨域协同治理在多数情况下无章可循的弱点问题，

[①] 上海市金山区第13期中青班毗邻党建课题组：《毗邻党建"金山样本"的实践与启示》，《区域党史党建》2019年第5期。

金山区以制度管事、项目共担为原则,奉行事务共商、责任共担的理念,建立健全长效工作机制,为毗邻党建工作的推进保驾护航。在区级层面,金山-平湖两地成立了联动发展工作领导小组,建立了党政领导互访机制与相关部门交流机制;在街镇层面,金山区枫泾镇、金山卫镇、廊下镇、吕巷镇四个毗邻地区镇党委联合建立相应工作机制,以推进毗邻地区的合作共建事务。

(二)党建引领下跨域治理的有效整合优势

通过调研总结,笔者认为党建引领跨域治理的优势主要体现在其有效整合层面,即运用党的政治地位推动区域组织整合,通过党的利益协调实现区域利益整合。首先,在跨域治理过程中,存在着大量烦琐性的公共事务,其中的大部分日常工作与问题能够在分工明确的科层体系内得到解决,但依旧存在着一些复杂工作需要跨部门、跨地域的协同处理。例如,平湖市生态环境分局相关负责人在调研座谈会上提出,与上海市金山区两地存在着生态领域项目处罚标准不统一、项目准入不同标的问题,无法有效实现整体治理效果的最优化。为解决此困境,金山区-平湖市以毗邻党建作为"调和剂",对各参与主体进行组织整合:形成以党组织为核心的跨域合作组织体系,完善两地一周一议的日常工作会议制度与信息报送通报制度,形成部门章程性"软约束"与违法惩处性"硬约束"相结合的协同监管制度体系,并明确规定了协作机制的标准程序与每项政策主体及其权责。其次,为了能基本上打破行政区划刚性限制导致的信息要素流动边界障碍,更加有效地实现跨域治理、促进利益分享机制的落地,在金山-平湖毗邻党建实践情境中,两地充分激活服务跨域一体化发展下的"红色动能":党组织通过利益综合与利益协调机制,将地理位置上相邻的两地政府利益进行统筹协调,以寻求利益共通点与合作点,实现跨域利益的整体最优化。以加强水环境治理为例,平湖与金山在每周党建活动组织的凝聚下共同开展边界河道治理工作,以打破水治理行政区划限制。两地提出建立交界河道长效管护机制,并签署《上海市金山区、浙江省平湖市、浙江省嘉善县交界区域水环境一体化保洁工作备忘录》,共同养护省市界河,实现河湖信息化、标准化、精细化的长效管理。

近年来,毗邻党建在推动跨域治理的实践过程中逐步实现了以党建融合促发展融合的创新路径,以公共管理学科视角解决城市规划学科问题。然而,在毗邻党建的日常工作中依旧存在着对接机制推动力不足的发展痛点问题。例如,环境综合整治常出现以上级领导指令作为出发点的"运动口号式"治理模式,即在没有外界压力的约束下,以跨域合作形式实现的环境整治进程很容易被搁浅,不具备环境协同治理发展的可持续性。此外,在地方合作项目的推进过程中时常出现政策执行上的偏差,使其合作效果低于政策制定初衷。资源同质但分界而治的困境成为倒逼跨域治理新模式探索的重要因素,即构建以"互动+共治+发展"的毗邻治理模式将成为探索区域协调机制的突破口,为解决跨省边界治理问题打开了新局面。

四、毗邻党建模式下跨域协同治理的作用机制

区域一体化的快速发展带来了人、财、物等要素资源的快速流动,在基层事务的治理过程中出现了众多跨域公共类问题,如生态环境保护、大气治理、突发公共卫生事件的联防联控、"断头路"贯通等。突破属地化治理模式的空间约束、开展跨域治理成为解决协同治理公共问题的一种新型模式。毗邻党建作为区域化党建的拓展延伸,以边界相邻的跨域基层党政部门联动为主,凝聚各级各类党组织、党员及人民群众的治理合力,力求破解跨域治理过程中

的协同难题,以提升跨域治理的整体效能。基于对金山区-平湖市两地毗邻党建实践工作的分析讨论,本文认为,毗邻党建模式下跨域协同治理的作用机制主要体现在项目统领、资源整合、利益共享、文化交流四个方面(图1)。首先,项目统领实现了两地共同利益的识别,项目的议题聚焦拓展提升了跨域共识凝聚力;其次,资源聚合促进了两地优势互补协同发展,解决了行政区划刚性限制导致的信息要素流动边界障碍问题;最后,利益共享既推动了合作成果的两地共赢,又带动了碎片化行政的有效整合。三步顺序发展以增强跨域治理合作的动力,实现两地局部利益与整体利益的双重效能最优。此外,文化交流共荣强化了毗邻地区的共同体意识,以文化认同助推跨域治理,成为跨域地区党组织联结社会与群众的无形纽带。

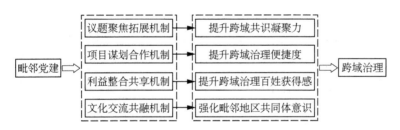

图1 毗邻党建模式下跨域协同治理的四大作用机制

(一)议题聚焦拓展机制提升跨域共识凝聚力

合理的共识性治理议题是跨域治理工作得以启动并有效推进的关键。在早期协商共议阶段,议题若过于宽泛则会影响共识凝聚力。通过建立议题聚焦与拓展机制,聚焦具有利益交汇点、实操性强的合作议题,是毗邻党建模式下跨域协同治理模式的作用机制之一。为了适应跨域治理工作的复杂性与多样化,不断拓展共商性议题的覆盖面成为毗邻党建在实践层面的创新探索。

在金山区-平湖市两地开展毗邻党建初期,议题多为两地共同关心并亟待解决的公共事务类问题,如交界处特色小镇的跨域规划、科创产业园区、"断头路"问题等。议题的聚焦与拓展并非单一主体强加主导的结果,而是各方在利益平衡点中协商并推动的结果。以共同利益为基准的共识议题一旦形成,各方参与并表达话语权的积极性与合作意愿便会随之提高。笔者在实际调研走访中获悉,随着两地跨域治理公共事务的日益增多及毗邻党建工作的深入开展,议题的共商范围呈拓展趋势。近几年,金山区与平湖市两地的党建议题已从起初的基层党建活动引领生态环保治理方向拓展至科创产业、民生服务、人才建设、文化交融等领域(表1),既涉及基础设施与合作发展平台的建设,也涉及惠及百姓民生的公共服务事项,在实践性层面逐步突破了跨域协同发展通常与环境治理工作结合的局限性,将议题拓展逐步发展成议题聚焦机制的延伸。

表1　近五年金山-平湖毗邻党建主要跨域治理项目汇总

项目名称	金山区责任单位	嘉兴市责任单位
编制城镇圈协同规划	区规划土地局	市委社会建设委员会
打通断头路	区交通委 区规划土地局	市交通运输局 平湖市政府
张江长三角科技城	区科学技术委员会 区经济委员会 区规划土地局 区交通委员会	市科技局 平湖市政府 平湖市新埭镇
新材料产业发展	上海石化 区联合发展办公室 区经济委员会	平湖市政府
长三角现代农业园区	区农业农村委员会 廊下镇政府 吕巷镇政府 张堰镇政府	市农业经济局 平湖市政府

(续表)

项目名称	金山区责任单位	嘉兴市责任单位
教育合作	区教育局	市教育局 平湖市政府
医疗卫生合作	区卫生和计划生育委员会 区人力资源和社会保障局	市卫生和计划生育局
文化交流与合作	区文广影视局 区档案局	市文化广电新闻出版局 市档案局
体育合作与交流	区体育局 廊下镇政府	市体育局 平湖市政府
金嘉医保"点对点"联网结算	区人力资源和社会保障局 区卫生和计划生育委员会	市社会保障事务局 平湖市社会保障事务局
社会治理协作	区应急办 区社会治安综合治理办公室 上海市公安局金山分局 区水务局	市应急办 市公安局 市市场监管局 市安全生产监管局 市水务局 平湖市政府
生态环境共保共治	区环保局	平湖市环保局
优化公交运营合作	区交通委员会 上海市公安局金山分局	市交通运输局 市公安局
人才合作交流	区委组织部 区人力资源和社会保障局	市委组织部(市人才办) 市人力资源和 社会保障局

资料来源:作者根据平湖市委与金山区委签订的《"毗邻党建"引领区域联动发展合作框架协议》制作而成。

(二)项目谋划合作机制提升跨域治理便捷度

议题聚焦模式提升了跨域治理的共识凝聚力,而实际工作的成效关键在于建设项目的推进与落实。纵向突破行政区边界、横向突破行政层级与部门边界,兼具灵活多样、互惠性特点的项目合作,目前已逐渐成为各级党政部门在合作治理工作中采用的方式。

以项目谋划合作为枢纽,将跨域地区内的企业、融资平台等治理主体整合至跨域治理共同体中,撬动土地、财政、产业与公共服务等资源要素,激活发展动能,以有效地推动跨域治理进程。对当地政府而言,项目带来的不仅是资金收益,还是一种统合工具与思维方式,毗邻党建下的项目化治理行为激活了跨域治理的创新体制优势。

在浙沪协同发展层面,金山区-平湖市两地将跨域治理的总任务细化为以目标明确、成本约束、绩效考核为特征的具体规划发展项目与民生共享工程,以便在跨域治理过程中进行更加有效的实施评估工作。项目合作机制成为跨域治理具体化与操作化的表征,随着一系列项目的综合实施,跨域治理的总目标在这些具体项目的完成与评估过程中最终得以实现。在项目谋划与合作的全生命周期中,党组织通过项目管理、行政包干等治理机制对科层系统进行整体系统化的调整:将政治任务分解成细化的指标体系,分配给相对应的行政部门,党政领导通过政治考核、奖罚激励等措施调动与整合他们的资源,以完成项目谋划合作目标;成立相应的领导小组,以确保任务目标的有效实施。在金山区-平湖市的具体实践中,两地党委在签订合作框架协议、达成合作共识的基础上,通过项目化合作方式,全方位、系统性地整合两地各部门的资源,实现两地全领域合作。笔者通过实际走访调研获悉,一些共建项目的对接会上聚集了两地党委、各部门分管领导与负责人,双方立足于各自的产业基础与资源条件,确定了一系列有利于两地优势互补、错位竞争的合作项目,以提升融合发展成效。

在长三角一体化发展层面,跨域治理经过多年演化,逐步形成了"规划引领、项目带动、绩效可期"的发展方针。[①] 具体而言,上

[①] 唐亚林:《长江三角洲区域治理的理论与实践》,复旦大学出版社 2014 年版,第 204—211 页。

海大都市圈区域协同发展需对紧迫性强、共识度高的关键领域进行技术创新突破的探索,以项目带动的方式推进区域发展的提升,将产业合作项目的前期运营与后期管理提升为推动长三角一体化高质量发展的核心引擎。然而,因上海市-嘉兴市两地存在着区域发展不平衡与上海市对嘉兴市的"虹吸效应",区域总体规划与发展规划如何更有效地推进具体项目的落地成为未来两地跨域治理研究关注的重点。以科创发展为例,笔者通过对国内首个跨省(市)合作科技园区——张江长三角科技城平湖园的调研走访了解到,科技园区为提升与上海的对接力度和加大运行力度,创建了金山区-平湖市人才流动机制与科技成果转化机制。然而,鉴于上海市与嘉兴市两地不同行政体制以及近年来疫情对企业的冲击影响,金山区-平湖市两地在科技创新与重点产业两方面存在着合作项目受限的发展困境:金山区的企业到平湖市落地生产时,经常遇到对企业较为苛刻的环保要求,使企业低碳绿色转型发展碰到难题,需要两地相关部门给予更多政策支持与营商指导。此外,平湖市有待突破行政区划下的附属关系与单纯的转移承接关系,在产业错位互补与创新升级方面形成有代表性的合作项目,继而促进上海、嘉兴两市在更大范围、更宽领域、更深层次的互联互通,以便更好地推动长三角区域高质量一体化发展。

(三) 利益整合共享机制提升跨域治理百姓获得感

跨域治理以追求共同利益为根本目的,提高合作主体在跨域合作中的获得感,成为地方政府间形成跨域合作治理的基础,同时也是跨域协同发展的推动力。合作共同体中既不存在核心主体,也不存在边缘主体。跨域治理的各方并非各自追求局部利益,处于零和博弈、此消彼长的状态,而是共同发展、协调互补,为各自提供新的发展机遇与空间,以达到区域内资源的高效配置,实现整体利益的最优化。政党兼具利益协调与利益综合的功能,往往与行政机关的宏观调控功能相关联,实现利益整合功能。①

  笔者通过对金山区-平湖市两地的调研了解到,在两地的跨域合作治理中,基础设施的一体化建设与公共服务的互通共享方式实现了跨域协同发展的利益共享,使两地百姓享受到跨域合作带来的幸福感与获得感,并推动了两地在跨域合作治理方面的常态化实施。例如,在两地一体化建设发展的过程中,"断头路"导致的出行不便问题严重阻碍了两地人员的往来交流,金山区-平湖市以联合党支部协调对接工作的方式,逐步向上级部门申报开通公交与铁路线路,并加强对交通行业的监管,规范从业者的服务质量,以提升往返居民的使用体验感与满意度。2021年9月,金山区与平湖市的交通运输管理部门组成执法联合队,对两地已开通的毗邻公交线路进行运营车辆设备安全、车辆疫情防控等工作的联合检查。值得一提的是,借助每周党建工作的当面交流机会,两地执法人员就工作中存在的困惑与难点进行经验交流,促进两地在交通领域的联动发展与优势互补。伴随着长三角区域内各地之间联系的增强与拓展,只有不断加强相互间的公共服务合作,才能更好地实现整合发展。② 金山区-平湖市通过科教文卫等领域的成果共享,以民生公共服务领域的交流互动为契机,促进了两地资源的共建共享,达到了跨域合作的初衷。以两地拓展医疗资源为例,相对于嘉兴市平湖市,上海市金山区的医疗水平发展更胜一筹,金山区利用自身较为先进的医疗水平帮助平湖市提高伤害救治与急危重症的治疗能力,同时,平湖市民可携带市民卡享受金山区医院实时联网结算服务。此外,两地也经常开展专家义诊活动,为居民提供咨询平台,让两地百姓享受到更为全面的医疗服务。由此可见,体制机制的改革红利只有落实到日

---

  ① 杨华:《县域治理中的党政体制:结构与功能》,《政治学研究》2018年第5期。
  ② 彭彦强:《长三角区域地方政府合作与资源的跨行政区配置》,《经济体制改革》2012年第4期。

常生活中,才会让人民群众真切感受到它的价值所在,上海大都市圈战略协同与共荣发展带来的百姓生活便利是机制改革最终的落脚点。

(四)文化交流共融机制强化毗邻地区共同体意识

在跨域治理过程中,参与主体除了当地的政府部门外,民众同样是促进跨域整合过程中的重要力量。为提高跨域两地民众对治理整合的认同度、搭建对彼此的信任感,跨域合作主体以开展社区公共事务活动的方式为两地居民提供了开放包容的沟通交流平台,促使百姓在参与互动的过程中加强相互间的联系以及对合作共同体的信任感与归属感,以摆脱固有交往界限的刚性约束,为两地跨域公共事务的建设提供良好的发展基础。

毗邻地区因地理位置相近,通常具有相同或相近的历史文化传统习俗,可以充分利用文化同宗、赓续根脉的特点开展毗邻地区的文化交流活动,以此获得党政部门的支持与两地百姓的心理认同。笔者通过对金山区-平湖市两地的调研了解到,两地探索出以"文化走亲"为形式的交流机制——以毗邻地区为空间范围,以文化交流为纽带,以党政部门主导、人民群众与社会各方的共同参与,两地深化在历史民俗、红色文化领域的交流与融合。例如,金山区-平湖市以中华传统民俗节日与节庆活动为契机,联合开展各类特色文化活动与联谊会,建立了以文化认同为基础的跨域治理共同体,一定程度上降低了跨域治理过程中的社会动员成本。虽然以文化同宗、赓续根脉的"文化走亲"为形式的交流机制在跨域协同发展中很少被直接用于治理实践,但其以无形的力量深化了毗邻地区对彼此的认同感,提升了对合作共同体的认可程度,以文化认同共融力量进一步助推了跨域治理主体的共同体意识。

五、结论与讨论

近年来,长三角一体化发展与上海大都市圈协同发展战略逐步上升为国家关注的区域发展热点问题。长期以来,行政区管理的体制惯性造就了行政区划在一定程度上成为区域一体化发展的掣肘,如行政壁垒带来的生产要素流动不畅、无序竞争等问题。通过毗邻党建推动跨域项目实施的方式,可以发现跨域治理过程中的痛点和难点问题,并提出综合解决方案,进而探索毗邻党建引领下的项目建设价值转化成跨域治理创新机制的途径。

在规划项目建设方式逐渐成为推进跨域治理突破口的发展过程中,党建引领跨域治理成为对跨域协同治理运作模式的全新探索:通过发挥党组织的引领作用破除束缚联动发展的藩篱,实现优势互补、协同治理、共治共赢的发展目标。面对跨域治理的多重困境,以毗邻地区的一体化党建带动一体化治理,对破解跨域治理困境具有实践创新意义。在跨域协同治理的过程中,制度创新与项目建设相辅相成,制度创新成果为重点项目建设提供了重要保障,项目建设成为一体化制度创新最为生动的实践案例与场景。同时,在项目推进过程中遇到的共性难题倒逼跨域地区探索如何进一步突破行政与要素壁垒。

本文探讨的以日常党建工作与项目合作方式作为突破口构建的毗邻党建模式,通过议题聚焦拓展机制提升跨域共识凝聚力、项目谋划合作机制提升跨域治理便捷度、利益整合共享机制提升跨域治理百姓获得感、文化交流共融机制强化毗邻地区共同体意识,为进一步推进跨域合作治理提供了样板经验,创新绘就党建引领的"红色蓝图"。然而,毗邻党建模式推动跨域协同治理在实践性层面的探索时间并不长,且尚未在全国范围内开展试点示范工作,由于相关案例的讨论较少,对跨域治理中毗邻党建作用机制的适用性检验也较少。随着未来毗邻党建模式在推动跨域协同治理实践工作层面的深入推进与多元案例的诠释,解释毗邻党建模式在跨域治理中的作用机制如何成为破解跨域治理的创新模式与有效路径,将成为学术界持续关注的热点。

跨界治理中的注意力分配与地方行动选择
——以南京都市圈两个毗邻乡镇合作停滞为例

李 宁* 姚尚建**

[内容摘要] 跨界治理是我国都市圈治理的重要组成部分,也是毗邻区基层治理合作的重要内容。在中国的纵向权力划分中,决策和执行构成纵向政府间的两种行为方式。在跨界治理中,上级的决策体现为注意力配置,下级的执行体现为落实性行动。在推进长三角一体化进程、建设南京都市圈的大背景下,江苏省、安徽省两座毗邻而居的同名镇——D镇在推进区域一体化的进程中,在上级积极推动跨域合作的大背景下却难有作为。基层政府在跨界治理中的行为困境,表现出一种授权不充分背景下的"模糊—冲突"性特征,更反映了中国纵向权力结构中不同层级政府的注意力多样性分配对于基层政府行动空间的内部约束的差异性,进而在很大程度上影响着基层政府间合作治理目标的实现。

[关键词] 跨界治理;注意力分配;行动选择;毗邻区;停滞

---

* 李宁,华东政法大学政府管理学院硕士研究生。
** 姚尚建,华东政法大学政府管理学院教授,博士生导师。

一、问题的缘起

作为单一制国家,中国的集权主义特征使中国的地方治理具有深刻的"行政区行政"的特征,由此,刘君德把中国的经济称为"行政区经济"。在全球化与区域经济一体化的进程中,打破行政区划对于经济社会发展的钳制,便成为政府与市场、地方政府间关系调整的重要内容,跨界(cross region)治理则成为突破行政区划、实现边缘崛起的重要手段。

伴随着城市化、工业化的快速发展,城市群、都市圈已经成为跨界要素流动的新形态。跨界治理的成效首先在不同行政区的毗邻地带均有所体现,今天所谓的跨界治理中的"界"已经延伸为制度、产业、社会与文化等多种属性的叠加,并呈现出动态性与多尺度等特征。国家希望通过城市群、都市圈的发展,将处于边缘地带的省际毗邻区域置于区域化、全球化的发展视野之中,从而全方位地实现跨界治理的制度性探索。

以南京为例,《〈长江三角洲区域一体化发展规划纲要〉江苏实施方案》赋予南京都市圈的任务,是加强跨区域合作,探索皖苏省际毗邻区域合作发展新机制,到 2025 年,省际毗邻地区和跨界区域一体化发展探索形成经验制度。[1]《南京都市圈发展规划》中也强调,"同城化发展"是未来南京都市圈建设的主攻方向。[2] 为积极响应南京都市圈的政策倡议,2021 年 2 月,安徽省印发《支持省际毗邻地

---

[1] 《〈长江三角洲区域一体化发展规划纲要〉江苏实施方案》,《新华日报》,2020 年 4 月 1 日,第 006 版。
[2] 《〈南京都市圈发展规划〉获国家发改委同意 同城化样板区 现代化都市圈》(2021 年 2 月 9 日),南京市人民政府官网,https://www.nanjing.gov.cn/njxx/202102/t20210209_2822202.html,最后浏览日期:2022 年 10 月 19 日。

区新型功能区建设若干政策措施》,积极支持南京市与滁州市、马鞍山市开展合作,并相继设立了南京顶山—滁州汊河、南京浦口—滁州南谯、南京江宁—马鞍山博望三个毗邻治理功能示范区。①

三个功能区的任务和架构各有差异,其中,顶山-汊河示范区重点做好产业协作,打造先进制造业转移与跨区域发展的功能性合作平台;浦口-南谯示范区按照"管委会＋平台公司"的管理架构,打造皖苏跨界城乡融合发展试验区;江宁-博望示范区则是突出高质量的建设要求,统筹推进跨界治理的同城化目标。因此,从空间融合的角度看,江宁-博望示范区由于其同名城镇仅一街之隔的优势,更加备受期待。

党的二十大报告指出:"促进区域协调发展,以城市群、都市圈为依托构建大中小城市协调发展格局,推动以县城为重要载体的城镇化建设。"②这一国家政策为南京都市圈中的各级政府定位提供了思路。从中国纵向政府层级关系看,南京都市圈的拓展呼应了国家总体性战略,安徽、江苏两省的注意力配置以及南京及其相邻城市滁州、马鞍山的具体行动构成这一都市圈发展的重要支撑;从地理层面的"中心-边缘"视角分析,省市两级政府的注意力又容易聚焦中心区域,毗邻边缘区域由于受到多重边际递减效应的影响,常常被排斥在地方政府的中心任务之外。在南京都市圈建设中,作为区域一体化示范区域的先行区,毗邻乡镇作为最基层的行政机构和最终的任务接包者,在整体跨界治理中扮演着"核心行动者"的角色,它们比中心区域更能感受到上级政府注意力的变迁。因此,立足毗邻区乡镇的治理行动来观测都市圈的建设绩效,具有

---

① 《支持省际毗邻地区新型功能区建设若干政策措施》(2021年5月18日),安徽省发展和改革委员会官网,https://fzggw.ah.gov.cn/jgsz/jgcs/zsjqyythfzc/wgqklj/145785861.html,最后浏览日期:2022年6月26日。
② 习近平:《高举中国特色社会主义伟大旗帜 为全面建设社会主义现代化国家而团结奋斗》,《人民日报》,2022年10月26日,第001版。

十分重要的价值。

基于上述思考,本文立足南京都市圈的位于宁马毗邻功能区、分属皖苏两省的两座同名乡镇——D镇(江苏的D镇后来因行政区划调整更名为H街道D社区)的历时性调研,分析毗邻乡镇跨界治理的现实困境,从而试图解释在国家层面"轰轰烈烈"的跨界战略规划,何以在乡镇一级变得"冷冷清清",以期为跨界治理中毗邻乡镇的发展提供理论参考。

二、文献回顾与分析框架

(一)跨界治理研究的文献回顾

尽管20世纪50年代在德国与荷兰的边境处就形成了首个跨界合作区域,但直到20世纪90年代,为了应对区域公共事务的复杂性与不确定性,所掀起的后新公共管理运动才真正推动了跨界合作与跨界区域研究文献的大量涌现。[1] 因此,跨界治理的概念源自后新公共管理运动,其理论渊源既包括整体主义与新公共服务理论,又继承了制度经济学理论与管理学的自组织理论的内核。它是多种治理理论与模式的"集合"[2],究其本质是对治理理论中"合作治理"的演绎阐释。佩里·希克斯(Perry Hicks)等人在整体性治理理论中以"跨界性"为理论特征,强调协同发展需要关注整体利益。[3] 理查德·费沃克(Richard Feiock)等人则运用制度集体

---

[1] Gordon MacLeod, "New Regionalism Reconsidered: Globalization and the Remaking of Political Economic Space", *International Journal of Urban and Regional Research*, 2001, 25(4), pp.804-829.

[2] 刘祺:《理解跨界治理:概念缘起、内容解析及理论谱系》,《科学社会主义》2017年第4期。

[3] 崔晶:《都市圈地方政府协作治理》,中国人民大学出版社2015年版,第88页。

行动框架分析地方政府主体间跨界协作治理的博弈行为,将跨界治理引入更高层次的行动问题。① 莉诺·奥斯特罗姆(Elinor Ostrom)为代表的多中心治理理论以自主治理为基础,拓宽了跨界治理理论的治理主体,强调公共问题的解决需要超越政府与市场、制度安排要与社会生态系统适配。②

从治理主体与治理关系的角度,国内研究比较一致。研究者认为跨界治理孕育于区域治理,更聚焦于跨界地区公共事务涉及边界职能分工的合作失灵问题,是区域治理向管理层面的行动延伸。③ 跨界治理强调治理主体必须包括所有的利益相关者,有关政府机构和民众有共同追求,并且是联合行动、结构互融和共享资源的正式活动和结构化安排。④ 跨界治理的核心是多元主体通过建立良好的制度环境和法律来协调产业空间的布局和城镇空间布局,重点在于协调多区域、多层级、多部门间的权力互动关系⑤,最终为突破多层级间的界别限制,促进跨界公共问题与议题的有效治理,实现区域协调发展与国家治理能力的有效提升。⑥

立足治理的尺度和层次,目前学界对跨界治理的研究尺度主要包括"国家-区域主义"⑦"城市-区域主义"⑧两种宏观范式,其

---

① 崔晶:《都市圈地方政府协作治理》,中国人民大学出版社 2015 年版,第 66 页。
② Gordon MacLeod, "New Regionalism Reconsidered: Globalization and the Remaking of Political Economic Space", *International Journal of Urban and Regional Research*, 2001, 25(4), pp. 804–829.
③ 陈小卉、闾海、胡剑双等:《跨界治理:理论·规划·机制》,中国建筑工业出版社 2022 年版,第 7 页。
④ 王勇:《"权力分置"型跨界治理模式探讨——基于河北燕郊、上海洋山港两个案例》,《经济体制改革》2018 年第 5 期。
⑤ 陈小卉、闾海、胡剑双等:《跨界治理:理论·规划·机制》,中国建筑工业出版社 2022 年版,第 6 页。
⑥ 陶希东:《跨界治理:中国社会公共治理的战略选择》,《学术月刊》2011 年第 8 期。
⑦ 胡剑双、孙经纬:《国家-区域尺度重组视角下的长三角区域治理新框架探析》,《城市规划学刊》2020 年第 5 期。
⑧ 王雨、张京祥、王梓懿等:《"城市—区域"背景下香港北部都会区的尺度重构和跨界治理转型》,《国际城市规划》(网络首发), https://doi.org/10.19830/j.upi.2022.054。

中,"城市-区域主义"又可以根据跨界层级的不同延伸为跨省级合作①、跨市级合作②、跨县级合作③三种类型。跨界治理的内容正逐步拓展到数字跨界治理④、公共安全跨界治理⑤等多维交叉学科领域。从跨界合作的实施动力来看,主要划分为行政驱动型与市场驱动型两种。行政驱动合作模式认为政府间的科层权威是跨界区域政策执行的关键⑥,政府部门为主导的单层次与双层次模式推动了城市群、都市圈的快速建设。⑦ 市场驱动合作模式则认为跨界合作足以提升区域的整体竞争力,进而规避权力碎片化所带来的负外部效应。⑧

从跨界治理的类型看,学界主要提出以下四种模式。第一种是基于支柱产业的区域合作治理模式,其中最为典型的是共建产业园区模式,以产业带动区域发展。⑨ 第二种是跨区划复合行政模式,强调形成多中心、跨区嵌套、自主治理的网络结构,通过赋权给社会来降低政府的管治强度,从而淡化行政区划的间

---

① 锁利铭:《跨省域城市群环境协作治理的行为与结构——基于"京津冀"与"长三角"的比较研究》,《学海》2017年第4期。
② 吴军、叶颖、陈嘉平:《尺度重组视角下粤港澳大湾区同城化地区跨界治理机制研究——以广佛同城为例》,《热带地理》2021年第4期。
③ 罗小龙、沈建法:《跨界的城市增长——以江阴经济开发区靖江园区为例》,《地理学报》2006年第4期。
④ 刘祺:《从数智赋能到跨界创新:数字政府的治理逻辑与路径》,《新视野》2022年第3期。
⑤ 张玉磊:《城市公共安全的跨界治理:属性特征、治理困境与模式构建》,《湘潭大学学报》(哲学社会科学版)2020年第6期。
⑥ James Wesley, "European and North American Contexts for Cross-Border Regionalism", Regional Studies, 1999,33(7), pp.605-617.
⑦ 官卫华、叶斌、周一鸣等:《国家战略实施背景下跨界都市圈空间协同规划创新——以南京都市圈城乡规划协同工作为例》,《城市规划学刊》2015年第5期。
⑧ Carlo Perroni and John Whalley, "The New Regionalism: Trade Liberalization or Insurance?", The Canadian Journal of Economics Revue Canadienne Economique, 2000,33(1), pp.1-24.
⑨ 郭松:《毗邻治理:基于支柱产业的区域合作治理》,《华中农业大学学报》(社会科学版)2020年第5期。

隙。① 第三种是多元治理主体协作共建模式,最为突出是构建"管委会+投资公司"形式进行双向制衡,以保证跨界地区政治稳定与经济发展的共存,形成以市场化为主导的双轨并行合作模式。② 第四种是依托党建引领来形成跨界党建模式,通过跨界党建联盟的建立、整合与引领来形成跨界治理共同体。③

综上所述,目前跨界治理的研究主要聚焦在"怎么做"的结果视角,从而忽略了基层政府跨界治理过程中的行为选择。结果导向的研究有助于刻画跨界治理的具体成效,却难以呈现跨界治理过程中的行为调适,尤其当跨界治理出现停滞时,难以进行全景式的分析。

(二) 研究框架:注意力分配与地方行动选择

注意力分配的相关理论为过程性的治理实践提供回溯性研究的依据。在组织行为层面,注意力是解释地方政府行为选择的核心概念。赫伯特·西蒙(H. A. Simon)首先在有限性决策模型中运用注意力的概念,他强调领导者"真正稀缺的要素是注意力而不是信息"④,组织的注意力分配则是导致组织行动选择的关键因素。安东尼·唐斯(Anthony Downs)则提出注意力有一个自然地高涨和消退的过程⑤,在公共政策领域,赫伯特·西蒙注意到,"对于一个决策的全面逻辑的要求是,它应当处理好注意力导向的决

---

① 杨爱平、陈瑞莲:《从"行政区行政"到"区域公共管理"——政府治理形态嬗变的一种比较分析》,《江西社会科学》2004年第11期。
② 崔晶:《都市圈地方政府协作治理》,中国人民大学出版社2015年版,第61页。
③ 陈亮、李元:《毗邻党建引领跨界治理的四种类型及其运行机理》,《探索》2022年第3期。
④ 代凯:《注意力分配:研究政府行为的新视角》,《理论月刊》2017年第3期。
⑤ Downs A., "Up and Down with Ecology: The Issue Attention Cycle", *The Public Interest*, 1972, 28(1), pp.38-50.

策,它决定什么时候采取特定行动"。① 布赖恩·琼斯(Brian Jones)运用注意力概念来分析公共政策执行的过程,其认为地方政府的注意力会伴随着外部的激励情境与内在的偏好变化而产生相应的转变,从而决定了地方政府在每个时期的关注点以及关注的程度差异。②

政府作为理性经济人,其注意力分配也是根据自身利益考量而不断调适的过程;与此同时,作为纵向权力金字塔末端的基层政府,上级政府的注意力配置与地方行为选择之间大多存在着密切的联动效应。具体来说,注意力在公共政策中的分配差异所形成的注意力强化、注意力竞争、注意力转移等现象,进一步导致了不同层级政策执行者的差异化激励情景与执行偏好选择,从而诱导了行政性执行、试验性执行、政治性执行和象征性执行等执行选择的出现。落实到具体的政策执行过程中,特定的场景下注意力转变则是导致公共政策执行外在激励的模糊性与内在推行冲突性的因素。因此,注意力分配的动态转变所产生的差异性行动选择与公共政策执行中理查德·马特兰德(Richard Matland)提出的"模糊-冲突"分析框架的运行机理高度重合。

传统意义上的"模糊-冲突"分析框架是对多类型政策执行进行静态分析,较为忽略历时性因素对政策执行的影响以及政策属性的动态转化。然而,注意力分配本身的属性恰好可以提供动态分析的工具。立足于中国都市圈中毗邻地方政府跨界治理的调查可以发现,注意力分配与地方行为选择之间的关系具体可以表现为都市圈、毗邻区政策出台后,合作政策的地方执行依次会受到省、市政府的注意力传导,并使政策在县(区)、街(镇)一级动态落

---

① 孙柏瑛、周保民:《政府注意力分配研究述评:理论溯源、现状及展望》,《公共管理与政策评论》2022 年第 11 期。
② [美]布赖恩·琼斯:《再思民主政治中的决策制定:注意力、选择和公共政策》,李丹阳译,北京大学出版社 2010 年版,第 58 页。

地,在这一传导过程中,上级政府更聚焦于决策,而下级政府更关注执行。因此,本文将注意力因素纳入"模糊-冲突"框架之中,从而修正理论框架以适配中国跨界治理的现实场景,进一步明晰毗邻合作政策执行模式转换的内在机理,以期共同来解释为何毗邻地方的行为选择何以产生动态过程。基于以上考虑,本文尝试构建"注意力分配—'模糊-冲突'双因素影响—地方行为选择"的分析框架,其中,将"模糊-冲突"双因素的转变分析作为整体框架的中介,以便更好地解释注意力分配与地方行为选择中间的联动关系。

本文的具体框架如下:首先,研究将注意力分配因素放置在纵向政府间关系下,与政策执行中"模糊-冲突"模型的理论内核相结合,从而提取出"模糊性"与"冲突性"两要素在注意力分配影响下所形成的动态过程;其次,将两要素与不同阶段的政策执行纳入各级政府注意力的周期变化之中,依次划分出毗邻区域地方行为选择的四个阶段,即"注意力强化-积极行动""注意力竞争-悬浮行动""注意力转移-象征行动"以及"注意力重置-压力行动"(图1);最后,研究将毗邻区跨界治理中的注意力分配与行动选择的分析框架与现实案例中的跨界治理实践有机结合,力求呈现出在多层级、多主体的注意力互动中,位于跨界治理一线行动者——乡镇政府的行为选择。

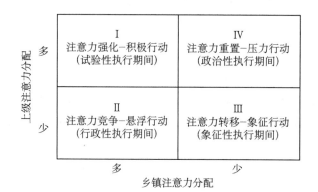

图1 本文的分析框架图

三、案例实证分析

与高层推动的都市圈、区域一体化发展方案的过程不同,乡镇作为基层政府和政策的执行方,无权参与跨界尤其是跨省治理合作的政策议程设置。上级政府的注意力分配不仅仅体现为一些政策文本的出台,往往更直接体现为资金、倾斜政策乃至具体项目的兑现。本文通过分属江苏省南京市、安徽省马鞍山市的同名乡镇在合作过程中的行为之分析,初步呈现毗邻乡镇的合作困境。

(一)案例概述:南京都市圈两个毗邻乡镇的跨界合作实践

地处安徽省与江苏省交界处的两座 D 镇,前身是秦始皇 26 年在推行郡县制时所设立的 D 郡。清康熙年间,划江南省为安徽、江苏两省,D 镇因此分属苏皖两省,并保持同一名称,俗称南 D 镇和北 D 镇。随着两地区划调整,安徽省仍保留着原有的 D 镇名称,地处江苏省的 D 镇则调整为 H 街道的 D 社区,因此,原先的南北 D 镇合作转变为现在的安徽省 D 镇与江苏省 H 街道的合作。

2019 年 10 月,南京与马鞍山签署《江宁-博望跨界一体化发展示范区共建框架协议》;2021 年 2 月,安徽省印发《支持省际毗邻地区新型功能区建设若干政策措施》;2021 年 4 月,经国家发展和改革委员会同意,江苏、安徽两省共同发布《南京都市圈发展规划》,将南北 D 镇所属地区纳入整体性发展战略。基于这一逐渐强化的政策背景,安徽省 D 镇 2019 年《政府工作报告》率先将跨界一体化纳入 2019 年的重点工作,并积极推进跨界一体化功能区的初步规划;2020 年,D 镇《政府工作报告》运用大篇幅的内容论述跨界一体化的具体成效。然而,到了 2021 年,该镇《政府工作报告》中却较少提及关于两地跨界一体化的合作成效的内容。2023年,该镇在年度重点工作安排中,强调以宁博新型功能区为依托,重点建设精品村庄,配合新型功能区做好田园综合体谋划和启动工作,但在2023年《政府工作报告》中,D镇的田园综合体建设重点突出乡村振兴建设,并显示偏离一体化项目的政策核心的迹象。因此,两年后的今天,仅仅从D镇的政务工作材料来看,跨界一体化内容依旧停留在宏观的政策性引领展望以及保障性的支持工作之中,D镇与H街道深层次的毗邻合作仍然处于停滞状态。

本案例来源于历时性的纵向调研,研究者从2021年11月跟踪至今,通过江苏省、安徽省毗邻乡镇的多层级访谈来探索都市圈中毗邻乡镇在跨界治理中的注意力分配与行为选择。案例采用定性的研究方法,材料来源于前后访谈的南北两镇(街道)7个部门的26次记录,可以确保案例资料来源的真实性与可靠性,并形成一种理论检验与现实场景上的潜在张力,从而进一步回应跨界治理效能层层衰减的内在原因。

(二)D镇跨界治理中的上级注意力分配与自身行动选择

跨界治理的本质是权力和利益间的博弈。上级部门所形成的跨界规划与下级乡镇的治理实践为何会产生差异性结果的解释,在中国的治理场景中可以概括为一统体制与有效治理间的悖论。① 从注意力的视角来看,基层差异化行为选择源自上级注意力的非均衡分配。至于决策者注意力分配差异的原因,赫伯特·西蒙归咎于拥有知识的不完备性、价值偏好的不稳定性等因素。在南北D镇跨界治理中,上级的注意力配置与基层的行为选择经

---

① 周雪光:《中国国家治理的制度逻辑:一个组织学研究》,生活·读书·新知三联书店2017年版,第29页。

过了不同的阶段。

1. 情投意合:"注意力强化-积极行动"阶段

在毗邻区跨界治理的初期,当政策进入地方政府的行动范畴时,外部反馈的模糊性形成上级主动作为的激励因素,同时,内部推动的低冲突性形成了地方政府的积极行动。一方面,上级政府的注意力强化打通了跨界治理中的部门壁垒与层级鸿沟,以往难以协调的公共事务不断被纳入创新出的跨界治理实践中;另一方面,作为政策执行方的毗邻乡镇,借助上级政府的政策之窗打开原先固有的跨界治理障碍,积极拓宽多领域的跨界合作,以此来激活省际边缘乡镇的经济活力与治理效能。在这一过程中,上级政府基于注意力强化下出台的兜底机制,构成推动毗邻乡镇跨区域合作的动力(图 2)。

2019 年 8 月,在两省合作的意向框架下,安徽省马鞍山市 B 区党政代表团首次赴江苏省南京市 J 区对接一体化示范区建设方案,同年 10 月,毗邻示范区 B 区指挥部正式挂牌,区委、区政府主要负责人担任指挥长等职务。2019 年 10 月底,安徽省 D 镇与江苏省 H 街道举行了一体化背景下的第一次跨界交流学习。2020 年 5 月,两市共同起草的首个《2020 年宁马跨界一体化发展示范区工作计划》(简称《工作计划》),共排定规划、生态环保、基础设施建设、社会治理等 9 方面重点,并逐一明确了责任单位和时间节点。此后,两区的联合工作小组先后开展了 20 余轮的对接谈判,并于 2020 年 8 月签署了包括《社会治理一体化——"两省一街警务室"提档升级项目合作框架协议》在内的 5 项协议。《工作计划》提出,将设立示范区建设推进小组,组建联合建设指挥部。2021 年 6 月,经中共安徽省委批复,县区级毗邻功能区管委会在安徽一侧的 D 镇成立;同年 11 月,江苏省 J 区发布《江宁—博望跨界一体化发展示范区指挥部(管委会〈筹〉)实施方案》,成立了相应的一体化指挥部,由 J 区发展和改革委员会主任担任指挥长,D 社区所属的 H

街道主要领导在其中担任各项职务。两地的跨界合作迎来了蓬勃发展的阶段,"2021年两地省际公路共修复3条、拆除7座边界限高宽架;南D镇的产业园中进驻了16家J区的企业;南D镇成立J区(学校)的分校;跨界一体化调解委员会调解处理了跨界矛盾37件"。①

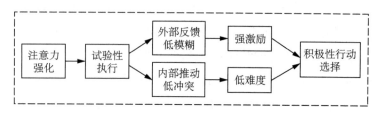

图2 "注意力强化——积极性行为选择"分析框架

2. 外强中干:"注意力竞争-悬浮行动"阶段

组织内部资源的稀缺性与不可或缺性迫使组织无法自给自足,需要以合作的形式来带动整体发展。② 然而,组织资源依赖的不对称性是影响合作关系的重要因素,会危害合作关系甚至会导致跨组织合作的失败。在第二阶段,跨界治理逐步进入常态化即行政性执行阶段,影响这一阶段的核心要素在于基层执行者所拥有的资源饱和度。安东尼·吉登斯(Anthony Giddens)把治理资源区分为配置性资源和权威性资源③,配置性资源是控制和转化物质工具的能力,为跨界合作的合理执行提供了基础性保障。权威性资源是对政策行动者产生控制的转换能力,主要奠定了跨界合作的合法性权威。

两类资源的逐渐消弭是基层行为扭曲的缘由。一方面,作为

---

① 资料来源:《马鞍山市宁马省际毗邻地区新型功能区建设发展情况汇报》(2022年7月19日)(内部资料)。
② 马迎贤:《资源依赖理论的发展和贡献评析》,《甘肃社会科学》2005年第1期。
③ [英]安东尼·吉登斯:《社会的构成:结构化理论纲要》,李康、李猛译,中国人民大学出版社2016年版,第30页。

一种稀缺的权威性资源,上级注意力是不同基层政府需要着力竞争的对象。在南京都市圈中,同时存在三个分属不同辖区的两省跨界治理区域,因此,在行政体系内部不可避免地产生了注意力竞争的现象,从而分散上级政府对于特定区域跨界治理的政策关注,最终导致毗邻乡镇陷入集体行动困境。区别于南北D镇所在的毗邻功能区,南京市P区高新区与安徽省C市N区经济开发区则早就签署了《共建产业合作园区协议》,明确设立一体化发展共建合作园区,共同注册成立合作开发有限公司,探索建立"总部研发在P区、生产制造在C市"的衔接机制。2023年4月底,《南京都市圈2023年度工作要点》正式印发实施。5月4日,安徽省C市与江苏省P区随即印发关于《N区推动长三角一体化发展2023年工作要点》,以最快的速度回应上级的政策指令。另一方面,向上级争取注意力资源,使得毗邻区乡镇政府无法形成横向的相互依赖关系,从而削弱了合作效果。"安徽与江苏成立的毗邻功能区不只是我们这一个,安徽省C市N区与江苏(南京)P区正好处于江苏的新区计划,大家都盯在那里,他们做的就挺不错的,我们还去学习过。我们这里难以吸引优质的产业合作项目进场,也就没什么注意力竞争的优势。"①

与此同时,对于上级政府来说,下级政府可供关注选择的议题具有单一性,乡镇政府又保持着"等靠要"的历史惯习,从而导致这一阶段乡镇政府的行动缺乏可供配置的其他合理性资源,行动本身也具有被动性。"目前,我们乡镇在毗邻合作中大多数扮演着辅助者的角色,做一些保障性的支持工作,主要还是帮助管委会那边弄征地的事情。"②

上级政府间的注意力资源的多维分配,导致D镇与H街道的

---

① 资料来源:2022年8月2日笔者在安徽省D镇毗邻功能区管委会对工作人员的访谈记录。
② 资料来源:2023年2月16日笔者在安徽省D镇对相关工作人员的访谈记录。

跨界合作呈现出"悬浮式"的行动:从表面上看,毗邻乡镇依旧按照原先的高层设计逐步推进,各项毗邻治理实践如"一体化人民调解委员会""两省一街警务室"等照常运行,但是,由于缺乏上级政府的资源供给,毗邻合作难以有效长远地推进各项治理实践。同时,随着乡镇以及政府自身工作中心的强化,两地的毗邻跨界合作也在逐步搁置。"关于一体化中 D 镇和 H 街道的合作,目前我们没太多接触,唯一明白的是从上到下都在为土地资源与运作资金资源而发愁。"①2021 年 11 月,B 区与 J 区签约了"创智谷"投资建设协议,协议明确给予"创智谷"内项目"就高不就低"最优政策支持,约定引进有影响力的跨国企业或国内知名企业投资入驻功能区,但目前项目进展仍处于工程承包的初始阶段。在这一阶段,由注意力强化推动下的基层政府试验性执行为开始悬置,并表现为上级政策目标与下级政策实践的脱节(图 3)。

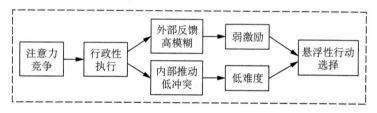

图 3 "注意力竞争——悬浮性行为选择"分析框架

3. 貌合神离:"注意力转移-象征行动"阶段

在组织经济学的代理理论中,激励设计和任务属性决定了代理人执行任务的行为选择。② 在上级政府注意力转移的前提下,毗邻乡镇的竞争行为悬置了,并逐步转向象征性行为(图 4)。"功能区向上级恳请在发展规模上给予支持,在项目建设上争取资金

---

① 资料来源:2022 年 8 月 3 日笔者在安徽省 D 镇毗邻功能区管委会对工作人员的访谈记录。
② 张桂蓉、曹子璇:《跨界环境治理中国家级新区与行政区互嵌式合作机制的生成逻辑——基于 Z 流域黑臭水体治理的案例研究》,《行政论坛》2022 年第 5 期。

贷款倾斜的事情一直得不到有效反馈,这些问题阻碍着一体化的发展。"①由于缺少上级政府的注意力强化,在外部反馈呈现出弱激励形式的同时,乡镇内部政策推动也呈现出高难度的特征:一方面,上级政府注意力的主动撤离迫使毗邻乡镇的跨界治理陷入困境,同时,外部约束、制度规则与程序限制等行为导致乡镇的合作意愿减退;另一方面,安徽省 D 镇与江苏省 H 街道在毗邻治理实践的负反馈影响下,选择把治理行为优先分配到绩效明显、见效快的项目上,尤其是本区经济发展的项目,从而背离了合作开发的初衷。2021 年,马鞍山市 B 区 D 镇的乡村被农业农村部认定为全国乡村治理示范村镇,受访者也对笔者说,"我们乡镇自己的田园乡村项目建设得挺好,你倒是可以多关注一下这些"。②

毗邻合作项目对于本行政区的回归,使跨界治理的政策执行和治理实践日益具有符号式特征。在安徽省一侧,D 镇以 B 村为试点,通过紧扣乡村振兴示范区建设目标开展了一系列田园乡村活动。同时,由于江苏省南京市 J 区的发展规划本就已经趋于饱和,且南京市发展重点转移到江北新区,因此,J 区 H 街道的工作重点也调整到产业合作及特色农业,甚至从功能区指挥部中撤离了工作人员。在 2020 年《关于成立江宁-博望跨界一体化示范区指挥部(管委会〈筹〉)》的通知中,指挥部下设综合管理部、规划建设部、征迁部、招商部 4 个部门,初期配置工作人员 8 人。其中,来自 H 街道的书记、主任均在指挥部的核心部门,下设的 3 个专项工作组中包含 H 街道的干部。H 街道的受访者表示:"原先的通知里面是有很多成员来自 H 街道的,但我们目前知道的指挥部里面一

---

① 资料来源:2022 年 8 月 2 日笔者在安徽省 D 镇毗邻功能区管委会对工作人员的访谈记录。
② 资料来源:2022 年 8 月 2 日笔者在安徽省马鞍山市 B 区 D 镇党政办对工作人员的访谈记录。

个H街道的人都没有了,我们这里也没有关于两地合作的常设机构。"①

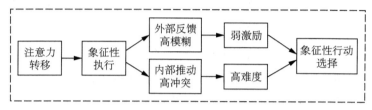

图4 "注意力转移——象征性行为选择"分析框架

4. 转机重现:"注意力重置-压力行动"阶段

上级政府的注意力的偏移并不意味着上级政府对于跨界治理这一项目的放弃,由于中国政府的纵向权力划分特征,上级政府还通过阶段性考察验收等环节以确保任务的达成。利用地方政府的"邀功"心态,上级可以通过评比表彰等形式重拾注意力这一政治资源。② 2021年,马鞍山市专门下发《关于表彰博望区2020年度推进江宁—博望跨界一体化示范区发展工作先进集体和先进个人的决定》,激励全区上下为推动新型功能区高质量发展和示范引领作出更大的贡献。跨界一体化所涉及的供水、建校、征迁、修路等具体项目推行在《安徽省级毗邻地区新型功能区建设三年行动计划(2021—2023年)》与《2020年宁马跨界一体化发展示范区工作计划》中有相应的竣工验收时间。同时,2020—2023年,安徽省马鞍山市委书记、B区副区长、江苏省J区委书记等领导干部相继调研D镇以及宁博一体化发展示范区的建设工作。基于上级政府的阶段性项目的验收与调研压力,落地在D镇和H街道毗邻区的各项政策又被相继启动更新。"省里面和市里面是有考核要求的,

---

① 资料来源:2022年11月6日笔者对江苏省南京市J区H街道的工作人员的线上访谈记录。
② 贺芒、陈彪:《"评比表彰"项目的地方执行逻辑:一个组织理论分析视角》,《中国行政管理》2020年第11期。

一般是项目数量有没有达标,一体化进展情况。"①2023年1月,B区与J区在2020年签订的《水务一体化框架合作协议》基础上,再次签订了《江宁博望供水一体化合作协议》,开启一体化供水的正式运行阶段。2023年2月,"两省一街警务室"政务服务窗口在宁博两地签订了《社会治理一体化——"两省一街警务室"提档升级项目合作框架协议》的基础上,迎来了试运行阶段。

然而,与初始阶段不同的是,在这一时期,即使出现了外部强激励,内部却失去了合作动力,从而呈现出一种外部反馈模糊性与内部推动高冲突性的治理场景:一方面,由于第三阶段的注意力已经转移到其他政策项目上面,这一阶段下级政府的跨界治理实践呈现出明显的政治性特征,是一种基于验收压力作出的被动型压力行动选择(图5);另一方面,由于前期的治理实践所产生的困境未得到有效的解决,毗邻两镇的再次合作依旧难以有效。"安徽那边耕地红线的问题一直没有得到解决,我们也就难以有效展开合作。你要问合作现在在哪里,可能目前还是落实在纸上。"②

因此,跨界双方短暂的注意力回暖无法从根源上解决跨界治理中乡镇一级的合作困境,在被消耗了热情之后,即使是增加了一些新兴的项目,也难以调动基层政府的热情。"合作两地现在因为种种原因,依旧没有什么实质性的合作,目前寄希望于明年即将开启的'创智谷'项目。"③缺乏足够的内生性资源与稳定的注意力分配的毗邻城镇,似乎会再一次因为边缘效应、毗邻效应的制约陷入空壳型的毗邻跨界治理之中。当然,不排除另一种理论可能,从注意力回置的积极视角来看,由于上级政府的注意力回置给毗邻跨

---

① 资料来源:2023年5月7日笔者在安徽省D镇毗邻功能区管委会对工作人员的访谈记录。
② 资料来源:2023年2月14日笔者对江苏省南京市J区H街道D社区工作人员的访谈记录。
③ 资料来源:2022年11月9日笔者对江苏省南京市J区发展和改革委员会工作人员的线上访谈记录。

界乡镇的发展带来了新契机,大量注意力资源的再次倾斜又客观上推动了新的跨界合作项目产生。

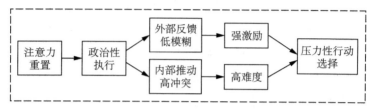

图5 "注意力重置——压力性行为选择"分析框架

四、结语

如果说中国长期以来的经济发展深受行政权力的影响,从而把经济发展囿于行政区划范围内,那么区域一体化的进程就是要打破这种行政权力对于经济发展的桎梏,从而实现"行政区经济"向区域经济的逻辑转向。在跨界治理的过程中,地方政府之间不仅面临合作抑或竞争的横向选择,同时需要争夺上级政府的持续关注。

第一,在区域合作中,基层政府的合作深受权力结构、制度背景乃至区划调整的限制,因此具有很强的不稳定性。在本案例中,位于江苏省的D镇被撤销之后,原先的合作协议面临持续执行的主体缺位困境,新设立的街道办事处在多大程度上持续执行原D镇间的合作行动,要同时根据新成立的街道办事处的工作重心进行调整。在地方政府纵向行政权力结构中,基层行动者是不完全的"街头官僚",其行为自主性的空间极为有限,因此,基层政府间的"戴着镣铐跳舞"式的合作必然受到制度持续时间、财政状况及其直接上级行政官员注意力的深刻影响。

第二,在跨界治理中,上级政府注意力配置与基层政府的政策执行构成了模糊—冲突关系。对于乡镇政府来说,多层级的上级政府的注意力分配并非保持一致,跨界治理的直接责任者——乡镇政府必须时刻根据多层级尤其是直接上级政府的注意力配置适时进行行为调整。由于这种调整必须同时兼顾自身利益——这种利益主张本身符合行政区经济的制度惯性,上级政府注意力的调整与基层政府的切身利益构成公共政策执行中的张力,并在一定的时间跨度后造成跨界治理的"冷场"。即使更高一级政府重拾注意力并打开跨界治理的"黑箱",在乡镇一级却只能收获充满应付的、形式主义的行动。

第三,跨界治理的地方性主张需要纳入上级政府的视野。在中国四级地方政府体系中,乡镇位于最低一级;作为政策的具体执行者和直接利益相关者,乡镇政府无法参与跨界治理的宏观决策,因此,毗邻区乡镇的对话机制大多被限制在警务合作等有限范围,无法积极拓展到经济社会深度一体化的诸多领域,从而削弱了乡镇政府治理合作的积极性。与此同时,由于缺乏必要的高端授权机制,主要由毗邻区乡镇人员组成、各自独立的功能区管理机构——安徽省成立的管委会与江苏省成立的指挥部——往往并不具备诸如由江浙沪三省市人员共同组成的长三角生态绿色一体化发展示范区执行委员会的执行权,因此无法对功能区内有关乡镇不当的产业布局进行即时干预,从而强化了合作双方的不信任感,恶化了跨界治理的行动氛围。

情境导向、组织动员与网格化治理效能的多重实现路径

——基于江浙两地 45 个案例的模糊集定性比较分析

胡重明[*]　彭龙胜[**]　谢　婷[***]

[内容摘要]　网格作为国家权力和资源下沉的一种组织载体,在治理现代化进程中具有越来越重要的作用。然而,将网格简单地理解为行政体系的复制和延伸,则忽略了情境的差异性和自发因素的作用,无法充分解释网格推动政社联动、实现治理效能的具体路径与角色。本文将网格化治理效能界定为有效参与和有效治理两个维度,并提炼出情境中三大类六个主要的解释因素:国家驱动因素(党建资源、数字化)、社会自治因素(社会资本、物业治权)和环境需求因素(流动性、居民需求)。通过对江浙 45 个案例的模糊集定性比较分析,识别出国家驱动和双向驱动两种主要路径以及五种子路径,发现党建资源几乎在所有的条件组合中都是核心因素,而关键在于网格通过特定的组织动员策略以对不同社区情境作出响应并借力完成自身目标。本文的发现有助于在理论上化解网格挤压社会、职能泛化等成见,为其角色从执行型向枢纽型的转变提供一个注解,也表明以网格为中介的国家与社会的双向驱动或将成为打造共建共治共享的基层治

---

[*]　胡重明,管理学博士,中共浙江省委党校(浙江行政学院)治理现代化与浙江现象研究中心主任、全面从严治党研究中心研究员、硕士生导师,复旦大学大都市治理研究中心特聘研究员,浙江省"之江青年社科学者"。
[**]　彭龙胜,浙江大学行政管理专业博士研究生。
[***]　谢婷,中共浙江省委党校(浙江行政学院)公共管理专业硕士研究生。

理新格局的一种重要路径。基于情境视角,本文从考虑区域空间差异、重视社区发展成熟度、优化主体参与机制等方面提出了政策建议。

［关键词］　网格化治理；情境；组织动员；社会参与；社区；基层治理

一、引言

21世纪初于北京市、上海市等地兴起的网格化治理,逐步成为国家权力和资源下沉的重要组织载体,为中国基层治理转型和发展提供了一种本土化答案。尤其是新冠肺炎疫情暴发以来,网格化治理的组织动员功能和精细化特点在社区疫情防控中得到进一步彰显。党的二十大报告强调"健全共建共治共享的社会治理制度""完善网格化管理、精细化服务、信息化支撑的基层治理平台,健全城乡社区治理体系""建设人人有责、人人尽责、人人享有的社会治理共同体",使得网格更承载了推动国家治理现代化的使命。然而,在努力向着共建共治共享的方向发展的过程中,网格化治理长期以来所面临的理论难题仍未得到充分的解决。

从现有研究成果来看,大多数学者认为网格化治理带有明显的管控色彩。被反复援引的观点是,网格化最初采用的以政府为中心的设计逻辑逐渐带来行政吸纳社会和内卷化的倾向,这一倾向势必造成行政压缩自治空间、技术与价值悖论、选择性治理等问题。① 究其本质,网格化只是行政主导下社区治理模式转型过程

---

① 毛寿龙、李玉文:《权力重构、行政吸纳与秩序再生产:网格化治理的逻辑——基于溪口镇的经验探讨》,《河南社会科学》2018年第3期;刘伟、王柏秀:《国内学界的网格化管理研究:回顾、反思与展望》,《公共管理与政策评论》2022年第1期。

中的一种过渡模式。① 这种过渡甚至会产生负面作用,带来社区网格事务堆积、社会联系弱化的趋势。② 特别是当面对公共危机非常态情境时,常态化的网格化治理无法满足非常态治理的预警性、清晰性及整体性需求。③ 由此来看,关于网格化治理的理论探讨几乎已经形成了一种固有的视角和观点,它们把网格置于传统的国家治理和科层制框架下加以讨论,也将相关的问题分析以类似的逻辑演绎出来。④

然而,网格化治理的实践"并非铁板一块"。尽管网格更多地作为执行型角色而存在,但将网格简单地理解为行政体系的复制或部门工作的延伸,则忽略了情境的差异性和自发因素的作用,在新形势下更无法充分解释网格推动政社联动和治理的具体路径与角色。尽管许多研究都敏锐地捕捉到了网格化治理的实践问题,基于"国家-社会"或"结构-功能"的视角探析网格化治理的职责定位和组织建设问题⑤,但往往局限于宏观层面或价值理念的分析,缺乏对具体情境因素的考量;而且,当前鲜有文献对网格化治理的实际效能及其实现路径展开系统性研究,对关键变量及变量间关系的分析不够清晰和深入。从研究方法来看,大部分研究通过文献分析或个案研究来探讨相关议题,多为归纳总结某一地区的做法和特征,缺乏定量研究、定性与定量相结合的研究以及跨案例的比较研究。

---

① 朱仁显、邬文英:《从网格管理到合作共治——转型期我国社区治理模式路径演进分析》,《厦门大学学报》(哲学社会科学版)2014年第1期。
② 陈进华、余栋:《城市社区治理共同体的系统审视与实践路径》,《东南大学学报》(哲学社会科学版)2022年第1期。
③ 王维维、王义保:《常态与非常态网格化治理的共同模式与守正创新》,《社会科学研究》2021年第4期。
④ 胡重明:《网格化社会治理:研究回顾与新的议程》,《行政论坛》2017年第3期。
⑤ 竺乾威:《公共服务的流程再造:从"无缝隙政府"到"网格化管理"》,《公共行政评论》2012年第2期;胡重明:《再组织化与中国社会管理创新——以浙江舟山"网格化管理、组团式服务"为例》,《公共管理学报》2013年第1期。

鉴于此,本文主张以情境为导向来理解网格在基层治理中的角色,深入分析国家与社会的关系建构途径,探究社区情境中实现网格化治理效能的不同条件及因果机制。情境是主客观条件相互碰撞组合的过程和结果。情境导向意味着不仅需要考虑制度框架本身的属性和预期功能,也应该重视治理场景中诸多因素的影响(不管是来自需求的变化,还是源于治理资源的差异)。这些因素的相互作用往往塑造了策略性的组织行动,进而决定网格化治理的实际过程和结果。本文将搭建一个面向情境的网格化治理效能的分析框架,通过模糊集定性比较分析(fsQCA)的方法展开案例研究,提炼关键路径,由此展开理论探讨并提出政策建议。

二、面向情境的网格化治理效能分析框架

本节将立足于既有研究成果,首先对作为因变量的网格化治理效能予以界定,而后从国家驱动、社会自治和环境需求三个维度选取前因变量,构建一个面向情境的理论分析框架。

(一)网格化治理效能:有效参与和有效治理

网格是以社区为基本行动场域的一种组织化形式。当前聚焦网格组织绩效的研究较为稀缺,相关文献主要是关于社区治理绩效及其影响因素的研究。就实际情况来看,确实也难以将纯粹的网格化治理绩效从社区治理绩效中抽离出来。因此,本文主要从既有文献中寻找依据,并结合现场调研所得材料进行梳理判断。

关于社区绩效的理论阐释体现了多层次、多维度的视角。[1]

---

[1] 王杨:《党建引领结构与社区治理绩效实证研究——基于网络视角分析》,《中国特色社会主义研究》2013年第6期。

燕继荣指出,一个良好的社区治理应包括社区自治水平、社区交往程度、社区成员信任度和社区集体行动能力等方面。[①] 而由于社区之间存在差异性,难以构建一套统一公允的社区治理绩效指标,仅凭一些标准、客观和普适的指标无法真实测量,因此,需要加入社区居民的主观性评价。[②] 同时,正如主流研究所提及,实际的社区治理和网格运作效能很大程度上表现为对国家治理和政府政策目标的执行。因此,对网格化治理效能的评价理应将行为和结果因素相结合,将主观和客观因素相结合。

本文所指的网格化治理效能是以网格组织(团队)为主体,在承接政府任务、执行政策,为社区居民提供服务以及激发和组织社区参与过程中所产生的社会功能和效用。本文对网格化治理效能的评价涵盖两大维度:有效参与(社会参与)和有效治理(治理实绩)。其中,有效参与涉及参与主体、参与意愿和参与行为。良好的网格化治理应吸纳社区居民和社会组织共同参与网格工作,并使其有较高的参与意愿和较多的参与行为。有效治理包括两方面:一是居民满意度;二是政府的考核结果。居民满意度直接反映网格化治理的质量和水平。考核结果则体现网格及社区在承担治理任务、执行政策等方面的具体情况和成效。将这两大维度五个子项结合起来,能够较全面地反映一个社区网格化治理的综合情况,弥补现有研究的偏颇,而且符合中央关于构建共建共治共享的基层治理新格局的目标要求。

[①] 燕继荣:《社区治理与社会资本投资——中国社区治理创新的理论解释》,《天津社会科学》2010年第3期。
[②] 陈捷、呼和·那日松、卢春龙:《社会信任与基层社区治理效应的因果机制》,《社会》2011年第6期。

(二) 网格化治理效能的影响变量

网格可视为国家与社会的互动界面。① 在社区情境中,囊括了网格员、社区干部、政府部门人员、居民、企业、社会组织等多重国家力量和社会力量。各种力量之间的互动构成了网格的主要治理图景。在网格化治理由管理走向管理和服务并重的过程中,切实厘清特定情境下"国家-社会"互动关系既是认识网格角色的关键,也是找寻提升网格治理效能路径的前提。本文从国家驱动、社会自治与环境需求三个维度来分析社区情境中网格化治理效能的前因变量。

1. 国家驱动因素:党建资源与数字化

国家驱动因素可视作网格用以开展社区组织动员的主要条件,往往(直接或间接)来源于正式体制的力量和资源。网格化是要利用好国家政治、行政体系内的资源力量并调动激活社会力量与资源,形成一种良好的互动结构,从而更好地去平衡和达到双方需求。这主要包括两方面:一是传统的党建资源;二是新兴的数字化手段。

(1) 党建资源。"党建国家"的历史逻辑决定了党成为管理社会公共事务的轴心力量和关键主体。② 新时代以来,基层党建引领成为加强社区治理和服务,化解社会矛盾的关键举措③,通过授权赋能有效提升社区治理效能。④ 通过网格化,党建资源实现对

---

① 苏曦凌、黄婷:《国家与社会的互动界面:行动语境中的基层概念及其理解》,《行政论坛》2022 年第 2 期。
② 张勇杰:《多层次整合:基层社会治理中党组织的行动逻辑探析——以北京市党建引领"街乡吹哨、部门报到"改革为例》,《社会主义研究》2019 年第 6 期;韩福国、蔡樱华:《"组织化嵌入"超越"结构化割裂"——现代城市基层开放式治理的结构性要素》,《西安交通大学学报》(社会科学版)2018 年第 5 期。
③ 曹海军:《党建引领下的社区治理和服务创新》,《政治学研究》2018 年第 1 期。
④ 姜晓萍、田昭:《授权赋能:党建引领城市社区治理的新样本》,《中共中央党校(国家行政学院)学报》2019 年第 5 期。

基层治理的空间嵌入与整合①,即党建空间实现对机关、社区、楼宇、商圈等传统和新型社会空间的全覆盖,有效动员各种治理主体优化公共空间,逐步形成资源配置最优的"红色网格"。②

(2) 数字化。网格自诞生以来就具有数字技术的属性。近年来地方治理中出现"技术化的新倾向"③,如平台政府④、界面治理⑤、公民即用户⑥等概念涌现,"数据连接"进一步改变政府治理的行动流程和治理结构⑦,成为国家统合治理资源与主体的关键手段。一方面,数字化打破民众与政府之间的沟通界限⑧,最大限度地减少时间、地域对居民社区参与的限制,使居民能更便捷地参与社区公共事务⑨,也通过平台赋能让网格员和政务管理者更精准地掌握民众的利益诉求并及时回应。⑩ 另一方面,居民通过社区搭建的微信群、QQ群等社群提升邻里互动频率⑪,使彼此联系

---

① 彭勃、吴金鹏:《以空间治理破解基层党建"科层化旋涡"》,《上海交通大学学报》(哲学社会科学版)2021年第1期。
② 向春玲:《"红色网格":基层党建引领社会治理的新探索》,《科学社会主义》2018年第5期。
③ 陈星平:《新媒体时代地方治理创新中的技术化倾向》,《行政论坛》2014年第2期。
④ 张晓、鲍静:《数字政府即平台:英国政府数字化转型战略研究及其启示》,《中国行政管理》2018年第3期。
⑤ 李文钊:《理解中国城市治理:一个界面治理理论的视角》,《中国行政管理》2019年第9期。
⑥ 钟伟军:《公民即用户:政府数字化转型的逻辑、路径与反思》,《中国行政管理》2019年第10期。
⑦ 胡重明:《"政府即平台"是可能的吗?——一个协同治理数字化实践的案例研究》,《治理研究》2020年第3期。
⑧ 沈费伟、叶温馨:《基层政府数字治理的运作逻辑、现实困境与优化策略——基于"农事通""社区通""龙游通"数字治理平台的考察》,《管理学刊》2020年第6期。
⑨ 涂晓芳、李韵:《大数据助力社会组织参与社区治理:功能、挑战与优化路径》,《新视野》2021年第4期。
⑩ 李潇、王道勇:《城市社区治理中的网络参与问题分析——基于上海市X社区的个案研究》,《科学社会主义》2021年第4期。
⑪ 陈福平、李荣誉:《见"微"知著:社区治理中的新媒体》,《社会学研究》2019年第3期。

较少的陌生人社区"熟人化",提高彼此之间的熟悉度①,也更有利于网格工作的开展。

2. 社会自治因素:社会资本与物业治权

社区自治并不一定是网格化治理的对立面。充分利用自治资源和条件可赋能网格对社区力量的组织动员,推动有效参与和治理。社区居民自治是低成本的管理体制创新,有利于扩大公民政治参与和加强基层民主。② 而如何促进社会成员通过社群的集合体共同行使自治权,形成"自己统治自己"的社会治理形式③,也离不开一定的组织化过程。

(1) 社会资本。社会资本反映了社区内不同主体之间的信任、互惠程度与合作意愿等状况。④ 良好的合作意愿与信任关系是社会力量实现组织化的必要条件。一个社区的社会资本情况会影响居民之间的互动网络。作为一种非正式制度,较高水平的社会资本会增进居民共治的意愿,提升化解风险的能力。一些研究认为,丰富的社会资本有助于维持社区治理创新的持续性,促进韧性治理。⑤ 一些实证研究表明,社会资本是影响社区参与水平的关键因素⑥,对公众参与社区治理有显著的正向影响。因此,本文认为社会资本对实现网格化治理效能具有重要意义。

(2) 物业治权。当社区发展到一定程度时,居民之间是否形成正式有效的协商议事组织或制度会深刻地影响社区自治水平。

---

① 陈丹引、闵学勤:《线上社区参与的邻里效应——基于社区微信群的实证分析》,《社会发展研究》2021 年第 3 期。
② 徐勇:《论城市社区建设中的社区居民自治》,《华中师范大学学报》(人文社会科学版)2001 年第 3 期。
③ 周庆智:《基层社会自治与社会治理现代转型》,《政治学研究》2016 年第 4 期。
④ 吴光芸、杨龙:《社会资本视角下的社区治理》,《城市发展研究》2006 年第 4 期。
⑤ 李雪伟、王瑛:《社会资本视角下的社区韧性研究:回顾与展望》,《城市问题》2021 年第 7 期。
⑥ 王若溪、李俊清:《社会资本对城市居民社区参与的影响——以宁夏城市社区为例》,《中南民族大学学报》(人文社会科学版)2022 年第 6 期。

物业治权体现了物业管理模式的本质属性,它与住房产权和社区的开放性相互关联,同时影响居民对社区共同体事务的参与情况。在不同形态的社区中,居民所处的社会阶层、所扮演的社会角色、所关注的社会事务不尽相同,具有不同的社会文化心理、利益诉求、兴趣爱好①,进而影响社区治理模式。有研究认为,相比于老旧小区,商品房小区的居民自治意识更强。以业委会为核心建制的社区政体系统有助于推进社区自治和增加业主福利。相关研究还验证了商品房社区中住房所有权对政治积极性的促进作用。②物业治权差异对网格化治理效能变化的影响有待检验。

3. 环境需求因素:流动性与居民需求

随着社会不确定性、流动性和多元化特征更加显现③,基层治理主体对环境需求的感知性、适应性与回应性愈发重要。要促进网格化治理的有效开展,对环境需求变量的考察无疑是前提。

(1)流动性。随着城镇化的发展,流动性愈发成为影响基层治理的关键因素。既有研究认为,人口流动性增加了基层治理的复杂性,给网格化治理带来一定挑战。④ 流动性会造成居民的利益分化,导致难以形成有效的集体行动。⑤ 从更深层面来看,它削弱了居民同原有公共组织的连接以及公共认同,带来公共性的制度基础与社会基础之间失衡的困境。⑥ 在社会流动性日益提高的

---

① 陈友华、佴莉:《社区共同体困境与社区精神重塑》,《吉林大学社会科学学报》2016年第6期。
② 李骏:《住房产权与政治参与:中国城市的基层社区民主》,《社会学研究》2009年第5期。
③ 郑家昊:《政府引导社会管理:复杂性条件下的社会治理》,《中国人民大学学报》2014年第2期。
④ 孙彩红:《网格化社会管理转向合作式社会治理的现实与路径》,《哈尔滨工业大学学报》(社会科学版)2017年第4期。
⑤ 江小莉、王凌宇、许安心:《社区治理共同体的动力机制构建及路径——破解"奥尔森困境"的视角》,《东南学术》2021年第3期。
⑥ 樊佩佩:《流动的治理——城市基层社会的公共性困境探察》,《学术研究》2016年第7期。

背景下,以地域、行政区划为基础展开的地域性治理阻碍了社会良性流动,加剧了部门和组织之间的信息壁垒。① 未来的社区治理需充分考虑流动性的因素,甚至面向一种以过程为导向的流动性治理。②

(2) 居民需求。网格化治理必然要对居民需求作出回应。从政策设计来讲,应根据不同类型社区的特殊情境,构建适应其内在发展需求的社区治理模式,满足个性化社区的居民服务需求。③ 要让居民积极参与社区公共事务,就需要形成以社区需求为中心的权力和资源分配体制,提升社区自治理念和能力。④

(三) 分析框架的构建

在以上梳理的基础上,可以构建一个面向情境的网格化治理效能分析框架(图1)。

在网格化治理的社区情境中,可能存在差异化的内生性治理需求,也会有多种潜在可用的力量和资源。其中,国家驱动因素和社会自治因素提供了网格化治理的两种典型资源。一方面,网格作为国家治理力量的延伸,利用社区的党建资源和数字技术手段,展开对居民及各类社区力量的组织动员以实现治理目标;另一方面,随着基层治理格局和理念的不断蜕变,社会自治力量的重要性愈发凸显,成为缓解政府管理服务压力、协助完成网格化治理目标的基本条件。其中,社会资本与物业治权是反映社会自治形态和水平的两个关键变量。同时,伴随城市化发展与社区转型,流动性

---

① 文军、刘雨婷:《40年来中国社会治理研究回顾与实践展望》,《济南大学学报》(社会科学版)2019年第3期。
② 吴越菲:《地域性治理还是流动性治理?城市社会治理的论争及其超越》,《华东师范大学学报》(哲学社会科学版)2017年第6期。
③ 刘杰:《从行政主导到福利治理:社区服务的范式演变及其未来走向》,《新视野》2016年第5期。
④ 周庆智:《论中国社区治理——从威权式治理到参与式治理的转型》,《学习与探索》2016年第6期。

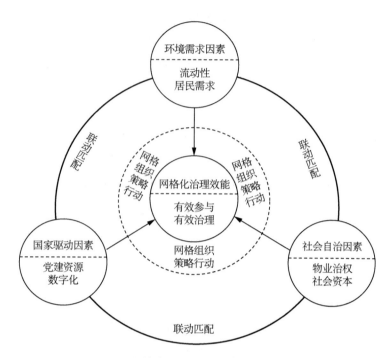

图 1　面向情境的网格化治理效能分析框架

和居民需求等环境需求因素也通过塑造组织动员过程和影响网格化治理具体内容的分布,最终影响网格化治理的效能。

值得注意的是,这三类分布于社区中的情境因素并不能直接决定最终的网格化治理效能,即能否实现有效参与和有效治理本质上是一个网格组织的策略性行动的结果。没有有效的组织动员机制以发挥国家驱动因素和社会自治因素在资源和制度供给方面的功能,回应环境需求的变化,网格化治理效能的获得几乎是不可能的。对不同力量和资源的动员策略则表征了网格组织推动治理效能实现的不同行动逻辑。

那么,不同情境因素的组合究竟如何影响网格化治理的效能?特别是不同力量之间究竟通过何种具体策略以实现有效的协调与合作?下面将借助 fsQCA 方法展开比较分析,进一步探索其因果机制。

三、研究设计与方法

本节将引入跨案例的 fsQCA 方法,进一步阐明研究思路,并对关键变量进行操作化处理与比较。

(一)研究方法

定性比较分析(Qualitative Comparative Analysis,简称 QCA),强调跨案例的"并发因果关系",即要素的不同组合能够产生相同的结果。[①] 基于研究变量的特点考虑,在分析框架中无论是条件变量还是结果变量,都不能简单地以"是"与"不是"的[1]和[0]进行区分,故本研究选择当前流行的 fsQCA 进行分析。

(二)案例选择与数据来源

为了尽量囊括更多的社区案例类型,增进研究的科学性和对政策设计的价值,本文选取浙江省 A 市 C 县 25 个社区和江苏省 B 市 D 区 20 个社区进行案例比较研究。在案例选择方面遵循"最大相似原则",两地的实践都代表了新一轮改革中网格职能全科化和地方一体化、规范化建设的态势,体现了当前全国大部分地区推行网格化治理的主流情况,同时,两地在人口规模、城镇化水平、经济水平、社会治理状况等方面也具有很大的相似性。由此,可将案例研究聚焦于社区情境的差异性分析中。

在数据采集方面,研究团队于 2021 年 11 月至 2022 年 6 月期间,通过半结构化访谈、问卷调查、文档收集和电话访谈等方式获

---

① [比]伯努瓦·里豪克斯、[美]查尔斯 C. 拉金:《QCA 设计原理与应用:超越定性与定量研究的新方法》,杜运周等译,机械工业出版社 2017 年版,第 62 页。

取数据。其中,访谈对象包括街道主管领导、社区书记、专职网格员、党建联络员、社区居民等;问卷发放受疫情影响,采用线上方式,共回收两地电子问卷 7 000 余份,通过对社区干部以及专职网格员的线上和线下回访,对问卷中的局部模糊数据或缺失数据进行校准与补足。同时,根据研究需要,在相关部门的支持下,获取两个地区关于网格化治理的工作文件,包括网格化治理建设方案、网格事项清单、社区治理考核文件等。此外,在现场调研时收集了部分社区的经验材料,同时,通过检索与梳理有关政府网站、官方报纸、微信公众号等渠道的新闻报道和推文资讯,归集了支撑研究论证的多维度经验证据。

(三) 变量测量

针对结果变量,采用李克特七点量表来测量居民满意度、居民参与网格化治理行为、居民参与公共事务意愿、多元主体参与网格化治理情况。得分越高,代表相关变量的水平越高。同时,结合政府对于社区治理的目标责任制考核结果,将年度考核结果为优秀的社区赋值为 1,否则,赋值为 0。最后采用熵值法计算出网格化治理效能的综合评价得分。

在条件变量中,涉及多个指标的变量,均采用熵值法方式将每个变量下属的二级变量进行聚合,最终拟合成一项综合评分指标,即每个变量的最终评价得分。(1)"党建资源"主要考察社区党员比例和党员参加党组织活动情况,前者以党员占社区总人口的比例计算,后者通过党员填写的相关问题数据得出;(2)"数字化"水平主要体现在居民在与网格员和社区进行联络沟通、反映需求和问题时,通过数字化途径的参与率和使用偏好;(3)"社会资本"主要考虑互惠与熟悉度两个维度,数据来源于居民问卷中对应的七点量表打分;(4)"物业治权"反映物业服务供给方式的制度性安排,结合当地的实践情况,按照自主经营的发展水平从低到高分成政府兜底、居民自治、业委会自治、社会物业进驻四种类型,分别赋值为1、2、3、4,依据每个社区的主要物业提供方式进行归类;(5)"流动性"则是依据每个社区的外来人口占常住人口的比例进行计算;(6)"居民需求"反映社区居民对于不同类型服务的认知与需求程度,结合网格事项清单和马斯洛需求层次理论,将社区需求层次由低到高分成治安与安全隐患类、矛盾纠纷类、民生服务类、政策与法律宣传类四类,分别赋值为1、2、3、4,按照居民填写该题的平均分数计算出每个社区的总体需求得分。通过测算,最后得到案例的基本特征。数值越大,则代表该项指标的水平越高。

表1展示了变量操作化的具体解释和文献依据。

表1 主要变量表

变量分类	变量名称	操作化	理论依据
结果变量	网格化治理效能	居民参与网格化治理行为	(燕继荣,2010)
		居民参与社区公共事务意愿	
		多元主体参与网格化治理情况	
		居民对网格工作满意度	(陈光普,2020)
		街道政府对于社区治理的绩效考核	(李培志,2019)
条件变量	党建资源	社区党员的比例	(刘伟、王柏秀,2021)
		党员参与组织活动	
	数字化	居民使用数字化途径反映问题的参与率	(刘金英,2021)
		居民使用数字化途径反映问题的偏好	
	社会资本	居民互惠程度	(罗婧,2020)
		居民与网格员的熟悉度	

(续表)

变量分类	变量名称	操作化	理论依据
条件变量	物业治权	小区的物业管理方式	(石发勇,2010)
	流动性	社区外来人口占常住人口的比例	(张卫,2013)
	居民需求	社区居民对于公共服务的需求程度	(陈建国,2017)

(四)变量校准与比较

在 fsQCA 中,校准(calibrating)是对研究的案例赋予集合隶属的过程。校准后的集合隶属度将介于 0—1 之间。为了将条件变量的取值校准到 0—1 的区间范围内,研究者需要结合案例中条件变量的实际取值分布,并根据案例的实际情况来选取能够体现条件变量中间程度的取值,以此作为校准的锚点(完全隶属、交叉点、完全不隶属)。

参考先前的研究,将样本数据的中位数视为交叉点,将样本数据的 95% 和 5% 分位数设为"完全隶属"和"完全不隶属"两个锚点。同时,为避免出现模糊隶属分数为 0.5 的情况(此时,案例因难以归类而得不到分析),通过对隶属分数小于 1 的变量增加 0.001 进行微调。最后,得出案例的描述性统计与校准信息,详见表2、表3。

表2 变量的描述性统计与校准表(C县)

变量		描述性统计				校准		
		最大值	最小值	均值	标准差	完全隶属	交叉点	完全不隶属
结果变量	网格化治理效能	0.91	0.17	0.44	0.20	0.78	0.37	0.20

(续表)

变量		描述性统计				校准		
		最大值	最小值	均值	标准差	完全隶属	交叉点	完全不隶属
条件变量	党建资源	0.81	0.04	0.25	0.19	0.52	0.16	0.05
	数字化	0.85	0.18	0.53	0.17	0.80	0.51	0.28
	社会资本	1.00	0.02	0.42	0.23	0.82	0.38	0.06
	物业治权	4.00	1.00	2.72	1.18	4.00	3.00	1.00
	流动性	1.14	0.01	0.28	0.31	1.05	0.17	0.05
	居民需求	2.68	1.80	2.14	0.20	2.47	2.12	1.83

表3 变量的描述性统计与校准表(D区)

变量		描述性统计				校准		
		最大值	最小值	均值	标准差	完全隶属	交叉点	完全不隶属
结果变量	网格化治理效能	0.81	0.19	0.54	0.18	0.76	0.56	0.21
条件变量	党建资源	0.85	0.12	0.52	0.20	0.77	0.56	0.13
	数字化	0.97	0.15	0.42	0.19	0.74	0.39	0.18
	社会资本	1.00	0.01	0.70	0.28	0.96	0.79	0.04
	物业治权	4.00	1.00	3.05	0.86	4.00	3.00	1.95
	流动性	0.56	0.03	0.16	0.12	0.37	0.12	0.05
	居民需求	2.51	1.97	2.26	0.16	2.47	2.29	1.98

通过结果变量的描述性统计对比,发现二者的极值、均值和标准差十分接近,由此可以推断在网格化治理效能方面,两地之间的总体差距并不大。从结果变量的各子项评分来看(表4),两地区之间的差距也比较小。这说明,愈益规范化的制度框架和管理模式能够达到总体上良好、可预期的治理效果。下一节将重点展开

案例比较分析,探究因素组合影响下网格化治理效能实现的不同路径和具体机制。

表4 结果变量子项比较

地区/项目		居民对网格工作的满意度	居民参与网格化治理行为	居民参与社区公共事务的意愿	多元主体参与网格化治理
均值	C县	6.03	6.09	6.36	5.15
	D区	6.38	6.30	6.47	5.62
最大值	C县	6.81	11.7	6.81	7.00
	D区	6.87	12.1	6.79	7.00
最小值	C县	5.21	3.77	5.41	1.00
	D区	5.18	3.39	4.97	2.00
标准差	C县	0.37	1.17	0.33	1.44
	D区	0.45	0.97	0.47	1.21

四、研究结果分析

本部分将对网格化治理效能的实现路径与条件进行提炼归纳,并通过典型案例分析对关键路径进行深描和解释。

(一)单个条件必要性分析

按照QCA的一般步骤,在条件组态分析之前,研究者需先对各个条件的"必要性"(necessity)作单独检验。此后,研究者需对无法单独作为必要条件的各个条件展开充分性条件分析。从两个地区的必要条件结果来看(表5),虽然"党建资源"成为所有变量中一致性水平最高的变量,但没有一项条件变量的一致性水平高于0.9(一般认为,只有一致性水平高于0.9的条件变量,才可以被视为导致结果发生的必要条件)。这意味着不存在导致结果发生的单项必要条件。因此,研究需更多关注导致结果的"多重因素的并发性",从组态思维来探析因果逻辑。

表5 单个条件的必要性检验

条件变量	C县		D区	
	一致性	覆盖度	一致性	覆盖度
党建资源	0.79	0.79	0.75	0.78
~党建资源	0.46	0.49	0.48	0.53
数字化	0.56	0.55	0.58	0.65
~数字化	0.66	0.70	0.67	0.69
社会资本	0.58	0.59	0.68	0.64
~社会资本	0.66	0.68	0.56	0.68
物业治权	0.65	0.67	0.61	0.65
~物业治权	0.57	0.59	0.59	0.58
流动性	0.52	0.65	0.51	0.65
~流动性	0.73	0.63	0.73	0.63
居民需求	0.64	0.65	0.51	0.59
~居民需求	0.61	0.63	0.70	0.70

注:"~"表示逻辑"非",表示对某一变量的反转,是一种反转分数,如接近于[1]的分数反转后接近于[0]。

(二)两地网格化治理的主要路径分析

根据现有研究,将组态分析的原始一致性阈值设定为0.80,将PRI的一致性阈值设定为0.70,同时,将案例频数阈值设定为1。针对fsQCA软件输出的三种解(复杂解、中间解和简约解),与主流做法保持一致,本节主要汇报中间解,分析时辅之以简约解。

根据中间解与简约解的嵌套关系,识别核心条件与边缘条件:同时出现在中间解和简约解的条件被视为解的核心条件,而仅出现在中间解的条件被视为解的边缘条件。从组态结果看,两地出现较好的网格化治理效能的 10 个组态的一致性均高于一致性阈值 0.80,总体覆盖度为 0.67 和 0.4,表明相关组态的解释力较强。依据组态(表 6、表 7),梳理出网格化治理效能实现的 5 条主要路径。

表 6 C 县网格化治理组态表

变量/组态	双向驱动路径 Ⅰ		双向驱动路径 Ⅱ		国家驱动路径 Ⅰ	
	组态 1	组态 2	组态 3	组态 4	组态 5	组态 6
党建资源	●	●	●	●	●	⊕
数字化	⊕	⊕	⊕	●	●	●
社会资本	⊕		●		⊕	⊕
物业治权	●	●		⊕	⊕	⊕
流动性		⊕	●	●	⊕	⊕
居民需求		●	●	⊕	●	⊕
一致性	0.962 4	0.992 5	0.948 1	0.955 8	0.903 3	0.913 9
覆盖度	0.360 4	0.311 2	0.257 2	0.084 4	0.211 9	0.174 4
唯一覆盖度	0.069 6	0.011 7	0.034 5	0.952 9	0.029 7	0.038 3
解的一致性	0.937 7					
解的覆盖度	0.670 8					

注:● 和 ● 表示条件变量出现,⊕ 和 ⊕ 表示条件变量不出现。空格表示条件变量无关紧要(既可以出现,也可以不出现),● 和 ⊕ 表示为核心条件,● 和 ⊕ 表示为辅助(边缘)条件。

表7 D区网格化治理组态表

变量/组态	双向驱动路径Ⅱ	双向驱动路径Ⅲ	国家驱动路径Ⅱ	
	组态7	组态8	组态9	组态10
党建资源	●	●	●	●
数字化	●	⊕	⊕	⊕
社会资本	●	●	⊕	⊕
物业治权	⊕	●	⊕	⊕
流动性	●	●		
居民需求	●	⊕	⊕	●
一致性	0.923 3	0.968 2	0.981 8	0.974 4
覆盖度	0.247 4	0.198 9	0.201 7	0.177 4
唯一覆盖度	0.099 0	0.070 0	0.066 3	0.047 6
解的一致性	0.951 2			
解的覆盖度	0.400 6			

注:同上。

1. 双向驱动路径Ⅰ

通过观察组态1与组态2,发现两个组态的交集为党建资源、物业治权和~数字化。表明较高水平的党建资源、物业治权和较低水平的数字化的组合可能代表当前网格化治理的一种特殊路径,此处称为双向驱动路径Ⅰ。其深层逻辑在于,社区的党组织力量通过下沉与融合的方式嵌入小区的物业管理中,借助正式权威赋能,对居民和社会力量加以动员协调,从而形成多元共治的网格治理格局。在社区特性上,这代表着一种大型的、封闭的新式商品房小区组成的社区,小区楼宇之间的集聚性相对比较高。政社力量共同参与,通过分享资源、建立组织机制,展开合作,实现对社区微网格的全覆盖,从而降低治理成本,提升网格的总体治理效能。

隶属于组态 1 的 SMHD 社区是这一路径的典型案例。该社区是 C 县人口最多、面积最大的社区，党员数量较多，社区治理的制度建设相对完善。从组织动员来看，这一社区建立了一种多方参与的"红色物业"模式，即代表国家力量的党政主体同居于国家与社会之间的社区居委会及网格组织①，以及代表社会自治力量的业委会、物业公司、居民共同参与网格治理。具体而言，该社区聚集社区居委会、业委会、物业公司三方力量，成立业委会自治团队功能型党支部，构建起"网格长＋区长＋楼长"的三级管理体系。实行双向进入，交叉任职，即业委会主任兼任社区主任助理，社区副书记兼任业委会成员②，同时，将物业公司党支部纳入社区大党委，实现双向嵌入。

在制度保障方面，该社区建立了业主代表制度和业主开放日制度，成为网格嵌入的"接入点"。业主代表制度是根据小区楼宇分布，选举 61 名业主代表，作为小区的最高决策议事机构，决定小区的重大事项，如物业企业的选聘竞聘、公共维修基金的使用等。业主开放日指的是将每月的第一个周六作为物业公司对业主开放的窗口时间，物业公司邀请业主和网格员实地参观小区基础设施，增进彼此的沟通了解。除了解决"共同体事务"，这种"红色物业"模式的一项重要功能在于化解社区居民之间社会资本缺失所带来的信息沟通和组织化的难题，网格员和物业公司充当起连接小区业主的关键桥梁。正是这种频繁的互动，使得各主体间的信息交

---

① 许多学者认为社区委员会和网格组织就是国家和政府的组成部分。更为折中的观点则将它们称为"准政府组织"。这里所称的国家属性，除了强调网格具有政策执行和国家治理的功能外，更重要的是强调网格组织的运营主要依托财政的支持，甚至在一些地方的实践中越来越强化了市县层面的统一管理。强调网格居于国家和社会之间的性质，则是指网格在功能上实际超越了承接政府部门交办任务的范畴，而是往往需要立足于社区情境，担负起社区治理和服务的角色。当然，其中有不少工作事务是由社区层面转移过来的。由于社区组织本身的属性也遭遇了类似的争议，更加剧了对网格属性和功能理解的复杂性和不确定性。

② 社区居委会的负责人一般都担任网格长。

流得以提速,给网格工作的有效执行和改善带来了积极影响。

在流程机制方面,其核心的做法仍然体现为"枫桥经验"的"就地了事"逻辑和"分层解决"逻辑,即尽量让与矛盾关联最密切、最邻近问题发生现场的主体首先来解决和处置。当居民面临一些常见的矛盾纠纷或其他问题时,如噪声、渗水等问题,小区居民首先会报给物业,由物业工作人员出面调解。当物业仍然无法解决时,居民则会将相关问题反映给网格员,网格员在收到信息后联系当事人到社区进行调解。如果问题在社区层面得不到解决,网格员则会将问题上报给街道或相关部门,由后者出面解决。可见,网格不仅是执行链上的一环,也是重要的政社"连接器"。

在力量和资源的配备方面,主要是通过专职化、规范化的设计,进一步明确了网格员的信息员和协调支撑角色,与网格内其他团队成员——社区干部共同处理社区治理事务。值得注意的是,原属于社区干部的一些职责(如信息采集与走访、基本的矛盾调解等)开始交由专职网格员共同承担。网格员也扮演着部门工作的协助者和"腿脚"的角色。这一专职化的设计更多体现在对政府内部的层级末端职能进行梳理,一定程度上提升了政府治理的专业化和有效性。而激活和发挥社区内外的自治性力量的作用,正是为了克服"人少事多"所造成的障碍,充分释放网格化治理的效能。

2. 双向驱动路径Ⅱ

通过观察组态3、组态4和组态7发现,三个组态的交集为党建资源、社会资本、流动性,表明较高水平的社会资本、党建资源和流动性的组合可能代表当前网格化治理的一种特殊路径,此处将其称为双向驱动路径Ⅱ。这一路径对应的社区更多的是一些发展较好的农村或村改居社区,这类社区以党建力量为核心,通过集体经济共有产权的牵引,培育社会资本,推动网格整体治理效能的提升。

该组态的典型案例为隶属于组态4中的JLQ社区。JLQ社区是村改居社区的代表性案例。值得注意的是,在本次研究中,JLQ社区的结果变量综合得分在C县的25个社区中位列第一。JLQ社区正处于村改居的过渡期。社区总体上可视作一个熟人社会,居民之间、居民与社区干部之间有较高的熟悉度。网格员会给每家每户发放便民服务卡,卡片上涵盖社区干部的联系方式。居民在反映问题时,常会直接通过电话等方式联络网格员。

集体经济是这一社区最大的资源优势。而曾经的JLQ社区却是一个基础设施差、公共配套落后的城中村。近年来,社区党支部以建设美丽乡村为契机,立足自身条件和优势,通过盘活资产、引进优质项目、投资开发楼宇等途径,推进集体经济快速发展,实现由纯农业到以服务业为主的转变。2020年村级集体经济总收入突破2 000万元,经营性收入为1 433万元,村级集体经济居全县首位,在A市的村(居)中位居前三,成为C县乃至A市有名的"富裕村"。集体经济的快速发展也使得社区党支部工作获得更充裕的资金保障,进一步支持了社区基础设施与公共服务优化。因此,居民对于社区治理的满意度维持在较高水平。

为了鼓励居民参与社区事务,该社区在集体经济的分红制度中将居民参与社区治理情况纳入考核,依据居民的日常表现,如垃圾分类、核酸检测等情况,来发放相应的奖金。同时,社区党支部推动成立乡贤理事会、和治理事会等社区自治性组织。乡贤理事会主要由原来村里"走出去"的一些企业家组成,他们负责运营村里的集体资产,进行招商引资和投资开发的事项,从而提升集体经济效益;和治理事会是由一些年长的、在村里具有名望的各行各业的村民代表组成,参与矛盾调解、文化建设等方面的工作,在移风易俗等方面起到突出作用。

这一路径对网格化治理的启示在于:股份制的集体经济使社区居民之间存在一个天然的连接纽带,使居民之间存在"利益捆绑"关系。可见的利益预期促进居民形成较深的共同体意识。加之原本就是一个熟人社会,彼此间较熟悉,故而网格员和社区干部在开展工作时,居民较为配合。这种社区资源对网格工作的赋能作用通过政社联动的组织化策略得以释放。党建资源和强大的社区组织成为重要的牵引统合因素。简言之,这一路径呈现出治理资源配置与组织动员策略的一种特定形式,表现为以党建资源为基础的国家治理和社会自治之间的一种交叠融合状态。

3. 双向驱动路径Ⅲ

组态 8 反映了一种形式更为丰富的双向驱动路径,其中的核心条件为党建资源、社会资本、物业治权、流动性和~数字化。这表明社区所具备的相应治理资源较为充足。依据其路径特点,将其定义为双向驱动路径Ⅲ。这一路径融合了前两种双向驱动路径的关键因素,代表了一种由多种类型小区组合成的混合型社区所采用的网格化治理模式。一方面,社区总体的发展成熟度较高,往往具备较为成熟的物业管理模式;另一方面,这类社区注重对社会资本的维持和培育,在社区转型中不断强化社区内多元主体的联系。

这一路径的典型案例为 YS 社区。YS 社区在 2019 年经历了一次"重组",由两个相邻的社区合并为一个新的社区,在规模上类似于 C 县案例中的 SMHD 社区。但是不同于 SMHD 社区,YS 辖区内有 5 个分散的住宅小区,其中的 3 个为老旧小区,在社区集聚程度上相对更分散,同时存在商品房小区与老旧小区并存的局面。在物业治权方面,由于其做法类似于 SMHD 社区,此处不再赘述。值得关注的是,在网格化治理过程中,为了适应社区分布的特点,形成了相对特殊的社会资本培育途径和组织化策略。

YS 社区更多利用党员先锋模范的作用来推动网格工作的开展。例如,在推动垃圾分类工作中,社区的在职党员以身作则,积极劝导社区居民形成正确的分类意识。同时,社区通过政协所搭建的"有事好商量"的协商议事平台,定期邀请业主、物业公司、政协委员、人大代表、区县职能部门等主体围绕社区治理相关专题召开会议。此外,社区还推出了常态化的"代表选民接待日",每月在固定时间、固定场所,人大代表同居民就某一专题展开协商探讨。除了网格员之外,政协委员、人大代表也长期对居民进行走访,体现了网格化治理中的"铁脚板"特色。因此,通过密切的联络和有效的沟通协商,居民的相关诉求能更多地通过线下途径得以解决。

4. 国家驱动路径 Ⅰ

结合组态 5 和组态 6 可以发现,两个组态的交集为数字化、~社会资本、~流动性和~物业治权,其中,前三个条件都是各自组态的核心条件。其表明较低的社会资本、较低的流动性和较高的数字化水平可能代表着当前社区网格化治理中的一种特殊路径,此处将其定义为国家驱动路径 Ⅰ。在这一路径下,社区的一般特点是:社区由相对分散的、社会资本相对紧缺的城市社区或村改居社区构成,往往经历了拆迁安置或是老旧社区。社区的外来人口相对较少,居民对于社区公共空间和公共事务的关切度相对不高,彼此之间的信任度与协作意愿相对较低。而有限的网格力量和资源同数字化相结合,有效地推动了网格化治理。

该路径的典型案例为隶属于组态 6 中的 ZC 社区。ZC 社区原为该街道中最大的村,在城市发展规划中,原来的居民区被广泛地征收拆迁,村民被安置在各个小区,形成了相对分散的小区分布格局。值得注意的是,在 ZC 社区中,有大量的居民生活在其他社区,但是从管理的事项权限看,这些居民依然隶属于 ZC 社区,其相应的社保、档案、户籍管理等事项依旧由 ZC 社区进行管理。分散化的、无物业的小区客观上要求社区设计一套能够平衡和满足相应管理服务需求的制度。

为了更好地推进网格工作人员与居民之间的交流沟通,ZC 社区分别建立党员群、业主群和承包组群。社区的日常工作开展以及居民的需求反馈都在群里进行。每个群里都有兼职网格员及时收集与跟进居民诉求。尤其是其中的承包组群，作为ZC社区过去生产小组的联系纽带，也作为当前ZC社区微网格的主要联系通道和组织化机制，在网格化治理中发挥了重要功效。例如，ZC社区在进行疫情防控时，都依靠兼职网格员在承包组群传达相关政策信息，及时安排调动社区居民进行核酸检测等事项。除此之外，ZC社区也是该街道推行垃圾分类数字化管理的试点小区，通过垃圾桶以及运输车辆的监控系统，网格工作人员在村级平台即可实时动态地查看小区内的垃圾分类与收集状况。同时，平台系统以户为单位建立基本信息并入库，对日常投放分类情况拍照取证并评分，每季度进行一次总评测，年终进行汇总，并且这一得分与居民的个人诚信指数挂钩，在每年的户主大会上进行通报。

从以上案例来看，虽然社区的分散化给网格工作造成障碍，但数字化作为网格化的一种辅助技术，推动实现了虚拟空间里相对集中化的管理服务，在网格工作人员与居民之间建立了一套持续、便捷、高效的沟通网络，进一步拉近了政府与居民的距离。同时，依托数字监控技术，社区能够更加有效地规范居民的若干公共行为，通过记录追踪，运用相应的奖惩措施，提高了居民的公共意识和参与公共事务的积极性。

这一路径的背后，不但体现了网格化治理的一些常规特点，而且体现了一种在数字赋能下治理资源的特殊配置和统合方式。在传统治理模式下，属地管理的原则和理念浸渗到基层政府的行动逻辑中，县乡关系、部门关系勾勒出组织动员得以可能的基本框架与界限，网格的功能往往定位于对既定科层体系目标的执行。但是实践中一些跨边界问题的出现对这种模式提出了一系列挑战，也让学术研究不得不开始关注更为微观的社区层面的跨界治理问题。ZC社区的案例表明,在社区转型过程中,出现了一种行政区划空间与居民生活空间相对分离的局面,即生活在甲社区的居民实际的管理主体是乙社区,致使不同治理主体的行动边界产生交叉叠合。不同于较为成熟的封闭性、集聚性商品房小区,这种拆迁安置小区中的居民及相应主体由于所处物理空间的分散和社会关系网络的重组,在短时间内难以形成充分的自治合力,彼此间的联系和沟通更多依靠虚拟的网络群组以及网格员的走访交流。此时,网格成为嵌套在既有正式科层系统中的另一套管理系统,成为社区间跨界治理的基础。

5. 国家驱动路径Ⅱ

通过观察组态9和组态10可以发现,两个路径的条件变量除了居民需求变量相反之外,其他的条件变量均一致,即两个组态的交集为党建资源、~数字化、~社会资本、~物业治权和流动性,其中的核心条件为~数字化、~社会资本、~物业治权。这一组态的逻辑是,当社区内的数字化、社会资本和物业治权水平不高时,网格化治理更多依靠党建资源来推动。我们将其定义为国家驱动路径Ⅱ。这一组态中的案例主要为农村、村改居社区。这类社区往往由于拆迁安置,原有的社会关系纽带断裂,缺少集体经济的激励或者集体经济的发展处于较低的水平,居民之间缺少有效的连接机制。同时,由于在城市化进程中,相应的房屋产权和物业治权还未充分厘清,没有形成现代化的物业管理模式,居民的自治力量还在孕育之中。因此,在这一路径中,相应的治理资源匮乏所造成的障碍更加突出。为了更好地推进网格化治理,党建资源成为其中的关键因素,社区内的党员更多地承担兼职网格员的角色,通过自身行动来推进网格工作的开展。

隶属于组态9中的XS社区和组态10中的TD社区是这一组态的典型案例。XS社区在环境整治工作中,社区党支部首先把所有的党员召集起来开会,让他们感受到党员的责任感和荣誉感,再让他们去宣传政策。社区的党员,要带头拆除自家的乱搭乱建、露天粪坑,带头清理乱堆乱放、扒翻种植,带头签订整治责任书,实施"1+N"联系户包保制度,不仅要保证自己的小家完全整治到位,而且要保证和他有直系血缘关系的家庭都整治干净。30多个党员,通过血缘的纽带,带动周边群众共同实现小区环境的升级改造。

同时,为了促进网格员与居民以及居民之间的互动沟通,TD社区致力于公共空间的营造,在各个小区内建立了"长亭"作为党员网格议事点,网格党员在"长亭"下同居民进行不定期沟通,在增进彼此共识的同时,也化解了许多矛盾。此外,TD社区还开展了田园乡村的建设,将旧有的打谷场改建为民俗文化广场,定期举办文化活动,以凝聚居民共识。

五、情境导向的网格化治理:理论分析与探讨

基于上述分析,可以梳理总结网格化治理的主要路径,并通过与当前主流成果的对话,重新思考网格的角色和运作机制问题,进一步探讨有效参与和有效治理的实现逻辑。

(一)面向社区情境的多重治理路径

从上一节的组态分析可以发现,因资源禀赋和情境需求的差异及变化,网格化治理的具体过程呈现出更加多样化的路径特征。这塑造了国家连接与动员社会的组织机制,决定了居民和社会组织实际参与网格化治理的方式和水平。我们可以总结出两种主要路径:依靠直接动员策略的国家驱动路径和更多依赖组织嵌入与合作的双向驱动路径(表8)。

表 8 网格化治理效能实现的多重路径

	路径	核心条件	社区情境
国家驱动路径	国家驱动路径Ⅰ（数字赋能）	数字化+~社会资本+~流动性	分散型的、社会资本相对紧缺的城市或村改居社区，往往历经拆迁安置或是老旧社区
	国家驱动路径Ⅱ（传统组织动员）	~数字化+~社会资本+~物业治权	社会资本相对紧缺、物业治理发育水平较低的农村或村改居社区，往往历经拆迁安置
双向驱动路径	双向驱动路径Ⅰ（"红色物业"）	党建资源+物业治权+~数字化	党建资源较丰富的大型、封闭的新式商品房社区
	双向驱动路径Ⅱ（社会资本培育）	党建资源+社会资本+流动性	集体经济发展较好、社区治理基础良好的农村或村改居社区，或是社会资本较强、物业治理发育水平较低的城市老旧社区
	双向驱动路径Ⅲ（混合型）	党建资源+社会资本+物业治权+流动性+~数字化	由治理资源相对丰富、多种类型的小区组合成的混合型社区

所谓国家驱动，指的是网格组织直接利用源于正式体制的资源要素来推动和开展网格化治理工作。这种国家驱动路径包括两种子路径，即更多依赖社区党员力量储备及党建活动等组织化手段的传统组织动员路径和有效利用数字技术来增进社会参与的数字赋能路径。前者在那些人口流动性高、社会资本紧缺的"陌生人社区"尤为重要。后者所面临的治理情境的主要矛盾在于，相对分散的社区要素布局和自治资源的匮乏给组织化带来显而易见的障碍，数字化作为增进"失去连接"的不同主体之间的沟通的手段发

挥了关键作用。

所谓双向驱动,指的是网格组织推动和开展网格化治理工作不仅立足于正式体制的资源要素,也需要借助或依托社区自治资源及已有的治理架构。这种路径的形成代表了那些资源较为丰富的城乡社区的网格化治理状况。而且,依据不同社区(如城市社区和农村社区的差异、小区产权和空间属性的差异)的自治资源的储备差异,其具体路径和条件有所不同,相似之处在于它们往往都具有有力的线下互动的组织化载体和基础,网格队伍及政府的工作需要借助或依托这套组织网络而展开。这产生了三种典型的子路径:一是在许多城市封闭型的商品房社区所形成的"红色物业"路径;二是在集体经济发展较好、社区治理基础良好的农村或村改居社区,或是社会资本较强、物业治理发育水平较低的城市老旧社区所形成的社会资本培育路径;三是兼具前两种路径之长的混合型路径,这类社区可能由具有一定自治基础的不同类型的城市社区重组而来。

从总体上看,网格化治理效能实现的多重路径表征了网格组织在适应和回应情境需求、力图实现治理目标和完成工作任务过程中的不同行动策略与机制。国家驱动更突显了国家力量和要素在直接推动网格化治理中的作用,对于社区治理资源相对有限的情境具有重要而特殊的意义;而双向驱动路径形成的关键不但在于社区情境中可供利用的资源禀赋,而且在于网格力量能否有效嵌入社区既有的治理框架以形成"借力"。这里就涉及本文开头就提及的两个基本问题:一是有效参与的可能性应以何种国家与社会的关系建构为前提?二是这种基于有效参与的有效治理的实现需要网格组织实现何种角色定位和转型?

(二)在双向驱动中实现有效参与

随着治理重心下沉,政府的更多注意力聚焦到基层治理情境中,国家和社会的互动变得更频繁和密切,网格则成为这种互动的微窗口、微界面。不可否认,江浙两地案例所呈现的两种主要的网格化治理路径本质上依旧是国家治理的组成部分。正如有学者以政府的"影子"①来形容网格在政府开展各项治理中所扮演的辅助、执行型角色,它是政府管理服务的一种手段。那么,真如许多研究成果所认为的那样,网格化治理挤压了基层的自治空间吗?

本研究表明,网格化并未明显造成社区自治空间的压缩,相反,在某种程度上还对增强社会参与治理起到了有效的引导和促进作用。有效参与的实现强调对参与主体、参与意愿和参与行为的综合考量。从当前中国社会力量自治的成熟度来看,无论是其参与意识和参与能力都有待提升,激活和组织这些力量是基层自治的前提。案例研究发现,自推行网格化治理以来,居民参与公共事务的意识和意愿都得到了显著提升。在网格之内,国家正式力量主动地与社会多元主体展开持续的互动,从而增进彼此的信任度和熟悉度。更为重要的是,通过网格组织的策略行动,建构了一种统合治理资源、推动社会参与的组织化机制。而且实证分析表明,并不存在一种独立于国家驱动过程的网格化治理效能的实现路径,一些学者片面地将西方理论中的社会自治概念置于网格化治理的范畴内加以讨论,这可能制造了一系列伪命题。

无法忽视的是,党建资源几乎在任何一种路径中都起到了关键连接作用,常常是实现网格化治理有效参与不可或缺的变量。一方面,在那些资源相对紧缺或处在转型中的社区,网格化治理特别需要借助党建资源来实现治理过程的组织化,此时,社会参与的范围可能还局限于社区党员群体及其熟人圈,但其功能往往又是极其重要的,起到了牵动引领的作用;另一方面,随着社区的发展

---

① 汪锦军:《构建"基层社会治理新格局"的制度逻辑——对基层社会治理多元创新实践的一个解释框架》,《治理研究》2022年第2期。

和治理民主化进程的推进,党建资源将成为联动国家与社会的核心资源,借助基层组织建设的规范化渠道与社区既有自治架构的连通互嵌,能够高效有力地将社区自治力量组织起来,加入网格化治理和社区工作中,盘活存量资源,实现国家与社会的双向赋能。

这种党建资源的频频"在场"呈现了中国基层治理情境中调适国家与社会关系的最为主要的原则和手段。一种流行的观点认为,由于西方与中国的体制存在不同的"政党位差",西方的党在社会之中,而中国的党在国家之中,即国家公权力由政府和政党共同构成,在中国治理情境中形成了"政党-政府-社会"的关系模式。① 然而,这种观点其实只是考虑了国家政治和行政体制运行的一般格局。由于基层独特的权力、资源配置格局和治理场景的复杂性,常常需要分化为"政府-政党-社会""政党-社会"等更多具体的组织连接策略。此时,网格化的行动就是提供了一种保障这些策略得以可能的基本框架。

进一步说,双向驱动路径中网格力量对社会的各种嵌入合作策略反映的恰是情境之中国家治理要素、目标的一种实际兑现和转化过程。当前流行的强调治理机制嵌合的理论,无论是以罗茨(R. A. W. Rhodes)为代表的网络治理理论,还是以托费因(Jacob Torfing)为代表的互动治理理论,都强调权力和国家在网络治理中的作用以及多元治理结构的发展趋势。② 换言之,这种治理愿景需要国家、市场和社会行动者之间更为密切的、制度化的互动,

---

① 景跃进:《将政党带进来——国家与社会关系范畴的反思与重构》,《探索与争鸣》2019年第8期。
② 郑鑫、毛寿龙:《如何实现网络化治理?——评 Network Governance and the Differentiated Policy: Selected Essays, Volume I 与 Interactive Governance: Advancing the Paradigm》,《公共行政评论》2019年第12期。

对各类公共事务形成更多的目标共识与行为规范。① 国内有学者认为,网络治理在中国的形态应体现为一种统合治理,即在一个社会发育滞后、联结机制断裂和社会行动能力不足的松散型制度环境中,基层党组织作为核心的主导力量嵌入、融合到基层治理的行动场域中,通过项目制、组织联结和党员下沉等方式重塑基层社会的治理机制。② 对照这一观点,网格化治理或一定程度上呈现为统合治理的逻辑,同时又超越了这种逻辑。因为案例研究表明,网格化的行动已经在一些社区自治基础相对优厚的情境中摆脱了既定科层架构的束缚,促成了国家和社会之间的双向赋能:党建引领推动了社会资本的培育,也依托于社会资本实现国家权力对社会新生空间的覆盖,满足新生的治理需求。

换言之,这种以网格为中介的国家与社会的双向驱动路径仍然以国家政治和行政建设为目标,而它也代表了一种新的模式和机制,即"以社会的内生性力量来推动社会自我调节和运转"③同样是这种国家治理过程的条件。当然,其中,党不只是作为"国家和社会的中介",而是体现了更为多元、宏大与深沉的使命责任。④以上这些都使得网格带上了更为丰富的治理价值和意蕴。由此,我们过去对网格角色的认识可能不相适宜。

(三)有效治理与网格角色的再认识

既有的研究常常只是从治理实绩的角度来衡量网格化治理的效能(甚至只是作抽象的评价),并未将有效参与作为一种规范性

---

① 顾昕:《走向互动式治理:国家治理体系创新中"国家-市场-社会关系"的变革》,《学术月刊》2019 年第 1 期。
② 何艳玲、王铮:《统合治理:党建引领社会治理及其对网络治理的再定义》,《管理世界》2022 第 5 期。
③ 同上。
④ 唐亚林:《使命型政党:从概念到理论范式的生成过程》,《开放时代》2023 年第 1 期。

的原则和目标纳入考量和分析,而且没有充分解释各种情境因素最终影响治理效能实现的内在机制和组织条件。本文立足于中央关于构建社会治理共同体和完善社会治理制度的要求,对网格化治理效能的理解采取了一种更为综合和高阶的定义。这也使得对网格角色和职能定位的认识必须置于这种前提之下加以展开,推动相应的概念和理论创新。

从当前网格承担的具体职能来看,确实呈现出一种多样化的趋势。比如,不少地方关于网格员的报道,将网格员描绘成信息采集员、矛盾调解员、政策宣传员、民生代办员等"多员合一"的多面手。整个网格组织则更像是一个"大杂烩",囊括了基层治理各方面的内容。因而,不少学者倾向于用"职能泛化"来形容这种趋势。然而,正如前面讨论的观点,网格化的意义不只在于直接开展或助推政策执行,而更重要的是在国家与社会之间构筑沟通连接机制。这一点成为实现网格化治理效能的主要途径和组织基础。对江浙两地的实际调研情况表明,要准确地把握网格的角色和功能,就必须清醒认识到地方实践中网格角色正在经历的调整、优化和变异。

首先,应从正式制度安排的规范化和实际治理边界的迁移过程来把握网格角色。网格的职能实际上超越了网格清单文本上的字面规定。譬如在前文讨论的许多案例中,网格组织的运转实际上至少需要依靠专职网格员和兼职网格员两类人员。对于专职网格员而言,其核心工作依然在于对辖区内"部件""事件"的摸排,以及一定范围内的社区治理和服务的工作。因权限和能力的设定,专职网格员的功能实际上难以超出这个范围。兼职网格员则既可能由社区干部来担任(他们原本就有对于居民诉求作出回应与处理的责任),也可能包括那些积极参与的居民和社会力量。这就给网格化治理的边界拓展及激发更多的社会力量参与进来提供了一种可能。而且,随着浙江省、江苏省等地所推动实施的"地方统建型网格"①的发展,专职网格员和网格队伍的工作职责更加清晰。比如在浙江省,专职网格员所承担的信息采集、安全排查等事项更加明晰。② 这种专职化的思维就是将原来落在政府部门或社区干部身上的一些技术性要求不高但符合日常工作开展需要的事项重新整合在一起,从而尽可能地让他们的注意力集中到那些更复杂、需更高权限和能力要求的管理与服务事项上。随着新冠肺炎疫情的暴发,政府的注意力进一步集中到突发事件的整体响应上,也促使网格的基层组织动员和精密智控功能更加凸显。

同时,网格的角色和职能如何定位,本质上还关乎对权力和资源投入的预期产出问题。围绕网格职能的一个争议在于,网格化治理是否造成了政府不必要的资源浪费。不少人认为网格投入了大量的人力和财力,但却收效甚微。这类观点通常是基于一种投入-产出的视角来看待网格化治理的效能,对于网格的争议多在于质疑其动用的相关资源与获取的收益能否成正比。然而,对于网格投入的资源,我们可以通过观察相应的人力、财力和组织注意力资源作出较为清晰的判断,但是,对于网格化治理带来的收益,我们却很难计算。不同于企业管理以利润可直接观察到一种项目带来的直接收益,公共治理领域的许多活动往往涉及多元价值的追求,而这些价值中的很大一部分难以用量化的标准来衡量。对于网格化治理而言,网格员通过日常走访及时发现各种安全隐患,将风险扼杀在萌芽状态,将矛盾化解在基层,仍是其核心价值与首要职能。尤其是风险社会的到来,人们彼此间的联系和利害关系日益密切,对于一些尚未发生或者不易观察的行为,人们必须让这类

---

① 由市县层面统一出台政策,投入财政资金,组织开展网格化治理工作,加强对网格员的管理等。如浙江省推出的"全科网格",江苏省推出的"全要素网格"等。
② 胡重明:《迈向第Ⅲ代网格化治理——基于浙江省舟山市普陀区案例的研究》,《中共杭州市委党校学报》2021年第1期。

行为变得可见并持续地被观察到。① 网格化治理提升了政府对各种社会问题的感知度。更进一步,"没有问题"或许是一种理想的治理状态。网格化治理不只是为了发现问题而存在,也是为了尽可能地在源头化解问题甚至从根本上解决问题而存在。这就使得推动情境导向的政策设计和制度的规范化工作变得非常重要。正如实证研究所表明,这既是因为问题的源头可能关涉情境中复杂的主客观因素,也是因为许多问题要从根本上被解决,恐怕也不是单凭网格力量所能决定的。

因此,理论逻辑的推演以及实践层面的种种现象和态势都可能预示着,随着基层治理现代化的深入发展,网格将更多发挥枢纽型、平台型的功能与角色,即网格将作为一种中介和载体,推动国家与社会的有机衔接和沟通,共同促成基层公共治理事务和社区共同体事务的有效处理。而情境因素无疑将成为这种网格角色和基层治理模式转型过程中的重要变量。

六、结论与建议

情境因素对网格化治理的重要性愈发突出。本研究依据社区情境提出党建资源、数字化、社会资本、物业治权、流动性和居民需求等影响网格化治理效能的六个关键变量。通过实证分析,归纳出国家驱动和双向驱动两种主要的实现路径,以及在不同的资源禀赋和条件下的五种典型的子路径。本文认为,随着基层实践的发展与深化,越来越多的网格化治理可能从国家驱动型走向双向驱动型。在此过程中,网格角色或将历经从"执行型"向"枢纽型"

---

① [德]尼克拉斯·卢曼:《风险社会学》,孙一洲译,广西人民出版社2020年版,第213页。

的转变,一直以来所面临的网格"挤压社会""职能泛化"等成见也将得到不同程度的消解。这种路径变迁的过程正是中国基层治理体系不断发展、基层治理效能不断提升的一个重要过程。学术研究必须通过概念和理论的创新来适时地回应这种变化。从政策设计和优化来看,情境导向的网格化治理意味着必须着重考虑区域空间属性、社区发展程度和主体参与机制等各种相关因素,因地制宜地采取针对性的政策。

第一,考虑区域空间差异。当前,网格化治理改革中愈发强调依据人口、地理等综合性要素对网格进行重新划分。重新切分和定义的网格实质上反映了对社区和基层治理资源的不同统合方案,是对社会力量和主体的再组织化过程。同时,情境需求和资源禀赋的不同可能导致网格化治理在各类型社区运行中的权力结构和具体机制的差异性,并且影响不同的技术工具和手段的选择。因此,在城市社区,应当着力谋划和构建党建引领的机制,提升网格在社区事务中的统合能力和专业化水平。在农村和村改居社区,应以强化网格党建工作和基层政权建设来积极推动社会资本转化为治理价值。在特殊区域的网格化治理中,应更突出网格角色的特定功能性,构建更为灵活的机制。[①]

第二,注重社区发展成熟度。不同社区因其发展成熟度(如经济条件、社会制度等)不同而呈现出不同的网格化治理面貌。社区发展的成熟度本质上是一种社区内的社会秩序、关系或制度形成和发展的程度。这一概念意味着社区的自治资源可以被培育,同时又需要考虑时间变量和政策实施的步骤。首先,应通过网格化治理,积极推动社区社会资本的培育和良性秩序的建构;其次,在社会资本积累的过程中,通过网格化治理,同步或逐步推动社区自

[①] 在各地的实践中,还存在"海上网格""边境网格"等特殊地区的网格化治理形态与模式。这些在本文中未作考察,是值得研究的内容。

组织的发展;最后,随着社区自治资源变得丰富,应积极推动网格化治理从单一依靠国家驱动的路径向双向驱动型路径转变。

第三,优化主体参与机制。进一步发挥网格化治理的服务功能,无疑要充分调动和利用各种力量,以必要的制度和组织化设计来提升多元主体参与社区公共事务的意愿和能力。首先,要在一定范围内明晰、规范网格员和网格组织的分工与职能设定,探索建立分类化的管理制度,完善相应的激励保障机制。其次,应探索推进枢纽型网格的制度构建,为社会力量参与网格化治理提供必要的平台和途径,保证社会力量参与网格化治理的持续性和规范性。另外,应进一步探索政府与社会、市场力量的合作机制,满足服务对象的多样化需求。一方面,应合理规划服务半径,高效分配资源,推动更多贴近居民需求的便民服务或福利进入社区,提升服务的均衡性和可及性,解决"最后一公里"的问题;另一方面,对于具备特定专业能力的社会组织,可由基层政府通过购买服务的方式,将相应的公共服务投送到社区网格之中,打造更为规范、敏捷、可持续的服务供给模式。

最后,需要注意的是,尽管本研究着眼于社区情境来探究网格化治理效能实现的路径组合和相关理论命题,并提出了一些政策层面的建议,但鉴于相关研究的局限性以及案例选择的有限性,本研究可能只是提供了探讨情境导向的网格化治理的初步框架和设想,所提出的研究结论还有待后续研究的进一步检验。同时,由于情境的复杂性和多样性,或许还存在被我们忽略的关键变量与路径组合,这些问题都有待后续研究进一步讨论。

[本文系国家社会科学基金青年项目"基于行政权规制的网格化社会治理体系规范化研究"(项目编号:17CZZ031)和杭州市哲学社会科学重点研究基地项目"数字赋能基层组织体系变革与组织力提升路径研究——以基层治理'141'体系迭代为例"(项目编号:2023JD04)的阶段性研究成果]

研究论文

居民集体行动困境何以破解：
基层党建与合作生产

王欢明* 隋 鑫**

[内容摘要] 在提供高质量公共服务以满足人民美好生活需要的必然要求下，各供给主体如何在党建引领下积极应对集体行动困境成为基层治理的核心问题之一。本文基于14个老旧小区电梯安装案例的一手和二手资料，归纳提炼出基层党组织的正式领导力和非正式领导力、合作生产行为以及集体行动困境结果共4个维度，并构建了由基层党组织领导公共服务合作生产，破解居民集体行动困境的框架。研究发现，基层党组织自上而下地发挥正式领导力完成秩序建构，嵌入式地发挥非正式领导力提升居民的参与积极性。基层党组织的正式领导力主要通过规范作用、协调管理和资源整合为居民参与提供方向与支撑，非正式领导力通过社会资本、草根驱动和知识资本号召居民参与。在基层党组织的领导下，居民产生合作生产行为，破解集体行动困境。

[关键词] 基层党建；公共服务合作生产；集体行动困境；正式领导力；非正式领导力

---

* 王欢明，大连理工大学人文与社会科学学部教授。
** 隋鑫，大连理工大学人文与社会科学学部硕士研究生。

一、问题的提出

为提升居民的生活品质,我国城市加速推进电梯加装、智能车棚改造、智能充电桩等社区公共服务供给。但这类工作开展得并不十分顺利,主要原因是这类服务属于俱乐部产品,需要居民付费才能使用,具有典型的排他性[1],导致居民在实践中面临很难协商一致的集体行动困境。[2] 依据集体行动理论,即使成员采取行动实现共同目标后都能获益,他们仍然会因为"搭便车"的心理、价值偏好等原因拒绝集体行动。事实也是如此,居民在参与社区服务供给中,会更加注重个人利益与偏好,忽视集体利益,致使协商一致成为居民集体行动的最大难题。

基层治理中公共服务供给所面临的集体行动困境,需要通过合作生产的方式来加以解决。合作生产是公共服务供给者与使用者共同参与服务的设计、管理、交付和评估的过程。[3] 合作生产使个人按照集体的共同利益行事,以提高服务供给效率,提升公众的参与积极性。[4] 而在合作中,领导力是为了完成任务或达成目标而对他人施加的影响。[5] 它能够"撬动"各行动主体对合作的期待

---

[1] James M. Buchanan, "An Economic Theory of Clubs", *Economical*, 1965, 32 (125), pp. 1-14.

[2] 李东泉、王瑛:《单位"隐形在场"对社区集体行动的影响研究——以广州市老旧小区加装电梯为例》,《公共管理学报》2021年第4期。

[3] Stephen P. Osborne, Zoe Radnor and Kirsty Strokosch, "Co-Production and the Co-Creation of Value in Public Services: A Suitable Case for Treatment?", *Public Management Review*, 2016, 18 (5), pp. 639-653.

[4] William H. Voorberg, Victor J. J. M. Bekkers and Lars G. Tummers, "A Systematic Review of Co-Creation and Co-Production: Embarking on the Social Innovation Journey", *Public Management Review*, 2015, 17 (9), pp. 1333-1357.

[5] Anne Alexander, "Leadership and Collective Action in the Egyptian Trade Unions", *Work, Employment and Society*, 2010, 24 (2), pp. 241-259.

与需求,常常是合作生产中最有效的方法,因为高效的领导可以减少达成共识的时间、协调组内成员的贡献等,从而达到改善合作的目的,以破解集体行动困境。①

然而,与国外基层治理略有不同的是,中国共产党是国家与社会的领导核心力量,在基层治理中发挥着决定性的作用。② 从领导力来源来看,党组织领导力可分为由正式职位赋予的正式领导力(如组织任命)以及在正式职位之外获得的非正式领导力③,如群众组织力、社会号召力。④ 在社区公共服务供给中,供给活动既可以由正式领导力驱动,也可以由非正式领导力驱动。但无论哪种领导力,党组织的领导大多能够打破基层公共服务供给的合作壁垒,解决基层服务供给中统筹规划、资源整合以及动员居民参与等问题⑤,形成"横向到边、纵向到底"的基层党组织领导网络,提升基层治理能力。⑥

在合作生产的背景下,基层党组织如何发挥自身的正式与非正式领导力,二者之间的关系如何,又是如何"撬动"各行动主体行为以破解居民集体行动困境是本文的研究问题。为此,本研究采用多案例研究,对14个老旧小区加梯案例进行深入剖析,厘清基层党组织领导力的作用机制,构建出基层党组织正式与非正式领导力促进居民集体行动的过程模型,以期满足公众日益多元化

---

① Selhan Garip Sahin, Catherine Eckel and Mana Komai, "An Experimental Study of Leadership Institutions in Collective Action Games", *Journal of Economic Science Association*, 2015, 1(1), pp.100-113.
② 韩冬雪、胡晓迪:《社区治理中的小区党组织:运作机理与治理效能——基于党、国家与社会关系的研究》,《行政论坛》2020年第3期。
③ Tiina Leino, "Informal Leadership: An Integrative View and Future Research", *Responsible Communication*, 2022, 14, pp.118-136.
④ 胡月星、李茜:《中国共产党领导力的"四梁八柱"体系及其可视化呈现》,《领导科学》2019年第20期。
⑤ 王杨:《单位社区再组织化的网络建构逻辑——对北京市海淀区学院路街道的案例研究》,《北京行政学院学报》2021年第2期。
⑥ 杨妍、王江伟:《基层党建引领城市社区治理:现实困境、实践创新与可行路径》,《理论视野》2019年第4期。

的需求,提升社会基层治理的效能。

二、文献综述与分析框架

(一)文献综述

1. 领导力促进集体行动

在集体行动中,领导力在协调组织成员、解决争端等方面具有明显优势①,是克服集体行动困境的重要手段。领导力是经过复杂的角色扮演过程而产生的,例如,满足组织成员的需求、展现组织成员所期望的特质等。② 领导力的发挥依赖领导者与追随者之间因互利互惠而构成的稳定关系。③ 组织成员愿意将领导力授予那些自己认为值得担任职务的领导者,尤其是能够使追随者受益的领导者。④ 在组织成员具有相同动机时,领导者可通过承诺或建议等手段使成员了解合作收益,增加集体行动的可能性。⑤

在集体行动特别困难的领域,领导者更依赖机构赋予的正式领导力,行使合法权力来影响下属的行为。⑥ 首先,正式领导力的

---

① Ashley Harrell and Brent Simpson, "The Dynamics of Prosocial Leadership: Power and Influence in Collective Action Groups", *Social Forces*, 2016, 94(3), pp.1283-1308.

② Ryan D. Mann, "A Review of the Relationships Between Personality and Performance in Small Groups", *Psychological Bulletin*, 1959, 56(4), pp.241-270.

③ Mark Van Vugt, Robert Hogan and Robert B. Kaiser, "Leadership, Followership, and Evolution: Some Lessons from the Past", *American Psychologist*, 2018, 63, pp.182-196.

④ Ashley Harrell, "Competition for Leadership Promotes Contributions to Collective Action", *Social Forces*, 2018, 97(1), pp.405-426.

⑤ Selhan Garip Sahin, Catherine Eckel and Mana Komai, "An Experimental Study of Leadership Institutions in Collective Action Games", *Journal of Economic Science Association*, 2015, 1(1), pp.100-113.

⑥ DorienVan De Mieroop, Jonathan Clifton and Avril Verhelst, "Investigating the Interplay Between Formal and Informal Leaders in a Shared Leadership Configuration: A Multimodal Conversation Analytical Study", *Human Relations*, 2019, 73(4) SI, pp.490-515.

发挥主要依靠强制和权威,具有严格的自上而下的领导风格。当正式领导者所制定的规则具有合法性时,会强制组织成员对集体作出贡献,成员也会因遵从命令而放弃原有的判断和行动,从而产生合法的领导力权威。① 在领导力权威下,领导与成员间具有清晰的边界,信息能够单向快速传递,有利于提升群体执行能力。② 其次,公共部门垄断式的公共服务供给难以满足公众日益多元化的需求,非垄断式的正式领导更加有效③,如整合型领导力(Integrative public leadership)。在当前的社会治理背景下,强制型的组织领导几乎不再存在,因为即使领导者强制执行,组织成员仍然可以选择不为集体福利作出贡献。而整合型领导力是将各种团体或组织聚集,通过设置组长监管组织成员的贡献,从而解决复杂公共问题的领导力。④

除依靠正式领导力,公共服务供给者还可通过非正式领导力影响集体行动结果。⑤ 首先,非正式领导具有稳定的社交网络,能够降低集体行动的协商成本。非正式领导通过反复、特定的互动所形

---

① DorienVan De Mieroop, Jonathan Clifton and Avril Verhelst, "Investigating the Interplay Between Formal and Informal Leaders in a Shared Leadership Configuration: A Multimodal Conversation Analytical Study", *Human Relations*, 2019, 73 (4), pp. 490-515.

② Geoffrey Wood, "Union Organising: Campaigning for Trade Union Recognition", *Employee Relations: The International Journal*, 2003, 25(5), pp. 519-521.

③ Sonia Bussu and Maria Tullia Galanti, "Facilitating Coproduction: The Role of Leadership in Coproduction Initiatives in the UK", *Policy and Society*, 2018, 37(3), pp. 347-367.

④ Marc H. Anderson and Peter Y. T. Sun, "Reviewing Leadership Styles: Overlaps and the Need for a New 'Full-Range' Theory", *International Journal of Management Reviews*, 2017, 19, pp. 76-96.

⑤ Dorothy R. Carter, Kristin L. Cullen-Lester and Justin M. Jones, et al., "Functional Leadership in Interteam Contexts: Understanding 'What' in the Context of Why? Where? When? And Who?", *Leadership Quarterly*, 2020, 31(1), doi: 10.1016/j.leaqua.2019.101378.

成的社交网络使其具有合法性。① 合法的非正式领导被认为是激励组织成员遵守法规的关键因素,其在一定程度上能够避免滥用权力、恶意竞争。② 处于强大关系网络的非正式领导者依靠其合法性减少人际障碍,改善集体行动中的合作问题。③ 其次,非正式领导更有可能产生民主的结果,更易促成合作。追随者认为非正式领导比正式领导更为合法④,而领导者越合法,其对追随者的影响力越大。⑤ 追随者偏爱民主选举产生的非正式领导⑥,因为非正式领导在选择和决策中,经常鼓励组织成员在集体行动中致力于民主实践。⑦ 非正式领导是一个对话的过程,领导与成员之间的定期对话实现了信息双向传递⑧,增强了成员合作的可能性,提高了集体行动协调的效率。

2. 党建引领集体行动

立足于中国发展的实践基础和文献研究,能够发现唯有执政党才能构建社会秩序、凝聚群体意识、扩展社会利益。⑨ 在基层公

---

① Luke Glowacki and Chris von Rueden, "Leadership Solves Collective Action Problems in Small-Scale Societies", *Philosophical Transactions Royal Society B*, 370(1683), 20150010, doi:10.1098/rstb.2015.0010.
② Cameron Anderson and Courtney E. Brown, "The Functions and Dysfunctions of Hierarchy", *Research in Organizational Behavior: An Annual Series of Analytical Essays and Critical Reviews*, 2010, 30, pp.55-89.
③ 张静:《互不信任的群体何能产生合作 对 XW 案例的事件史分析》,《社会》2020 年第 5 期。
④ Morris Zelditch Jr and Henry A. Walker, "Legitimacy and the Stability of Authority", *Advances in Group Processes*, 1984, 1, pp.1-25.
⑤ Jeffrey W. Lucas, "Status Processes and the Institutionalization of Women as Leaders", *American Sociological Review*, 2003, 68, pp.464-480.
⑥ Mark Van Vugt, Robert Hogan and Robert B. Kaiser, "Leadership, Followership, and Evolution: Some Lessons from the Past", *American Psychologist*, 2008, 63, pp.182-196.
⑦ Anne Alexander, "Leadership and Collective Action in the Egyptian Trade Unions", *Work, Employment and Society*, 2010, 24(2), pp.241-259.
⑧ Geoffrey Wood, "Union Organizing: Campaigning for Trade Union Recognition", *Employee Relations: The International Journal*, 2003, 25(7), pp.519-521.
⑨ 蔡礼强:《中国共产党领导力研究的理论视角和分析框架》,《管理世界》2021 年第 8 期。

共服务供给方面,更加需要基层党组织的领导与延伸,有效凝聚居民集体,推进服务供给。① 从现有文献来看,专门研究党建引领集体行动的文献较少,多是掺杂在党建引领基层治理之中。但是有学者对集体行动与基层治理之间的关系进行分析,认为基层的社区是由人们群居而形成的,属于人类集体的特殊形式,而且基层治理目标的达成与居民有效开展集体行动之间是密不可分的②,为此,本文认为党建引领基层治理与党建引领集体行动的核心逻辑和基础框架是一致的。

基层党建领导公共服务集体行动的研究大致可以分为两方面。一方面是党建引领集体行动的本质内涵。基层治理的党建引领并非剥夺社区治理的自主性,而是通过基层党组织与社区的互动融合③,发挥基层党组织具有的领导力,使党组织充分融入基层治理及社区集体之中。④ 社区是由"政治、服务和社会"构成的"复合体",供给公共服务与巩固政权是社区的主要导向,在政治逻辑作为统领的情况下,社区居民常常在利益受损时才会主张权利。⑤然而,党建引领基层治理的核心是精准化对接治理中的实际问题⑥,从群众中感知需求,在治理中及时满足需求,避免居民集体利益受损,如此,能够实现社区集体行动的最大化收益。

另一方面是党建领导集体行动的路径研究。目前,学术界已

---

① 王欢明、刘梦凡:《基层党建何以引领公共服务合作生产以促进城市社区更新?——以老旧小区电梯加装为例》,《广西师范大学学报》(哲学社会科学版)2022年第3期。
② 刘厚金:《基层党建引领社区治理的作用机制——以集体行动的逻辑为分析框架》,《社会科学》2020年第6期。
③ 布成良:《党建引领基层社会治理的逻辑与路径》,《社会科学》2020年第6期。
④ 田先红:《政党如何引领社会?——后单位时代的基层党组织与社会之间关系分析》,《开放时代》2020年第2期。
⑤ 吴晓琳:《党如何链接社会:城市社区党建的主体补位与社会建构》,《学术月刊》2020年第5期。
⑥ 王德福:《催化合作与优化协作:党建引领社区治理现代化的实现机制》,《云南行政学院学报》2019年第3期。

经从成功实践中总结出不同的党建引领模式,如党建与基层治理形成互动网络的"清河模式"、基层民主协商的"温岭模式"等。① 但较多研究聚焦以下两方面:第一,党建引领民主协商。基层社区治理应属于县域治理,处于转型期的县域治理以自上而下的行政化治理逻辑为主,弱化甚至规避了自下而上的表达功能。② 而基层民主协商有利于提高居民集体自治,但易形成"政府强势惯性"以及"居民集体弱势参与"的行动困境。③ 为解决类似问题,需要根据居民集体参与情况的不同形成"主导式""自治式"等党建引领民主协商的模式。④ 第二,基层党组织通过"嵌入"多元治理主体的方式领导集体行动。基层党组织能够以组织的形式"嵌入",例如,党组织"嵌入"政府,将具有不同利益目标的行政部门与分散化的主体整合、协调,以实现集体行动的目标。⑤ 基层党组织还能够以党员的形式"嵌入",例如,处于普通居民中的党员依托自身社会资本,组织动员群众,逐渐形成集体行动目标的共同意志性。⑥

综上所述,已有的领导力破解集体行动困境的研究主要存在以下问题:第一,中国共产党的坚定领导在社会治理方面发挥了核心作用⑦,但党建如何在基层公共服务供给中发挥正式领导力与非正式领导力的作用需进一步探索;第二,目前研究聚焦于正式和

---

① 谢金辉:《党建引领社区治理研究综述》,《中共福建省委党校(福建行政学院)学报》2021年第5期。
② [德]托马斯·海贝勒、[德]舒耕德、杨雪冬:《"主动的"地方政治:作为战略群体的县乡干部》,中央编译出版社2013年版,第18页。
③ 孙照红:《城市社区治理的主体困境和协商进路——基于"党政群共商共治"的案例分析》,《中国延安干部学院学报》2019年第2期。
④ 陈毅、阚淑锦:《党建引领社区治理:三种类型的分析及其优化——基于上海市的调查》,《探索》2019年第6期。
⑤ 徐选国、吴佳峻、杨威威:《有组织的合作行动何以可能?——上海梅村党建激活社区治理实践的案例研究》,《公共行政评论》2021年第1期。
⑥ 刘厚金:《基层党建引领社区治理的作用机制——以集体行动的逻辑为分析框架》,《社会科学》2020年第6期。
⑦ 贠杰:《组织领导力:中国共产党治理成就的制度逻辑》,《管理世界》2021年第8期。

非正式领导力的单一治理工具,尚未对党组织领导的治理工具进行系统归纳;第三,现有文献尚未考虑基层党组织的正式与非正式领导力破解集体行动的内在逻辑,二者对居民集体行动的影响机制仍然是一个过程"黑箱"。因此,本文拟研究基层党建的正式与非正式领导力如何共同影响居民集体行动,并尝试进一步阐释其中的微观影响机制。

(二)分析框架

社区公共服务供给是一个动态的过程,为了深入理解居民参与服务的供给过程,本文借助格里·斯托克(Gerry Stoker)所提出的 CLEAR 治理模型分析基层党建的领导力是如何"撬动"多元主体合作生产以破解居民集体行动困境的。CLEAR 治理模型认为,能够做(Can do)、自愿做(Like to)、使能够做(Enabled to)、被邀请做(Asked to)和作为回应去做(Responded to)是影响居民参与的五个因素。① 居民集体行动是一个利益集团不断协商互动的过程,借助 CLEAR 治理模型能够更好地诠释居民从拒绝参与到接受参与、从被动参与到主动参与的转变过程。据此,提出基层党建的领导力破解居民集体行动困境的分析框架(图1)。

首先,基层党建的正式领导力反映了党组织自上而下的权威性,主要体现在两个方面:第一,党组织领导同级政府出台正式制度,规范相关主体行为,使居民"作为回应去做"。无论居民作出积极还是被动的回应,均有助于基层党建领导社区开展公共服务供给工作。第二,党组织直接成立临时党支部②,通过协调管理、资

---

① [英]格里·斯托克:《新地方主义、参与及网络化社区治理》,游祥斌摘译,《国家行政学院学报》2006年第3期。
② 王欢明、刘梦凡:《基层党建何以引领公共服务合作生产以促进城市社区更新?——以老旧小区电梯加装为例》,《广西师范大学学报》(哲学社会科学版)2022年第3期。

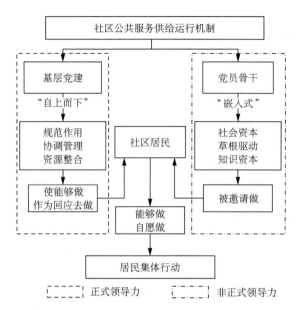

图 1　基层党建的领导力破解居民集体行动困境的分析框架

源整合等手段搭建起居民与多元主体沟通的桥梁,让居民"能够做"。党组织利用正式的层级结构,通过领导政府出台正式制度、规划审批流程、直接搭建协商平台等手段,指导并配合居民等主体实现服务供给目标。

其次,除了依靠基层党建的正式领导力强力推进外,还需要依靠党员骨干"嵌入"普通群众之中,发挥非正式领导力号召居民集体行动。社区中的党员骨干不掌握正式权力与资源,但拥有一定的社会影响力,如具有党员资格的经济文化能人、退休干部和退休教师等。[1] 相较于普通民众,党员骨干具有更强大的群众基础和社区威望,能够更加自觉、积极地参与服务供给。[2] 因此,党员骨干能够依靠其特有的社会资本、知识资本等,使普通群众"被邀

---

[1] 韩燕、何欢、张琴等:《宗族组织、权威人物和农民进城对农村公共物品供给的影响——以川南乡村筹资修建"户户通"公路为例》,《公共管理学报》2021年第2期。

[2] 顾丽梅、李欢欢:《行政动员与多元参与:生活垃圾分类参与式治理的实现路径——基于上海的实践》,《公共管理学报》2021年第2期。

请做"。

最后,社区居民是社区公共服务供给的主要行动者,在"使能够做""作为回应去做""被邀请做"之外,还应该"自愿做""能够做"。一方面,居民内部诉求是推动居民自愿参与服务供给的最大动力。例如,随着老龄化社会的到来,老旧小区中居住于高层的老年住户面临"出行难"的问题,对加装电梯具有强烈诉求,居民自愿、主动协调邻里,参与集体行动。另一方面,资金补助减轻了居民的压力,使居民能够参与社区公共服务。例如,目前老旧小区基本没有住宅专项维修资金,即使是直管公房、商品房,有时也难以调用维修基金①,当自有资金无法满足服务供给需求时,资金补助使居民满足参与条件,能够参与社区公共服务供给。

基层党建的正式与非正式领导力作用是相对的。在社区公共服务供给中,很难判断二者对居民集体行动的作用大小。但是,这并不意味着居民缺失自我判断、自我行动的能力。党组织虽然能够领导政府因地制宜地制定社区公共服务供给政策,直接提供支持与帮助,但俱乐部产品供给是以居民出资为主,需要居民的自主行动。为此,在社区俱乐部产品供给中,多是由非正式领导者主动寻求正式领导者的合作,两者共同发挥作用,以解决服务供给中的居民集体行动问题。

三、研究方法和资料来源

(一)研究方法

本研究采用多案例研究方法,该方法以归纳为目标,通过重复

---

① 冉奥博、刘佳燕:《政策工具视角下老旧小区改造政策体系研究——以北京市为例》,《城市发展研究》2021年第4期。

性检验、反复比对的方式,构建新理论,回答"如何改变""为什么这样改变"及"结果如何"的问题。具体选择原因如下:第一,多案例研究的案例来源于实践,研究者可选择具体场景为研究对象,系统地收集资料与数据,深入研究某一现象在实际生活环境下的状况。适合研究者无法设计准确又具系统性控制的变量的情况,有助于研究者把握事件的来龙去脉及本质。第二,相较于单案例研究的深入与细致而言,多案例研究的结论更具有说服力。① 多个案例的研究能够更全面地了解和反映案例的不同方面,从而形成更完整的理论,并且能够提高研究的效度。② 本研究选择老旧小区电梯加装作为研究对象,于 2020—2021 年选择天津、上海、大连、哈尔滨 4 个城市共计 14 个楼栋案例,既有加梯成功的案例,也有失败的案例。

(二)资料收集

为了确保研究的信度与效度,案例选择的标准有 3 个:第一,案例中发生过居民协商的集体行动困境;第二,案例中出现了不同类型的协商;第三,文献资料充足,保证案例编码具有可靠的依据。文本资料来源于两个方面:(1)主观访谈,总计收集一手资料 8 万余字。访谈对象采用"滚雪球"方式选取,包括 4 个城市的 14 栋楼的居民、楼组长、居委会、业委会、物业、街道、专家、项目承包方共 29 人,具体如表 1 所示。此外,访谈内容围绕服务使用感受、服务供给过程、困难与解决方案、供给主体作用四类问题展开。访谈内容在征得受访者同意后进行录音,访谈结束后及时整理相关资料,避免信息遗漏。(2)二手资料,共计 5 万余字,包括政策文件、新闻报道、网络评论等,能够补充一手资料所遗漏的信息,有助于从多个角度全面分析案例的相关情况。

---

① 张梦中、[美]马克·霍哲:《案例研究方法论》,《中国行政管理》2002 年第 1 期。
② Katheleen M. Eisenhardt, "Building Theories from Case Study Research", *Academy of Management Review*, 1989, 14(4), pp.532-550.

表 1 受访人基本情况

编号	受访者	案例	小区	城市	编号	受访者	案例	小区	城市
DG011	居民	01	郭中社区金寓花园	大连	TT101	居民	10	南开区天大六村	天津
DG012	居民				TT102	楼长			
DG013	楼长				TT102	承包公司			
DG021*	居民	02			TT111	物业	11		
DG001	居委会	—			TX121	居民	12	南开区西南村	
HY031*	居民	03	园丁小区	哈尔滨	TX122	居民			
HY041	居民	04			TX123	居民	13		
HY051	楼长	05			TX131	居民			
HY061	居民	06			TX141*	居民	14		
HN071	业委会	07	革新街167号院	上海	TX142*	居民			
HN081*	居民	08			TX143*	居民			
SY091	街道人员	09	殷行街道市光四村		T0001	专家	—	—	
SY092	街道人员				T0002	专家	—		
SY093	居委会				T0003	专家	—		
					T0004	市级人员	—		

注：编号由字母和数字两部分组成。字母部分由所调研的城市和小区的首字母构成。数字部分由案例序号和在该案例中调研对象的序号构成。例如，DG012 表示在大连市郭中社区金寓花园第一个加梯案例中的第二位访谈对象；DG001 表示失败案例中的受访者。加注 "*" 表示失败案例中的受访者。
资料来源：调研访谈。

(三)资料分析

本研究采用 CLEAR 治理模型的分析框架,首先将老旧小区加装电梯的案例资料分为加梯成功与失败两类。然后对案例资料进行编码分析,着重关注正式领导力与非正式领导力的治理工具及二者与社区居民的行为互动关系。最终归纳总结出四个维度,分别是基层党建的正式领导力(如规范作用)、基层党建的非正式领导力(如社会资本)、合作生产行为(如共同决策行为)及集体行动的结果(成功或失败),并形成本研究的"故事线",即"基层党建引领→领导力工具→合作生产行为→集体行动结果"。

为了保证研究具有可靠的信度和效度,所有案例资料均由课题组两位成员共同编码。依据编码标准,通过对多个案例资料的不断比较分析,两位编码者各自形成初步的编码结果后,分别进行比较,并判断结果的一致性是否高于 80%。若高于 80%,则表明信度较好;反之,则需重新编码。本研究初步编码的一致性为 76%,需要重新编码。两位编码者对存在争议或界定模糊的编码内容进行讨论,并寻找新的文献证据,直到意见达成一致。例如,对于"有 2/3 住户同意就可以安装电梯",一人将其编码为"强制性政策",一人将其编码为"出台正式制度",后查阅政策文本发现,安装电梯的前提是无人反对,不存在强制性质,编码为"出台正式制度"更为合理。最终编码的一致性达到 94%。

四、居民集体行动困境的破解路径分析

在合作生产的背景下,领导力破解居民集体行动困境的具体过程如图 2 所示。首先,在党建引领下,社区骨干借助治理工具,发挥非正式领导力的作用:一方面,号召社区居民参与服务供给;

另一方面,寻求基层政府的配合与支持。其次,基层政府依靠自身权力及资源发挥正式领导力:一方面,主动推进公共服务供给;另一方面,根据非正式领导和居民的实际需求,提供指导及帮助。最后,社区居民在正式与非正式领导力的作用下与其他主体一起产生合作生产行为,破解居民集体行动困境。

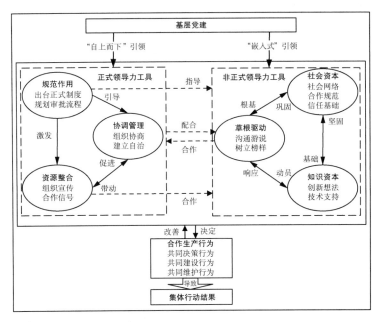

图 2　领导力破解集体行动困境模型

(一)基层党建的领导方式

基层党建在社区公共服务供给中承担秩序建构和累积群众基础的双重责任。一方面,基层党建通过自上而下的层级结构发挥正式领导力,直接领导多元主体进行秩序构建。由于社区结构的异质化、居民需求的差异化以及治理要素的分散化,当前的服务供给亟需能够统领多元供给主体、汇集多方资源的能动主体。中国共产党基层党组织位于社区等基层单位,具有统揽服务供给全局、协调服务供给多方主体的天然优势。①

基层党建自上而下地发挥正式领导力,具体表现在:第一,基层党建通过下达文件等手段直接领导基层政府、社区居委会等正式机构,自上而下地规范正式机构主体的责权及行为,构建公共服务供给秩序。② 例如,上海市殷行街道针对居民加梯意愿强烈、需求相对集中的居民区成立加装电梯临时党支部。依照街道党总支的规划及意见,相关职能部门积极地与临时党支部沟通,构建合格的供应商挑选制度,以解决居民选择电梯承包商的问题。第二,党组织牵头构建社区公共服务供给的组织化平台,为参加服务供给居民和多元主体提供协商平台,构建协商秩序。在电梯加装案例中,有多个小区中的协商平台都是由居民区党总支牵头,由街道、业委会、物业公司、建设单位、楼组长等利益相关者代表共同参与的,为服务供给提供了良好的制度保障,提高了资源整合的效率。

另一方面,基层党建引领通过党员骨干"嵌入"居民群体之中,通过党员的社会资源及先锋模范作用,累积群众基础,提升参与积极性。③ 基层党建无法借助权威等级自上而下地命令居民,基层党建依托公共权力动员和控制居民的能力有限,尤其是在情感信任、资源配置等方面。④ 然而,"嵌入式"的党建引领以基层党组织中的党员为圆心,激发党员周围的群众,通过非正式手段改善逐渐弱化的居民关系,在促进居民合作、调节邻里关系等方面发挥积极作用。

基层党建"嵌入式"地发挥非正式领导力,具体表现在:第一,

---

① 蔡礼强:《中国共产党领导力研究的理论视角和分析框架》,《管理世界》2021年第8期。
② 吴晓琳:《党如何链接社会:城市社区党建的主体补位与社会建构》,《学术月刊》2020年第5期。
③ 韩冬雪、胡晓迪:《社区治理中的小区党组织:运作机理与治理效能——基于党、国家与社会关系的研究》,《行政论坛》2020年第3期。
④ 岳经纶、刘洋:《党建引领社区善治的逻辑——基于浙江省N街道的研究》,《治理研究》2021年第5期。

在党组织的思想力领导下,党员能够在党组织的号召下先行参与社区公共服务供给,发挥先锋模范的作用。① 在老旧小区电梯加装案例中,社区中很多老人是拥有多年党龄的退休老党员,乐于奉献。例如,上海市光四村的一栋楼里有两间房屋长期出租,加梯意见难以统一,后在一位党员的带领下,以加梯后房子将增值为由,最终与两位出租屋房东协商成功。第二,小区中的党员骨干能够激发群众的参与性。党员骨干具有丰厚的社会资本,借助自身社会网络,能够减少人际交往的障碍,扩大榜样效应,使居民共同行动以实现服务供给的共同目标。② 例如,有居委会成员表示:"有的牵头人甚至是第一楼层的居民,邻里关系好,就能很快达成一致(SY093,20201106)。"后经过了解,一楼居民是一位退休党员。

(二)基层党建正式领导力破解集体行动困境的方式

1. 规范作用

基层党建自上而下地领导同级政府出台正式制度、规划审批流程,能够有效地规范和约束社区公共服务供给主体的行为。首先,出台法律法规等正式制度以规范、指导参与主体的行为。法律规范是由国家制定或者认可,能够反映人民共同意志,并规定社会成员权利和义务的行为准则,是调节人们之间社会关系、调整人们行为及活动的规范之一。③ 我国社区公共服务供给制度处于建设并完善的阶段,各省(市)陆续出台的老旧小区加装电梯法规,为居民参与社区公共服务供给提供了法律保障。除法律规范外,正式机构也会依照党组织的命令,制定指导意见等正式文件以规

---

① 贠杰:《组织领导力:中国共产党治理成就的制度逻辑》,《管理世界》2021年第8期。
② 李东泉、王瑛:《单位"隐形在场"对社区集体行动的影响研究——以广州市老旧小区加装电梯为例》,《公共管理学报》2021年第4期。
③ 李良栋:《坚持法律的规范作用与道德的教化作用相结合》,《社会科学研究》2015年第2期。

范主体行为。例如,上海市殷行街道依照街道党总支的意见,编制发布了《加装电梯自治指南》,对加装电梯基本知识、意见征询、方案设计、申报审批、后期维保等环节进行全过程、全方位的指导和答疑。

其次,在党建引领下,正式机构通过审批流程再造改革以降低多部门协调的难度,为居民参与社区公共服务供给提供便利。为了实现特定目标,多个具有不同决策目标及偏好的相对独立的部门,需要依照特定目标调整行动或者决策行为,形成相互依赖的关系,汇集不同领域部门的资源和知识,以解决社区公共服务供给问题。① 以老旧小区加装电梯为例,其审批涉及规划、建设、市政、城管等多个部门,严格按照流程需要三十多个部门盖章审批,流程烦琐。有居民提出:"审批过程很复杂,我们提议说不要挨个盖章,最好是整合到一起,提高效率(TT102,20210306)。"天津市政府为了推进老旧小区加装电梯工作的顺利进行,整合多部门资源,已对老旧住宅加装电梯开通免审通道,只要楼体建筑安全合格、电梯安全检验合格且业主同意,就可以直接安装,不需要再由规划部门进行相关审批。

基层党建通过领导政府等正式机构出台正式制度、规划审批流程的手段来搭建和完善制度框架,为社区公共服务供给提供法律保障及合法性依据②,使居民"作为回应去参与"。一方面,为了防止过多逐利而偏离社区公共服务的宗旨,基层党建在规范主体行为后,会主动进行资源整合以高效对接各主体的需求,使服务供给程序合理化;另一方面,已有的规范性文件为居民参与服务供给提供方向指引,但文件概括性内容居多,居民等主体易误解或曲解文件所传递的信息,为此,需要基层党建协调管理,为社区公共服

---

① 吴文强:《政府多部门决策协调的研究述评》,《公共行政评论》2020年第1期。
② 颜德如、孔庆茵:《我国社区服务的定位、国外经验借鉴及其完善的基本路径》,《理论探讨》2018年第3期。

务提供有效的资源配置,密切回应公众的需求。

2. 协调管理

基层党建还充当协调管理的角色,组织供给主体协商以降低社区服务供给的交易成本。首先,建立自治小组专门调解矛盾、解决难题。基层党建考虑到自上而下的治理需求,建立有效承接社区协商、人民调解等问题的自治小组。在加装电梯案例中,基层党建主要通过两种方式建立自治小组:一是购买社会组织的服务"孵化"自治小组。该类型自治小组通过共同参与平台,帮助居民协商矛盾,直至协商一致。二是通过联席会议,居民区党总支牵头建立涵盖居委会、社区党员骨干、楼组长等在内的工作自治小组。该类自治小组是最常见的,负责上门征询意见、筹集资金、选购设备等相关事宜。居委会人员表示:"如果你不同意安装电梯是因为有矛盾,那么我们再派居委会或者社会组织,先把这个矛盾协调了(SY093,20201106)。"

其次,搭建协商平台,组织服务供给主体协商。对于社区公共服务供给而言,协商是最重要的一环。一方面,居民集体内部需要协商资金分摊比例等;另一方面,居民与项目承包方需要协商方案、资金等,但居民缺少协商场地、协商经验,导致协商成本较高。基层党建为了顺利推进服务供给,搭建协商平台,组织相关主体当面协商,并监督管理其协商过程及内容,以确保居民的合法权益。有居委会表示:"居民需要开业主大会,包括电梯的招标会,我们会提供场地(TX121,20210307)。"除此之外,基层党建会借助已有经验,在协商平台中提供建议指导,避免居民从零摸索,提升效率。上海市殷行街道某官员表示:"我们有一个加梯处方,针对常碰到的十几个问题,提供建议,对后面加梯过程当中碰到问题有一定的指引(SY091,20201106)。"

基层党建对内建立自治小组并明确其职能定位,对外提供协商平台监督指导多元主体,使居民"能够参与"集体行动。① 基层党建通过建立自治小组、搭建协商平台,能够更深入地探究居民等多元主体达成合作的内在需求,从而依据自身资源禀赋,有针对性地整合自身有价值的、不可替代的资源,投入社区服务供给之中,解决实际问题。

3. 资源整合

资源整合是指基层党建对其拥有的不同类型的资源进行识别、选择、获取、配置和运用,重构原有资源体系,以整合出符合需要的新资源体系的一个动态过程。基层党建资源整合具有明确的目标和清晰的导向,能够提高凝聚多方力量的效益。② 首先,基层党建的大力宣传是居民产生支持态度的"催化剂"。法国著名传播学者雷吉斯·德布雷(Régis Debray)认为,媒介域指的是一个信息和人的传递和运输环境,包括与其相对应的知识加工方法和扩散方法。③ 媒介域作为信息传递的技术、社会联系的机理、社会秩序的建构三者之间互动的场域,勾连了媒介使用和社会变迁之间的内在逻辑。④ 基层党建通过标语、登报宣传等手段,使社区某项公共服务供给成为高频率的传播内容。例如,有街道官员表示,"专家这边,联系了《中老年时报》,连续刊登了16篇关于加装电梯的报道(T0002,20210307)",也有居民表示:"之前有段时间天天在楼下做宣传(T0001,20210307)。"宣传将服务供给置于随处可见的良好氛围中,使居民产生潜在的认同感。

其次,发出合作信号主动寻求合作。不相关个体之间的合作

---

① 颜德如、孔庆茵:《我国社区服务的定位、国外经验借鉴及其完善的基本路径》,《理论探讨》2018年第3期。
② 孙彩红:《协同治理视域下政府资源整合与组织能力分析——以新冠肺炎疫情防控为例》,《四川大学学报》(哲学社会科学版)2020年第4期。
③ [法]雷吉斯·德布雷:《普通媒介学教程》,陈卫星等译,清华大学出版社2014年版,第146、261页。
④ 许加彪、张宇然:《宣传·组织·指路:长征标语口号的产制、修辞和社会动员》,《现代传播》(中国传媒大学学报)2020年第12期。

通常是依赖某种形式的条件或者互惠。① 对于集体而言,即使集体成员之间重复互动,集体行动也需要付出较大的协调成本,特别是当集体中的成员较多时,互惠不太可能出现,并且容易受到"搭便车"的影响。② 但合作信号的传递能够解释合作和集体行为。③ 若基层党建能够为居民提供好处,并宣传他们作为盟友的信号,则能够改变集体成员的行为,使成员出于纯粹的自我动机,作出积极的回应。在加梯过程中,基层党建会通过自身资源为居民提供楼道美化、更换门锁等服务,使居民拥有一些获得感,提升居民的同意率。有街道人员表示:"只要是装完电梯,我们就做楼道美化,哪个电梯装完了,我们就马上给它做,那居民就看得到了(SY093,20201106)。"

在社区公共服务供给中,基层党建资源整合的能力和效率对居民能否采取集体行动至关重要,尤其是异质性较强的居民集体。资源整合实际上代表着政府摒弃了原有的资源配置模式,打破了传统服务供给模式的桎梏,立足于不同的参与主体角度,将众多散乱的资源重新结构化后有选择地提供给不同主体,使居民"能够参与"社区公共服务供给。作为资源整合者,基层党建能够利用新资源支撑协调管理,为自治小组和协商平台提供帮助,也可通过让居民获益的形式主动寻求与非正式领导者的合作。

(三)基层党建非正式领导力破解集体行动困境的方式

1. 社会资本

社会资本包括社会网络、合作规范和信任,能有效地分析集体

---

① Robert Axelrod and William D. Hamilton, "The Evolution of Cooperation", *Science*, 1981, 211, pp.1390-1396.
② Eric Alden Smith, Samuel Bowles and Herbert Gintis, "Costly Signaling and Cooperation", *Journal of Theoretical Biology*, 2001, 213, pp.103-119.
③ Olof Leimar and Peter Hammerstein, "Evolution of Cooperation Trough Indirect Reciprocity", *Proceedings of the Royal Society of London Series B*, 2001, 268, pp.745-753.

合作行为的变化。① 首先,社会网络的存在有利于解决集体行动问题。社会网络是由一些社会关系连接的节点的集合,如友谊和交易关系等。② 在加梯案例中,非正式领导者,即社区中的党员骨干,依靠社会网络与居民群体形成利益共同体③,其强大的社会关系网络帮助他减少人际障碍,增强协调动员能力,因而更易促进集体行动。④ 加梯成功的楼组长(党员骨干)的社会网络明显强于加梯失败的,例如,有加梯成功的楼组长表示:"关键是我们这个楼里都是老同事老邻居,不管怎么样,都是几十年的老邻居,大家邻里关系都比较不错(TT102,20210306)。"加梯失败的楼组长表示:"我们这儿租户比较多,常住居民比较少,安装电梯的意愿就差一些(TT111,20210307)。"

其次,规范是组织成员所期望的相对稳定的常规行为模式。⑤ 集体的合作规范反映了人们对个人利益、共同目标、共同利益的重视程度。一般而言,由于党员的思想觉悟较高,合作规范较强,能够在保证个人利益的前提下,帮助其他成员实现共同目标,有利于集体行动的顺利进行。例如,有居民党员表示:"两户没交费,摊到其他人头上,大家同意了,其中一家两口因生病在北京长期居住,家里没人(DG012,20200922)。"反之,合作规范的缺失使组织成员实现共同目标的难度加大,不利于集体行动。如有居民表示:"我

---

① Robert D. Putnam and Robert Leonardi, "Making Democracy Work: Civic Traditions in Modern Italy", *Contemporary Sociology*, 1994, 26(3), pp.306-308.
② 杨震宁、李东红、范黎波:《身陷"盘丝洞":社会网络关系嵌入过度影响了创业过程吗?》,《管理世界》2013年第12期。
③ 张静:《互不信任的群体何能产生合作——对XW案例的事件史分析》,《社会》2020年第5期。
④ Kate Baldwin, "Elected MPs, Traditional Chiefs, and Local Public Goods: Evidence on the Role of Leaders in Co-Production from Rural Zambia", *Comparative Political Studies*, 2019, 52(12), pp.1925-1956.
⑤ Kenneth L. Bettenhausen and J. Keith Murnighan, "The Development of an Intragroup Norm and the Effects of Interpersonal and Structural Challenges", *Administrative Science Quarterly*, 1991, 36, pp.20-35.

们这栋楼现在只有一个单元没有装电梯,因为这个单元一楼反对,要求赔偿款,而且补偿款要的很多(HY051,20210303)。"

最后,信任是促成集体行动的重要心理因素,是解决社会困境冲突的主要心理建构。处于社区网络结构中的党员骨干,对居民的能力与品质有较为全面的了解,并且能够在频繁的互动交往中建立起一定的信任关系。① 作为非制度性资源,信任能够使个体积极预期他人所给予的互惠回报来简化交往的复杂性,从而加强社区居民彼此间的合作与互动。② 在几乎所有成功加梯的案例中,都有居民表示很信任牵头的党员,即非正式领导者,并愿意与其沟通、互动。信任使居民更愿意接受非正式领导者的沟通与建议,而合作的实现又能反向提高社区居民的信任水平,从而有效降低协商成本。

2. 草根驱动

草根利益相关者是实际享受社区公共服务的居民,其通过影响服务供给投入来影响集体行动。首先,沟通游说是人与人之间通过传递和反馈思想、感情,以求思想达到一致、感情通畅的过程,其本质是实现自身利益,将自身意志转化为集体意志,以解决协商不一致的问题。③ 沟通游说既能使居民更加深入、客观地了解加梯知识,避免信息壁垒,也能使党员骨干了解居民关于出资比例、电梯品牌选择、加梯方案等方面的真实想法,有助于调动居民的主观能动性。例如,有楼组长表示:"三楼那户不同意,认为加装电梯会影响楼梯结构造成危险,后来我和四楼设计者一起上门去做思想工作(TT102,20210306)。"沟通解释加装电梯原理及相关安全

---

① 杨震宁、李东红、范黎波:《身陷"盘丝洞":社会网络关系嵌入过度影响了创业过程吗?》,《管理世界》2013 年第 12 期。
② 吴玉锋、白悦、聂建亮:《公共卫生社区治理绩效:一个社会信任的分析视角》,《西北大学学报》(哲学社会科学版)2021 年第 5 期。
③ 高乐咏、王孝松:《利益集团游说活动的本质与方式:文献综述》,《经济评论》2009 年第 3 期。

事项之后,三楼住户同意安装电梯。党员骨干还能与上级主管部门沟通以寻求合作,获得帮助和支持。例如,加梯发起者表示:"我们开始找街道,给他们看报纸,后来给小区做工作,物业还有业委会都做好工作(DG011,20200922)。"

其次,作为非正式领导者的党员骨干,通过树立榜样可增加组织内成员的贡献。老旧小区中党员骨干相较于普通居民并没有明显的信息优势,为了带动居民参与,党员骨干可以采取一系列行动来积极影响居民的贡献,例如,自己作为项目的先驱者参与其中。① 党员骨干的榜样行动能使居民观察并学习其行为。② 但随着时间的推移,居民发现自己超出集体行动最低要求时会降低自己的贡献,而党员骨干无论是出于利己主义的个人利益,还是出于参与服务供给所获得的公共利益,都会持续地增加自己的贡献,从而促使居民保持贡献水平。在加梯成功的案例中,都有一位既有热情又有领导能力的党员骨干主动协调办理相关事宜,为其他居民树立榜样,例如,居民主动监工,确保电梯质量。

社区集体行动的一个必要条件是有"草根利益相关者"的合作。③ 老旧社区的党员骨干积极、主动地成为居民的"传声筒",在基层党建、政府、居委和居民之间架起信息沟通的桥梁。一方面,党员骨干为居民解决实际问题,建立社会网络、增强彼此信任水平,进而巩固自身的社会资本;另一方面,党员骨干寻求基层党建和专业人士的支持,基层党建为了加梯工作的顺利推进,尽力配合党员骨干,而具有知识资本的专业人士出于与党员骨干的良好关

---

① Selhan Garip Sahin, Catherine Eckel and Mana Komai, "An Experimental Study of Leadership Institutions in Collective Action Games", *Journal of Economic Science Association*, 2015, 1(1), pp.100-113.

② 俞凡、王妍慧:《榜样的力量何以无穷?——以雷锋形象变迁为中心的考察》,《现代传播(中国传媒大学学报)》2021年第2期。

③ Mark Lubell, "Collaborative Watershed Management: A View from the Grassroots", *The Policy Studies Journal*, 2004, 32(3), pp.341-361.

系和信任,愿意发挥其专业优势解决专业问题。

3. 知识资本

在社区公共服务供给中,社区能人在党员骨干的带动下,通过其知识资本创造公共利益,促进集体行动。知识资本是个人拥有或控制的、可以为其带来价值增值的知识资源,包括嵌入个人头脑中的隐性知识。① 知识资本的运用通常有两种做法:一是有创新想法。创新的想法是利用现有知识和资源,基于原有思维模式,在特定的环境中提出有别于常人的见解、改进或创新,以满足理想化需求或者实际需求。产生创新想法的根本原因是个人希望打破常规,突破现状,多数非正式领导也正是因此提出创新想法以满足自身及其他居民的需求。他们的创新通常有创造社会利益的动机,而不是纯粹为了经济利益。② 在加梯案例中,多数居民产生加装电梯的想法都是希望打破"出行难"的现状,提高生活的便利性。加装电梯后,由于电梯卫生问题,有的党员骨干主动提出制定《电梯使用公约》,同时电梯使用者定期轮流清扫检查。

二是有技术支持。在基层公共服务供给中,居民中不乏有各领域的专业人士,能够为服务供给提供专业的、有效的建议,以快速地解决难题。在明确加装电梯的意愿后,建筑设计领域的专业人士根据楼体周围的实际环境与电梯建筑承包方协调轿厢坡度、位置等,确定加梯的最佳方案,使居民获得满意的结果。例如,有居民表示:"设计好的图纸是从南边加装电梯,就不用走半层楼梯,只需要多开个门,轮椅可以直接推着下来,有台阶就没有办法推(DG021,20200922)。"建筑施工领域的专业人士在施工队出现技

---

① 喻登科、肖欢、彭静等:《知识资本与性格特质对企业绩效的交互作用研究》,《科技进步与对策》2016年第22期。

② Gill Seyfang and Adrian Smith, "Grassroots Innovations for Sustainable Development: Towards a New Research and Policy Agenda", Environment Politics, 2007, 16, pp. 584-603.

术难题时,利用自身专业知识协助自治项目的勘测、设计、施工等事务,对自治项目的推进具有重要意义。例如,有居民表示:"施工中,工人师傅曾在地下挖出电缆,无奈只好停工。后来邹老师经过查验,得知那是一条废旧电缆,复工继续(HY061,20210303)。"

在党员骨干的积极动员下,社区能人的知识资本能够为社区服务供给提供自下而上的解决方案。党员骨干从基础出发寻找根源问题,以彻底打破当前困局。一方面,在发现社区居民具有同样加梯需求时,依照需求提出能够解决实际困难的创新想法,为沟通游说和激励居民的集体行动打下基础;另一方面,当居民就加装电梯基础事项达成一致后,党员骨干能够激发社区能人的力量,利用专业知识解答居民困惑,同时解决加梯过程中的实际难题,获得居民的好感与信任,进一步巩固自身的社会资本,形成良性循环,为未来社区其他公共服务的开展与推进打下坚实基础。

(四)合作生产行为

在社区公共服务合作生产的背景下,基层党建通过发挥正式和非正式领导力,能够促进居民等主体产生合作生产行为。基层党建的治理工具和手段越合理、多样,合作生产行为就越规范。合作生产行为对基层党建的行为具有正向反馈作用,有利于改善基层党建的行为。居民在决策、建设和维护阶段的行为会影响集体行动。

首先,共同决策行为是参与主体在基层党建与党员骨干(正式领导者与非正式领导者)协调沟通的基础上,明晰自身的责任与义务,权衡项目利弊,共同作出决策的行为。国家及多个省(市)已经明确出台老旧小区加装电梯的指导意见,在这一情况下,老旧小区加装电梯案例中的共同决策行为主要发生在社区居民之间。居民为了满足加梯诉求,必须与社区其他居民聚集在一起共同商讨,以求获得一致的意见,这是加装电梯的第一步,也是最难的一步。

14个案例中的失败案例均是因为协调失败。第一,居民需要先就加装电梯的意愿达成一致;第二,就各户的出资比例、电梯的加装方案、电梯的品牌等具体细节达成统一。然而,由于居住习惯不同、缺乏管理等,在协商的过程中需要与持有反对意见的人反复沟通、协商,直至相互妥协。为了避免后续出现分歧,需要签订合同,将口头承诺转化为书面承诺,约定电梯建设和运营过程中各自的权利及义务。

其次,共同建设行为能够确保施工严格遵守国家标准及合同规定。部分承包企业基于逐利的考虑,凭借专业技术和信息掌控,易做出降低标准的建设行为。为此,需要居民及相关主体参与施工,共同建设。一方面,通过引进合格供应商来降低风险。公共项目有严格的技术标准和质量要求,涉及的参与方众多,工程现场环境较为复杂,具有大量的不确定因素,因此,需要引进合格供应商来降低现场复杂环境对施工过程的影响,确保安全生产。例如,上海市殷行街道加梯时探索引入合格供应商制度,为社区提供有建造和管理资质的企业名单,以降低居民自行寻找企业需承担的成本和风险。另一方面,居民在共同建设阶段需要扮演不同的角色。第一,监督者的角色。居民作为公共服务的使用者,有权监督项目建设进程及质量,与项目承包商共同推进项目,避免"豆腐渣"工程,确保服务的高效供给。第二,技术支持者的角色。具有专业知识的居民可以协助项目承包方进行勘测、设计、施工等事务,确保项目建设顺利进行。

最后,公共服务项目需要参与主体共同维护,才能确保公共服务长期有效。一方面,专业人员的定期检查是公共服务项目维护必不可少的环节。公共设施使用寿命会随着时间的增加而缩短,定期检查能够及时发现问题,避免安全事故的发生。有居民表示:"每年电梯都需要检查,电梯属于特种设备,必须保证安全(HY061,20210303)。"另一方面,只有居民自我约束与管理,才能延长公共服务的有效期。社区公共服务提高了居民的生活便利性和生活安全性,但存在个别业主忽略公共卫生、漠视管理公约的问题,想"搭便车"来享受良好的服务。例如,有居民表示:"没人管的话,卫生问题很难。有一些人很不自觉,把电梯里弄得好脏,电梯里卫生没有人管,这需要楼组长与大伙共同维护(HY041,20210303)。"

(五)基层党建领导力破解集体行动困境结果

居民集体行动的成功或失败可以发生在项目的决策、建设或者维护阶段。首先,项目决策阶段集体行动成功与否取决于居民决策是否一致。当居民就服务供给意愿、方案、资金等相关内容均协商一致且签订合同时,则表明决策阶段集体行动成功。这一步至关重要,几乎所有失败的案例都是由于第一步未达成一致的意见。

其次,项目建设阶段集体行动的成功与否取决于两方面:一是项目竣工验收是否合格,合格表明既满足国家基本要求,又满足合同要求;二是居民生活质量是否改善,是否满足居民的实际需求。例如,有居民表示:"这个电梯给我们解决了很大的困难。我原先爬到四楼已经开始拽栏杆了,现在好太多了(TT102,20210306)。"所有成功案例中都有居民表达了类似的感受,说明建设阶段集体行动是成功的。

最后,项目维护阶段集体行动成功与否取决于两方面:一是是否有专业人士定期维修维护。例如,有居民表示:"大部分电梯签约的都是三到四年的免费维保。免费维保期结束以后,可以将维保权交给物业进行托管(SY093,20201106)。"但在三个完成加梯的单元中,有居民认为缺少专业人士定期的检查,则这三个案例在维护阶段未取得成功。二是后期电梯管理问题是否妥善解决。有居民表示:"电梯管理过于放松,上下随便,小孩放学后看见电梯好就喜欢上去玩耍(DG012,20200922)。"多数成功的案例都能够有效地解决维护问题,但是有少部分案例需要再次协商以确定合理的维护方案,如刷卡上楼、建立《电梯使用公约》等。

五、结语

本文基于14个老旧小区加装电梯案例的一手和二手资料,旨在揭示在合作生产背景下破解居民集体行动困境的逻辑,具体表现为:基层党建通过自上而下的正式领导力完成秩序建构,通过"嵌入式"的非正式领导力提升居民的参与积极性。基层党建的正式领导力通过规范作用、协调管理和资源整合,为居民提供方向与支撑,使居民能够参与及作为回应去参与。基层党建的非正式领导力通过社会资本、草根驱动和知识资本号召居民去参与,从而产生合作生产行为,破解居民集体行动困境。

本文主要有三点理论贡献:(1)基层党建能够依靠层级结构发挥正式领导力,通过党员"嵌入"居民组织内部发挥非正式领导力,形成自上而下与自下而上双向协调互补的关系结构。这与岳经纶等①指出的基层党组织的"组织构建-组织嵌入-组织动员"社区治理逻辑一致。(2)正式或者非正式领导力对于提升居民参与积极性均具有重要意义。本研究发现了非正式领导力自发驱动的重要性,在党员骨干积极寻求合作的情况下,基层党建的积极配合可以有效地推动居民集体行动。(3)已有研究忽略了参与主体在集体行动中不同阶段的行为变化。本研究基于合作生产的背景,探索居民等主体在共同决策、建设和维护阶段的合作生产行为,发现无论在哪个阶段,作为非正式领导者的党员骨干更能促使居民产生合作生产行为。

---

① 岳经纶、刘洋:《党建引领社区善治的逻辑——基于浙江省N街道的研究》,《治理研究》2021年第5期。

从实践角度来看,本研究提供了解决社区公共服务供给中居民集体行动困境的实践样本。将基层党建的领导力带领居民参与服务供给的理论与实践结合起来,依照多案例研究方法分析基层党建的领导力破解居民集体行动困境的路径机制,为其他城市街道、社区的服务供给提供可复制、可推广的治理经验,为政策设计提供参考。

[本文系教育部哲学社会科学研究重大课题攻关项目"构建高质量社会领域公共服务体系研究"(项目编号:21JZD034)、国家自然科学基金面上项目"面向绩效的市政公用事业网络策略与治理工具耦合机制研究"(项目编号:71774023)、大连理工大学基本科研业务经费"高质量社会领域公共服务体系研究"(项目编号:DUT22RW309)的阶段性研究成果]

治国有"数":国家治理中的数字生产
——以 A 县政务服务改革为例

游 晨* 吴金群**

[内容摘要] 作为现代国家治理"燃料"的数字,弥散于国家治理的整个过程。从数字如何生产出发,有助于理解当代国家治理的图景。基于 A 县政务服务改革的案例,本文构建数字生产的三个维度:生产权、解释权、使用权,以分析数字在治理场域中的生产、使用及其潜在影响。研究表明,在信息技术的作用下,生产权的分割、解释权的拉锯、使用权的博弈使得国家治理中的数字生产过程错综复杂,导致数字的偏差与纠偏、受控与自主等场景交替呈现,为国家治理带来新的机遇与挑战。

[关键词] 数字生产;国家治理;政务服务改革

一、问题的提出:国家治理的数字依赖

现代国家作为一种抽象的隐喻,其身影浮现于办公室、街头、窗口、网络等空间场景,依赖严密的科层体系贯彻其目标意志,实现对社会的治理。大至全国范围内的税制改革、不动产系统整合,

---

* 游晨,中共浙江省委党校(浙江行政学院)公共管理教研部讲师。
** 吴金群,浙江大学公共管理学院教授、博士生导师。

小至社区民意调查与村庄道路整修,现代国家借助一系列的方案、知识、技术渗透并干预其领土空间内的一切关系与细节。① 流转于国家、市场、社会中的数字,则是隐匿于现代国家治理的核心要素之一。② 现代国家将数字置于治理的核心地位,以清晰的数字替代模糊的社会信息。③ 国家通过对社会信息的获取与转译,将人(自然人、法人)、财(固定及流动财产)、物(自然物、人造物)、行(犯罪、社会及经济行为)、事(社会经济事务)纳入国家的知识范畴。④ 因而作为知识载体的数字,则是社会信息的函数映射,用以指引国家行动的开展。⑤ 国家从大量的数字中寻求秩序⑥,依赖人口普查、耕地面积、矿产储量等数字作为宏观政策的重要决策依据,而数字也是衡量国家治理目标的参考标准,如犯罪率、经济增长率、污染指标等。⑦ 可见,数字对于现代国家而言,犹如石油对于工业、粮食对于民众,从某种程度上来说国家形成了对数字的依赖。

---

① 吕德文:《治理技术如何适配国家机器——技术治理的运用场景及其限度》,《探索与争鸣》2019年第6期。

② Julian Hamann, "Governance by Numbers: A Panopticon Reversed?", *Politics and Governance*, 2020, 8(2), pp.68-71.

③ Daniel Mügge, "Economic Statistics as Political Artefacts", *Review of International Political Economy*, 2022, 29(1), pp.1-22;郁建兴、高翔、王诗宗等:《数字时代的公共管理研究范式革命》,《管理世界》2023年第1期。

④ 欧树军:《基础的基础:认证与国家基本制度建设》,《开放时代》2011年第11期。

⑤ Alaln Desrosieres, "How Real Are Statistics? Four Posssible Attitudes", *Social Research*, 2001, 68(2), pp.339-355; Rainer Diaz-Bone and Emmanuel Didier, "The Sociology of Quantification-Perspectives on an Emerging Field in the Social Sciences", *Historical Social Research*, 2016, 41(2), pp.7-26; Wendy Espeland, "Reverse Engineering and Emotional Attachments as Mechanisms Mediating the Effects of Quantification", *Historical Social Research*, 2016, 41(2), pp.280-304.

⑥ Cris Shore and Susan Wright, "Governing by Numbers: Audit Culture, Rankings and the New World Order", *Social Anthropology*, 2015, 23(1), pp.22-28.

⑦ Patrick Le Galès, "Performance Measurement as a Policy Instrument", *Policy Studies*, 2016, 37(6), pp.508-520; Valerie J. Karplus, Junjie Zhang and Jinhua Zhao, "Navigating and Evaluating the Labyrinth of Environmental Regulation in China", *Review of Environmental Economics and Policy*, 2021, 15(2), pp.300-322.

视角转向当下的中国,国家治理从总体支配向技术治理转型,行政科层化趋势日益明显①,数字也渗透于当下国家治理的各个维度。它既是治理的参照系,也是治理的衍生物。② 基于对数字的计算帮助回答 4 个问题:我们能期待什么? 数字如何生产? 其生产过程是什么? 有何潜在影响? 这些既是学术界关注的议题,也是国家治理无法回避的问题。③

对此,本文采用案例研究法,基于 A 县政务服务改革案例,构建数字的生产权、解释权、使用权三个维度以回答数字在国家治理中如何生产、如何使用以及潜在的影响。该案例的经验材料取自在 A 县政府办公室下属 D 中心的田野调查。一手材料来源于在日常工作中的接触与交流。具体而言,在实践中参与日常工作、接触相关文件、旁听各类会议,由此获取可观的田野材料。

二、政治过程与技术嵌入:数字生产的已有解释

"欲想治理社会,必先看清社会。"④数字作为国家"看清"社会的载体,对于其生产过程的讨论依附于其他议题,如国家治理中的数字运用、技术治理中的数字载体、政治意图中的数字统计

---

① 渠敬东、周飞舟、应星:《从总体支配到技术治理——基于中国 30 年改革经验的社会学分析》,《中国社会科学》2009 年第 6 期。
② Emmanuel Didier, "Globalization of Quantitative Policing: Between Management and Statactivism", *Annual Review of Sociology*, 2018, 44(1), pp.515-534.
③ Roberto Aragão and Lukas Linsi, "Many Shades of Wrong: What Governments Do When They Manipulate Statistics", *Review of International Political Economy*, 2022, 29(1), pp.88-113; Juliette Alenda-Demoutiez, "White, Democratic, Technocratic: the Political Charge behind Official Statistics in South Africa", *Review of International Political Economy*, 2022, 29(1), pp.44-64.
④ 彭亚平:《照看社会:技术治理的思想素描》,《社会学研究》2020 年第 6 期。

等。① 可见,关于数字如何生产以及潜在影响的研究散落于诸文献当中,因此,本文尝试以政治过程与技术嵌入两个视角归纳已有文献解释。两者在具体文章中存在一定交叉,在此区分讨论。

(一) 政治过程中的数字生产

政治过程解释主张识别数字生产场域内的"结构-机制",或在个体及其组织中的"结构-能动"关系内分析数字生产过程。在现代中国国家治理中,以党建国的历史遗产与科层再造的组织变革形塑当下复杂的科层组织网络,衍生了多样的观察视角。压力型体制②、行政发包制③、上下分治的治理体制④、一统体制与有效治理⑤等概念勾勒了当代国家治理的制度背景,从不同维度解释数字生产的场域环境,也进一步拓展了内在的影响机制。例如,压力型体制中数量化的任务分解机制、部门共同参与的问题解决机制、物质化的多层次评价体系导致基层在政策考核中有选择性地上报数字⑥;目标责任管理体制则将各类考核指标的数字贯穿农村政权的日常运作中。⑦ 精准扶贫中以过程管理为核心的工作推进机

---

① Dan Greenwood and Thomas Mills, "Steering, Knowledge and the Challenge of Governance Evaluation: The Case of National Health Service Governance and Reform in England", *Administration & Society*, 2020, 52(7), pp.1069-1100; Włodzimierz Okrasa, "Sociological Aspects of the Statistical Research Process: Toward a Sociology of Public Statistics", *Polish Sociological Review*, 2020, 211(3), pp.323-344; Stephen Coulthart and Ryan Riccucci, "Putting Big Data to Work in Government: The Case of the United States Border Patrol", *Public Administration Review*, 2022, 82(2), pp.280-289; Roberto Aragão and Lukas Linsi, "Many Shades of Wrong: What Governments Do When They Manipulate Statistics", *Review of International Political Economy*, 2022, 29(1), pp.88-113.
② 杨雪冬:《压力型体制:一个概念的简明史》,《社会科学》2012 年第 11 期。
③ 周黎安:《行政发包制》,《社会》2014 年第 6 期。
④ 曹正汉:《中国上下分治的治理体制及其稳定机制》,《社会学研究》2011 年第 1 期。
⑤ 参见周雪光:《中国国家治理的制度逻辑:一个组织学研究》,生活·读书·新知三联书店 2017 年版。
⑥ 杨雪冬:《压力型体制:一个概念的简明史》,《社会科学》2012 年第 11 期。
⑦ 王汉生、王一鸽:《目标管理责任制:农村基层政权的实践逻辑》,《社会学研究》2009 年第 2 期。

制、纵向施压与横向竞优机制、工作考核评估与整改机制、督察问责与规避风险机制造成诸多扶贫数字流于形式①,而基层组织运行中"工具理性、技术治理""压力性体制、激励与问责""开放性系统、地方性规则"的三个方面因素诱发政策执行过程中的"表海"。②从数字治理的效果看,上述研究从不同角度解释当前国家治理中的数字为什么没有发挥其预期作用。在基于数字化的考核指标体系下,各类数字的失真问题始终困扰国家治理的有效性。③

数字还萦绕着权力关系,既代表现实,又影响如何理解现实,在数字生产过程中各行为主体的互动及其政治运作是其重点。④在对斯大林时期以及中国三年困难时期的统计数据讨论中,学者们关注到数字生产的核心在于"统计与政治"的关联⑤,即政治过程是影响统计数据生成的重要因素。政治意图、政治目标乃至个体利益交错于数字的生产环节。例如,国家试图以技术化的民意调查数字来观测社会,但街道的政治过程却让数字成为"国家的影子"而非真实社会的投射。⑥ 又如,环保督察中的统计数据也可以根据上下级沟通协商而进行"重新调整",以满足目标考核的需要。⑦ 在精准扶贫中,数字的在地化、系统化、逻辑化尝试却因行

---

① 陈辉、陈晓军:《内容形式化与形式内容化:精准扶贫工作形式主义的生成机制与深层根源》,《中国农村观察》2019年第3期。

② 孙宗锋、孙悦:《组织分析视角下基层政策执行多重逻辑探析——以精准扶贫中的"表海"现象为例》,《公共管理学报》2019年第3期。

③ Dalia Ghanem and Junjie Zhang, "'Effortless Perfection': Do Chinese Cities Manipulate Air Pollution Data?", *Journal of Environmental Economics and Management*, 2014, 68(2), pp. 203-225.

④ Alaln Desrosieres, "How Real Are Statistics? Four Posssible Attitudes", *Social Research*, 2001, 68(2), pp. 339-355.

⑤ 左凤荣、冯筱才、王绍光等:《统计与政治(上)》,《开放时代》2014年第1期;李若建、刘骥、李公明等:《统计与政治(下)》,《开放时代》2014年第2期。

⑥ 彭亚平:《技术治理的悖论:一项民意调查的政治过程及其结果》,《社会》2018年第3期。

⑦ 练宏:《弱排名激励的社会学分析——以环保部门为例》,《中国社会科学》2016年第1期。

政发包中各个主体的互动而悬浮于基层治理过程与乡村生活,存在不同程度的"失准"现象。① 在计划生育政策、土地测量、农村农业项目等诸多国家治理的场景中,行动主体间的互动或策略性行为使得数字生产过程错综复杂,各类解释迥乎不同。

(二) 技术嵌入的数字生产

技术嵌入解释强调信息技术是数字生产的重要解释变量,而且是提升数字质量的关键要素。黄仁宇曾言:"中国下层各种经济因素尚未造成一种可以公平而自由交换的情势。最下层的数字既不能复实,中上层之经理亦受影响,所谓各种黑暗与腐败,并非全系道德问题,而是有这样一个基本的技术问题存在。今日中国趋向现代化,必须彻底解决此根本技术问题。"②当代中国的国家治理则试图以数字的清晰化消除社会事实的模糊性③,信息技术的入场在所难免。从早期计算机部署至当今大规模的"互联网+""大数据"等信息技术及其载体的应用,技术得以嵌入国家治理的诸多过程,并引发技术与组织的相互调适。数字生产的流程化、规范化、严密化趋势日益显著,组织及个体在信息技术嵌入下,其自由裁量权也受到极大压缩。④ 例如系统后台直接调取窗口工作人员的业绩⑤、使用

---

① 王雨磊:《技术何以失准?——国家精准扶贫与基层施政伦理》,《政治学研究》2017年第5期。

② 黄仁宇:《资本主义与二十一世纪》,生活·读书·新知三联书店1997年版,第27页。

③ 韩志明:《国家治理的信息叙事:清晰性、清晰化与清晰度》,《学术月刊》2019年第9期;韩志明:《在模糊与清晰之间——国家治理的信息逻辑》,《中国行政管理》2017年第3期。

④ Peter André Busch and Helle Zinner Henriksen, "Digital Discretion: A Systematic Literature Review of ICT and Street-Level Discretion", *Information Polity*, 2018, 23(1), pp.3-28; Federica Fusi and Mary K. Feeney, "Electronic Monitoring in Public Organizations: Evidence from US Local Governments", *Public Management Review*, 2018, 20(10), pp.1465-1489.

⑤ 吴金群、游晨:《互动共生、秩序重构与复合交错:"最多跑一次"改革的制度逻辑——以浙江省为例》,《江苏行政学院学报》2021年第4期。

遥感卫星直接监测各地的土地利用情况①等。从前端填报到后端抓取，从人工采集到感知监测，从二维数表到三维画面，各种信息技术浮现于国家治理的诸多场景，改造着数字生产过程，并成为"循数治理"或"循证决策"②的重要前提条件。从统计方法看，数字生产作为一种统计技术的应用，受制于统计技术的自身特征③，对抽样的要求、对误差的控制、对异常值的解读均不同程度地影响"数字符号-真实世界"的映射关系。信息技术的应用则优化了该映射过程：各类算法程序的应用将数字中的异常值迅速识别，或借助多种数字来源互相校正，或训练拟合模型并辅以经验感知予以校准。电子政务④、数字治理⑤、网络社会技术治理⑥等概念则不断涌现，信息技术、数字生产与国家治理之间相互交错。

上述两个视角的解释为我们观察数字生产提供了丰富的理论图景与田野材料，但遗憾在于：政治过程解释未将数字生产过程纳入中心议题，数字生产只是政治过程的附属产物；技术嵌入解释则过于强调信息技术的优势与运用，主张在技术嵌入下数字的准确、真实且价值无涉，但国家治理过程也形塑技术嵌入⑦，需重审技术

---

① 杜月：《制图术：国家治理研究的一个新视角》，《社会学研究》2017年第5期。
② 任志锋、陶立业：《论大数据背景下的政府"循数"治理》，《理论探索》2014年第6期；郁俊莉、姚清晨：《从数据到证据：大数据时代政府循证决策机制构建研究》，《中国行政管理》2020年第4期。
③ 刘能、马俊男：《数据生产和数据造假：基于社会学视角的分析》，《江苏行政学院学报》2019年第3期。
④ M. Jae Moon, "The Evolution of E-Government among Municipalities: Rhetoric or Reality?", *Public Administration Review*, 2002, 62(4), pp. 424-433；徐雅倩、王刚：《数据治理研究：进程与争鸣》，《电子政务》2018年第8期。
⑤ 颜佳华、王张华：《数字治理、数据治理、智能治理与智慧治理概念及其关系辨析》，《湘潭大学学报》（哲学社会科学版）2019年第5期。
⑥ 郑智航：《网络社会法律治理与技术治理的二元共治》，《中国法学》2018年第2期；Tian Tang and Alfred Tat-Kei Ho, "A Path-Dependence Perspective on the Adoption of Internet of Things: Evidence from Early Adopters of Smart and Connected Sensors in the United States", *Government Information Quarterly*, 2019, 36(2), pp. 321-332.
⑦ 陈天祥、徐雅倩：《技术自主性与国家形塑：国家与技术治理关系研究的政治脉络及其想象》，《社会》2020年第5期。

与组织在国家治理场域中的互构。有学者提出"数字在地化、数字系统化、数字逻辑化"的思考①,但三个维度之间并未构成分析型框架,更多指出精准扶贫中数字生产的实践性特征。本文从数字生产的过程出发,尝试构建数字生产的三个维度,用以分析国家治理中的数字生产过程及其影响,从而为后续关于数字生产的研究提供可能的参考框架。

三、数字生产的三个维度:一个分析框架

"看清"社会是提高国家治理效率的重要前提之一,而数字则是化约复杂性的重要工具,弥散于国家治理的全过程,为国家治理勾勒行动图景、测量治理绩效。因而作为数字供给手段的数字生产,它不仅桥接国家与社会的治理互动,而且影响国家治理的最终绩效。从科层组织内部的视角入手,数字生产可以大致分为需求方与供给方。通常,组织层级决定供需关系(上级为需求方、下级为供给方),组织内部的数字资源大多自下而上地汇集。无论是人口普查、经济普查等全国范围的调查,抑或是街道、乡镇的月度报表,都可视为一种上级的数字需求,均依托基层人员在行动中收集汇总,数字需求也在该过程中得以满足。在利益结构的视角下②,国家治理中的数字生产始终面临委托-代理中的潜在问题,数字问题周而复始地产生,事前的逆向选择与事后的道德风险始终困扰着国家治理的政策目标。因此,采用各类"信号"以识别、观测代理

---

① 王雨磊:《数字下乡:农村精准扶贫中的技术治理》,《社会学研究》2016年第6期。
② 周飞舟:《政府行为与中国社会发展——社会学的研究发现及范式演变》,《中国社会科学》2019年第3期。

人行为成为监督代理人的方式之一。① 各类技术治理型的方式应运而生,新技术、新方法的引入使得传统数字生产的需求方与供给方界限不再明确,数字生产趋向复杂,呼唤新的分析框架以窥测国家治理的真实场景。

由此,本文将数字定义为一种对社会或政府信息量化后的数据资源。数字生产过程即数据资源及其权属被生产、被分配的过程。诚然,为增强研究的针对性,本文所讨论的数字生产过程主体为政府。因此,本研究尝试从国家治理的视角出发,从三个小问题入手:在数字生产前,谁来生产? 在数字生产中,谁来解释? 在数字生产后,谁来使用? 从而划分数字的生产权、解释权、使用权,进而尝试剖析数字生产这一复杂的治理过程,具体逻辑如图1所示。

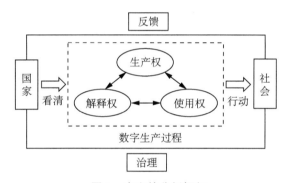

图 1 本文的分析框架

(一)数字的生产权:谁来生产

生产权即数字由具体的行为主体生产、提供,界定供给数字的实际行动者。正如产权与交易费用是硬币的两面②,生产权也具

---

① Stephen A. Ross, "The Economic Theory of Agency: The Principal's Problem", *American Economic Review*, 1973, 63(2), pp.134-139.
② Thráinn Eggertsson, "Quick Guide to New Institutional Economics", *Journal of Comparative Economics*, 2013, 41(1), pp.1-5.

有权力与责任的两个维度。一方面,生产权可划分出数字的需求方与数字的供给方,由于需求方依赖供给方的数字资源,导致需求方对供给方潜在的资源依赖。在科层组织内部,生产权通常归属于基层的政策执行者,由于上级依赖下级供给数字信息,使得基层人员具备一定的信息优势与上级进行协商谈判获取政治运作空间,委托—代理的问题也层出不穷。另一方面,生产权也是一种责任,意味着数字生产者需要肩负生产的义务,投入资源获取数字,并对数字生产的质量直接负责,承担数字缺陷的潜在责任。

(二) 数字的解释权:由谁定义

数字需要被精心制作,依赖社会解释以赋予意义,从而引导我们去收集、存储、利用数字,否则,数字仅为一串抽象符号。因此,在数字生产的过程中,解释权成为重要的维度,是它定义数字的内涵,厘清数字的外延,给予数字以具体的场景意义。数字的形式、限定词、范围等均蕴含于解释权内,映射数字生产中的权力关系。作为委托人的上级往往拥有数字生产的解释权,各种数字由上而下层层下达并负责解释,并且高层始终可以对下级的解释权进行再解释。作为代理人的基层则需要在治理的具体场域中,使得所生成的数字与上级的解释相吻合。

(三) 数字的使用权:归谁使用

数字的使用权限定何种主体使用数字资源,暗含数字潜在价值的归属,并且数字若不被使用则生产毫无意义[①],其使用权将反作用于生产权与解释权的行使。数字资源不存在边际效用递减,反而具有规模效应。在科层组织内部,数字资源多分散于各个职

[①] Elizabeth Popp Berman and Daniel Hirschman, "The Sociology of Quantification: Where Are We Now?", *Contemporary Sociology: A Journal of Reviews*, 2018, 47(3), pp. 257-266.

能部门,被称为"数字孤岛""数字烟囱"。① 如何能够整合使用数字则是关键,因此更关注使用权而不是所有权。虽然基层往往是数字的供给方,但科层组织的横向分工与纵向控制的结构使得层级高低与数字整合能力成正比。在国家治理中,下级通常只在一定条件下拥有数字的使用权。上级利用数字生产中的使用权分配控制下级的行为,以期其不偏离既定的政策目标。

四、政务服务改革领域的数字生产:一个案例观察

案例研究有助于回答"怎么"与"为什么"的问题②,并且可帮助深入描述经验事实,展现事件的生命周期全过程,挖掘其内在的运作逻辑。③ 文本尝试还原案例场景,从而力争"总结机制,提取结构"。④ 当前,全国范围内正不断推动"放管服"改革⑤,即政务服务改革。Z省的政务服务改革在全国范围内具有较大影响力,而A县经济社会发展水平位于Z省的县域平均线。因此,选择A县作为案例具有一定的代表性。依照学术规范,下文中的人物事件均作了匿名化处理。虽未在改革之初进行田野调查,但根据已有文件记录与田野交流补充了相关信息。

---

① 杜超、赵雪娇:《基于"政府即平台"发展趋势的政府大数据平台建设》,《中国行政管理》2018年第12期。
② Kathleen M. Eisenhardt, "Building Theories from Case Study Research", *Academy of Management Review*, 1989, 14(4), pp.532-550.
③ 卢晖临、李雪:《如何走出个案——从个案研究到扩展个案研究》,《中国社会科学》2007年第1期。
④ 耿曙:《从实证视角理解个案研究:三阶段考察渠文的方法创新》,《社会》2019年第1期。
⑤ 张占斌、孙飞:《改革开放40年:中国"放管服"改革的理论逻辑与实践探索》,《中国行政管理》2019年第8期。

(一)政务服务改革的数字生产过程:一个常规流程

2017年于Z省推开的政务服务改革作为一项政策自上而下传递,以行政命令的方式动员下级政府参与其中,各县级政府是政策目标的主要执行者。改革方案中的行政审批流程优化、数据互通共享等措施使得组织内部产生大量的数字需求,从简单的人口、法人库到复杂的不动产、社保、民政库,亟须各县级部门量化社会信息并以数字上传,以满足改革的预期目标。例如,在《省数字化转型标准化建设方案(2018—2020年)的通知》中,县级职能部门多被要求提供各类数字上传至相应的系统中。2019年,共有21个省级平台系统,涉及A县县府办、政法委、信访局、发改局等诸多党政机构。在改革中,一系列复杂的治理行为也被量化为数字指标,用于各级的政策效果评估。省市两级政府在数字生产过程中,主要具有解释权与使用权,而县级政府更多的是生产权,其常规的数字生产流程如图2所示。

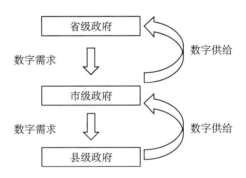

图2 政务服务改革下常规的数字生产流程

县级政府通常依照上级政府解释权中的数字需求来收集相应的数字,并以垂直条线对接的方式直接向上级业务指导部门供给数字。作为块块的县级政府实际上的数字使用权极为有限,大部分数字资源被市级条条部门垂直获取。此外,依据政务服务改革的需要,省市政府可根据具体场景向县级提供有限的数字使用权。但随着改革的深入与技术的运用,原有的数字生产格局被打破,数字生产权、解释权、使用权也随着不同场景出现了新的变化,数字生产过程日益复杂。

(二)生产权的分割:考核数字如何而来?

数字作为一种绩效的参照系,既是对国家治理效果的测量,也是上级对下级考核的重要依据。在原有的数字生产过程中,基层部门掌握数字的生产权,供给考核中所需的数字。上级基于数字的使用权与解释权将该数字作为考核依据,评估具体的治理效果。在此过程中,信息不对称与信息模糊使得数字的偏差始终困扰上级的考核与国家治理目标的实现。但是在信息技术的辅助下,县级部门数字的生产权被作为考核方的上级分割,从而直接纠正数字的偏差。基层不再垄断数字的生产,自下而上的数字信息传递被极大弱化,上级可以直接生产所需的数字资源,这导致在某些场景下基层受制于上级,如图3所示。

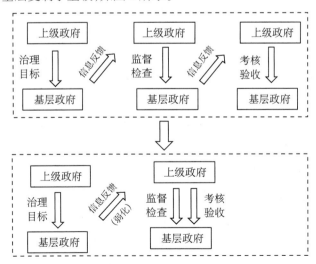

图3 数字生产权分割后的考核变化

在政务服务改革中,县级部门负责具体的政策执行,但评估执行效果的数字很大程度上不再由县级部门生产,反而直接由市级部门生产,基层的数字生产权受到分割。在省级的改革方案中,大量的信息系统被引入用以辅助改革措施的落实,并通过制定相应的制度规章,将传统线下的政务服务向线上转移,数字生产的场所从办公室、会议室,移动至物理的政务服务窗口与虚拟的政务服务网络。规范化、流程化的信息系统依据成员角色设定相应的系统权限,在系统后台实时监控每一次政务服务过程,如详细定位办理岗位、监控办理环节等。考核数字不依赖于县级政府的数字汇总,上级可利用政务服务网后台进行直接计算获得。传统的生产权分配格局被彻底改变,大量的数字生产直接由上级完成,从而达到数字的纠偏,一把尺子量到底的设想也成为可能。越过基层而直接获取数字,极大程度地扭转了信息不对称与信息模糊的问题,上级对下级在数字生产方面的资源依赖程度大为降低,政治运作空间也被大量压缩。

县府办下设的 D 中心,其重要工作之一是协调落实政务服务改革措施。工作人员 A1 的日常工作是收集、计算各类事项的数据,定期督促县级党政职能部门推进改革,并向上级部门汇报相应的工作进展。但在 2019 年 8 月的专项检查中,市级部门借助技术直接生成该县 45 个县级部门、国有企业、垂直单位 6 大核心指标——网办率、即办比率、跑零次率、事项总数、承诺时限压缩比、材料电子化程度——的对标情况,并做全省地级市的横向对比。各项数据直接指向具体部门,如表 1 所示。此次考核越过 D 中心的数字汇报环节,直接获取考核数字。在交谈中得知,A1 缺乏具体系统的访问权限,无法快速计算相应的考核数字,完全依赖上级部门提供。无独有偶,在市级政务服务改革的群组中,各区县的工作人员均请求市级某位负责人协助导出考核数据,从而跟进本区域的考核进度(访谈记录,20190826)。原本提供考核数字的县级部门几乎丧失了考核数字的生产权,考核数字潜在的偏差情况也因生产权的分割被极大地纠正,强化了上级对下级的考核控制能力。

表1 县级部门政务服务事项核心指标对标情况(截至8月26日)(列举)

部门	网办率(省定目标100%)				
	8月26日	本省领跑者		预期目标	时间节点目标
					8月30日	9月10日
县委编办	100%	100%	HZ市	100%	100%	100%
县档案馆	55.56%	100%	QZ市	100%	100%	100%
县发改委	88.24%	100%	JH市	100%	100%	100%
县经信局	100%	100%	QZ市	100%	100%	100%
县教育局	100%	100%	NB市	100%	100%	100%

资料来源:作者根据田野材料制作而成。

(三)解释权的拉锯:服务事项如何解释?

数字生产中的解释权至关重要,缺乏适当的解释,就不能有目的地生产所需要的数字,数字也会丧失其社会语境下的意义。在科层组织内部,解释权的分配映射权力的分配,在制度设计中由上至下不断递减。但在实际的数字生产过程中,解释权常常处于一种互相拉锯争夺的状态。上级倘若试图垄断全部解释权,必需垄断全部生产权,但此举成本巨大。多数情况下,上级会保留数字的最终解释权,即上级不仅可以直接解释,还能够否定下级的解释。但下级也会根据具体的场景,结合数字的生产权以争取部分数字的解释权。

在改革过程中,省级政府拥有数字的最终解释权,决定政务服务事项的数量与内容,并负责评估改革的效果。由于省际竞争与中央考核的压力,当年Z省将更多政府事务纳入政务服务事项中,客观上增加了县级部门的改革压力(访谈记录,20190827)。

2017年改革之初,县级事项数是883项,但至2019年8月末,县级事项按照上级要求总体增加至2 700余项,使得改革事项在数月之内突增700余项,并且要逐渐加码至省定目标的3 500项左右。此外,所有政务服务事项依托全省统一的事项管理平台运作,由省政府统一设定事项要求,即利用数字生产的解释权限定了县级部门在行使数字生产权中的"规定动作"。具体而言,有权力编码、法律依据、权力属性、法定期限、承诺办理时间等数据内容。各类事项种类复杂,牵涉诸多法律法规与政策文件,需各县级党政部门投入人力完成。上级尝试以解释权控制数字的生产过程,使得政务服务的解释符合政策的预期目标。

但是政务服务事项的解释无法脱离地方性知识,只能以解释权要求县级政府完成行使生产权的"规定动作",各种内容实际上由县级部门填写并生成相应数字信息上报至市级、省级审查。一旦具有生产权,解释权的扩张也成为可能。在县政务服务中心与县府办D中心牵头的某次专班会议中,A1提到县级政务服务事项按照上级要求,数量在原有基础上增加约三分之一,同时考核要求不变,因此,对部分事项的"重新解释"至关重要。对于省级与市级部门而言,政务服务改革的治理效果评估依赖于精密的数字指标,即通过事项数量的加总、取平均值、计算比例等。政务服务事项的具体解释被化约成为一串数字,由市级部门直接计算核查。但是在具体的数字生产过程中,县级部门则对各个事项进行重新解释而产生相应的数字。根据省级权力事项库的数字信息填写要求,例如,"网上办"的重点在于填写电脑端网上办事地址(涵盖访问的IP、解析网址、法人或个人的认证地址或标识);"承诺压缩比"即为(平均法定期限-平均承诺期限)/平均法定期限;"材料电子化"指标则是电子材料的数量除以应提交材料的数量。基于具体的填写要求,在专班会议上根据县级部门的反馈,与会人员共同提出了相应的"解释"方案:无法网上办理的事项则解释为材料网上审理,如县公安局的枪支弹药申请,要求网上预先审理材料,实际办理依旧需要本人到场;没有法定办理时长的事项则尽量增加承诺时长与法定时长的差距。无法定要求的,则尽量改为半年或者一年,再缩短承诺办理时间为1—2个工作日;实在无法网上办理的,就把办理网址挂在政务服务中心的网站页面上,以满足统计要求(访谈记录,20190827)。县级部门通过对解释权的拉锯,使得政务服务事项满足数字的形式合理性,可以应对上级对考核数字的直接生产与控制。但在解释权的拉锯过程中,对于所生产的数字,其实质合理性则有待考量。

(四)使用权的博弈:政务数字如何分配?

数字在使用中展现价值,是数字生产的目的(end),将影响生产权与解释权的行使(means)。数字生产中的使用权通常由上级掌握,下级大多依赖上级的使用权分配,使得在数字使用方面下级受控于上级。上级对使用权的控制与下级对使用权的自主需求产生张力,并随着信息技术的引入而变得复杂。

在政务服务改革中,具体的治理成效依赖于政务服务数字的精度与广度,这使得如何分配数字的使用权成为焦点。在改革过程中,省级部门计划建设21个系统,自上而下地对接条线部门获取数字,如经济运行监测分析数字化平台、公共信用信息平台、生态环境协同管理平台等。各县级部门所生产的数字直接依托系统供给省市一级职能部门。除此之外,地级市层面由W市大数据发展管理局牵头构建大数据平台,汇集全市范围内政务服务的相关数据,但只开放较少接口供A县政务服务中心等部门的查询终端接入,只提供有限的数字使用权。虽然生产权归属县级政府部门,但却几乎没有使用权,上级对下级的数字控制非常严格。县府办D中心工作人员A2提及,目前存在数字使用中取水量大、出水量小的问题,同时导出的数字不够灵活,需再加工,耗费大量的人力和物力。此外,市级部门只开放数据查询,但数据的接入获取则耗时较长。在申请使用权中,市级部门要求区县单位填写《市大数据共享服务平台权限申请表》,除使用承诺人外,涉及单位负责人、区县大数据管理部门、大数据发展管理局数据资源处、大数据发展管理局四个流程,并均要求手写签字盖章,以邮政快递的形式传递(值得提及的是,政务服务改革的重点目标之一就是增加可供网上办理的事项)。在实际操作中,曾有县人社局4个多月审批未果以及寄件丢失的问题发生。县里以为市里拖延,市里则以为县里未及时递交材料(访谈记录,20190725,20190826)。由此可见,对于较大范围内数字使用权的申请,交易成本巨大。出于数字自主性的考虑,D中心于2019年主动申请追加预算外资金300万元,用于搭建县级公共数据交换平台,尝试以自动抓取与手工报表的形式汇集其他部门的数据。Q主任对此评价称:"市里是大水库,而县里就是小水库,接小水管到这个小水库里面"。但是市级部门反对该类做法,并且A2坦言此项目建设也存在失败风险(访谈记录,20190725,20190821;20190826)。后期回访中,A2提到县级公共数据交换平台已初步建设完成,正以文件和考核为手段推动县级其他部门的数字归集。由于该平台为县级自建,无法直接对接各个部门的垂直数字系统,只能采取手工方式归集数字,并基于省市级提供的数据为基础加以清理整合,提高县级的灵活性(访谈记录,20201114)。基于该平台,县级政府可整合县域范围内的数字资源,从而掌握县域范围内的数字使用权,强化自身的数字自主性以应对复杂的治理场域。

五、国家治理中的数字生产:结论与展望

在国家治理的场域中,数字不仅塑造国家治理的目标场景,而

且承担治理绩效的评估反馈。从国家的"看清"(基于数字而了解),再到"行动"(基于数字而治理),最后至"反馈"(基于数字而评价),数字始终弥散于国家治理的全过程,成为理解当下国家治理的重要切入点。国家治理的过程也可视为数字生产的过程。从数字的产生到解释最后至使用,纷繁复杂的治理过程交融于数字的生产流程。

本文基于数字生产的实际,尝试引入数字生产的分析框架,以数字生产权、解释权、使用权重构数字的生产过程,以此分析国家治理的实践。基于 A 县政务服务改革的案例表明,信息技术的引入使得数字生产中三个维度的权力分配出现新的变化。数字生产过程中的偏差与纠偏、受控与自主交替出现:生产权的分割使得上级强化对数字生产的直接控制,使得数字纠偏成为可能;解释权的拉锯使得数字偏差始终存在,数字的实质合理性仍需反思;使用权的博弈则导致基层在数字生产中的受控与自主交替变化,呈现动态博弈的局面。在这一过程中,既实现了国家治理的部分目标,也造成了一些非预期后果,如一些数字合理性弱化了政策效果。在理论意义上,三个维度的划分既突出数字生产的实践性特征,也关注数字生产中权力的分配与互动,有助于分析数字是如何在国家治理中被生产、被使用,又是如何影响国家治理的运行轨道,可作为未来研究该领域的参考框架,从而实现"从故事到知识"的转变。①

此外,在信息技术的持续渗透下,三个维度权属的分配格局产生变化,使得当前国家治理出现新的机遇与挑战。国家一方面强化了数字生产的能力,对基层数字的依赖得以减弱,为国家治理目标的实现提供了更为清晰的数字图景;另一方面,解释权、使用权的互动依旧表明国家始终难以克服委托—代理结构下对基层治理

---

① 张静:《案例分析的目标:从故事到知识》,《中国社会科学》2018 年第 8 期。

的有效控制。过度分割基层的生产权与解释权,则有可能抽离数字生产的地方性知识,引发治理中潜在的负面问题。例如,数字生产权的剥夺导致县级部门"空转",或是解释权的受限破坏治理行动中的组织认同(访谈记录,20190723;20190827)。正如有学者指出的那样,需要在国家清晰性与社会模糊性中寻求平衡①,重新审视数字生产在国家治理中的取向与价值。

当下国家治理不断依赖信息技术的赋能,数字则作为技术嵌入的符号表征,浮现于国家治理的实践场域。本文构建数字生产的三个维度,尝试以数字生产过程解析国家治理的微观场景,但作为抽象化符号的数字,又依赖于权力的解释,导致数字生产的各个环节紧密关联难以构建完全的理想型(Ideal type)划分。如何进一步细化辨析数字生产的维度组合与行为特征,优化数字生产环节,以增强数字生产的有效性,是未来值得关注与讨论的议题。

[本文系国家社会科学基金项目"当代中国社会组织公共性的生产研究"(项目编号:18BZZ096)的阶段性研究成果]

---

① 韩志明:《在模糊与清晰之间——国家治理的信息逻辑》,《中国行政管理》2017年第3期。

韧性治理:城市社区应急响应的行动逻辑与效应

方 敏* 张 华** 唐 斌***

[内容摘要] 高度不确定性与超巨大复杂性的现代风险社会给城市风险治理带来了巨大挑战,社区作为城市应急响应的第一道防线,对消解风险冲击、维持社会运转和促进危机恢复意义重大。本文基于韧性治理的视角,利用 Norris 压力抵抗与韧性模型构建了社区应急响应分析框架,采用 3 587 份居民在线调查的数据,探讨了重大突发公共卫生事件中社区应急响应的行动逻辑及其促进危机恢复的效应。研究结果表明:(1)中国城市社区的社会资本禀赋以及社区沟通、社区支持和社区参与等系列危机响应行动提升了居民对政府的满意度,进而促进了集体行动和危机恢复;(2)对社区应急响应资源和行动策略的分析显示,危机中在最小的社会单元通过各项干预措施维持社会功能的正常运转,以保持社区的可持续发展,是灾害治理的本质;(3)社区从危机中恢复的程度和速度取决于应急响应行动的溢出效应,团结、信任和有韧性的社区是中国从重大突发公共卫生事件中突破集体行动困境和迅速恢复的重要基础。研究丰富了社区风险治理理论,并提供了经验证据,也为风险社会中实现基层治

---

* 方敏,华南农业大学公共管理学院副教授,广东城乡社会风险与应急治理研究中心研究员。

** 张华,广西民族大学政治与公共管理学院副教授。

*** 唐斌,广东城乡社会风险与应急治理研究中心主任,华南农业大学公共管理学院教授。唐斌为本文通讯作者。

理现代化提供了有益的启示。

[**关键词**] 韧性治理；危机恢复；社区应急响应；政府满意度；溢出效应

一、问题的提出

在现代社会中,风险的高度不确定性与城市治理的超巨大复杂性交互作用,进而改变现代社会的运行逻辑与规则[1],极易形成超大规模危机,给城市治理带来巨大的挑战。既有文献发现,重大公共卫生事件暴发的不确定性和突发性导致了公众对感染病毒的恐惧,极大地改变了社会互动[2],造成公众的合作意愿下降[3],降低了公众对政府公共卫生行动的支持[4],增加了危机响应的实施成本,形成了集体行动的困境。[5] 作为国家治理和城市安全的基本单元,社区不仅是应对危机的第一道防线,也是借以"透视"社会的视角。[6] 然而,超大城市普遍存在环境恶化、资源紧缺、交通拥堵

---

[1] 范如国:《"全球风险社会"治理:复杂性范式与中国参与》,《中国社会科学》2017年第2期。

[2] See WHO Europe, *Vaccination and Trust: How Concerns Arise and the Role of Communication in Mitigating Crises*, Geneva: World Health Organization, 2017.

[3] Clots-Figueras I., González R. H. and Kujal P., "Trust and Trustworthiness under Information Asymmetry and Ambiguity", *Economics Letters*, 2016(147), pp. 168-170.

[4] Blair R. A., Morse B. S. and Tsai L. L., "Public Health and Public Trust: Survey Evidence from the Ebola Virus Disease Epidemic in Liberia", *Social Science & Medicine*, 2017(172), pp. 89-97.

[5] Adger W., "Social Capital, Collective Action, and Adaptation to Climate Change", *Economic Geography*, 2009(79), pp. 387-404.

[6] 肖林:《"'社区'研究"与"社区研究"——近年来我国城市社区研究述评》,《社会学研究》2011年第4期。

和城市失序等"大城市病"①,以及居民集体行动网络被稀释、居民集体行动意识弱化和集体行动松散等困境。② 在刚性的科层治理体系中,城市社区建设一直以来存在着主动性弱、外部力量整合能力弱、内部碎片化等问题,难以应对现代社会风险。③ 当面临高度不确定的风险和高度复杂的治理环境与任务时,上述城市社区问题均有可能进一步放大风险,对城市社区治理构成巨大挑战。如何在最小的城市治理层面缓解危机冲击,提升公众对政府的满意程度和合作意愿,消解社会风险并促进危机恢复,是风险社会中亟待解决的重大问题。

在风险社会"与灾共生"的时代需求下,韧性有助于通过提高个体或组织的韧性能力,帮助社会尽快从灾难中恢复④,可以有效地克服风险社会情景下城市社区的脆弱性与科层刚性治理的局限性⑤,从而成为解决风险治理问题的一项关键议题。韧性指个体或组织在压力条件(如自然或人为灾难)下适应灾害和恢复健康的能力集合。⑥ 随着治理重心的下移,构建韧性社区是国家应急管理的一个重要支点⑦,社区治理成为灾难恢复的重要视角。作为联系政府和居民的纽带,中国共有近 400 万名社区工作者在 65 万个城乡社区实施了应急响应措施,以减少居民在物质和

---

① 陈水生:《超大城市空间的统合治理——基于北京"疏解整治促提升"专项行动的分析与反思》,《甘肃行政学院学报》2019 年第 4 期。
② 罗强强、陈涛、明承瀚:《风险视域下的超大城市社区韧性:结构、梗阻与进路——基于 W 市新冠肺炎疫情社区治理的多案例分析》,《城市问题》2022 年第 5 期。
③ 王鹭、肖文涛:《刚性管制-弹性管理-韧性治理:城市风险防控的逻辑转向及启示》,《福建论坛》(人文社会科学版)2021 年第 5 期。
④ Geoff, A. Wilson, *Community Resilience and Environmental Transitions*, London: Earthscan Routledge, 2012, pp.10-11.
⑤ 朱正威、刘莹莹、杨洋:《韧性治理:中国韧性城市建设的实践与探索》,《公共管理与政策评论》2021 年第 3 期。
⑥ Norris F. H., Stevens S. P. and Pfefferbaum B., et al., "Community Resilience as a Metaphor, Theory, Set of Capacities, and Strategy for Disaster Readiness", *American Journal of Community Psychology*, 2008, 41 (1-2), pp.127-150.
⑦ 吴晓林:《城市社区如何变得更有韧性》,《人民论坛》2020 年第 29 期。

精神上遭受危机的冲击,使居民在危机中维持了相对危机前的平衡的生活水平,在重大突发公共卫生事件中发挥了独特和关键的作用。① 中国在重大突发公共卫生事件中的社区应急管理实践为探索应对超大规模危机的韧性治理体系提供了重要基础。

既有研究对中国社区应急管理及韧性治理均展开了深入的分析与探讨。与国家自上而下的危机干预不同,在以社区为基本单元的应急行动中,社区自下而上的应急响应行动如何促进了社区和居民从危机中恢复?这一研究具有重大的现实意义。现有关于社区韧性和韧性治理的文献非常丰富,已有文献主要展开了理论层面的探讨和分析,但对社区韧性尤其是社区韧性促进危机恢复效应的研究相对较少,灾害中社区韧性的危机恢复效应仍是一个黑匣子,并且缺乏实证证据。本文基于韧性理论的社区视角,聚焦社区在重大突发公共卫生事件中的应急响应行动,探讨危机中社区应急响应行动促进危机恢复的机制,并运用实证证据对其效应进行了检验。本文的内容安排如下,首先,探讨了社区韧性的概念和关键要素,在社区韧性模型的基础上,结合中国在重大突发公共卫生事件中的社区行动实践,构建了基于"资源-行动-功能"的社区应急响应分析框架;其次,描述了样本,识别了社区应急响应行动提升政府满意度和促进危机恢复的路径,并比较了不同行动策略的影响效应;最后,简要得出结论并讨论了社区行动和韧性治理在危机恢复和风险治理中的政策影响及意义。

---

① 尹广文:《回到社区:新冠疫情影响下的社会治理与社会学研究》,《学术界》2022年第1期。

二、文献综述与理论框架

（一）韧性与韧性治理

韧性(Resilience)源自霍林(C. S. Holling)对生态韧性、工程韧性以及社会-生态韧性的阐释。① 从灾害系统理论出发，韧性是承灾体在孕灾环境下对致灾因子造成结果的抵抗、吸收以及从这种结果中恢复的能力②，表征了抵抗与逐渐减少灾害风险的概念。在韧性理论的基础上萌发了韧性治理(Resilience Governance)的概念。韧性治理模式强调国家治理体系面对高度不确定性风险的自适应性，可破解社会治理的边界性与网络关系的跨域性、社会治理中心化与网络结构分散性，以及社会系统脆弱性与网络风险叠变性之间的突出矛盾。③ 韧性治理倡导城市及社区通过重塑和提升城市全面应对风险的能力，基于合作治理与组织学习等机制实现对风险社会的适应。④ 有学者提出城市公共物品的韧性治理架构包括学理因由、进展经验与推进方略三个维度，可从范围方式、过程治理、主体结构、法律规制、监督及能力等方面实施推进。⑤ 也有学者从社区组织、制度、技术、设施和主体等方面对韧性社区应

---

① C. S. Holling, "Resilience and Stability of Ecological Systems", *Annual Review of Ecology and Systematics*, 1973(1), pp. 1-23; C. S. Holling, "Engineering Resilience Versus Ecological Resilience", in Peter C. Schulze, ed., *Engineering within Ecological Constraints*, Washington DC: National Academy Press, 1996, pp. 31-44.
② 史培军:《三论灾害研究的理论与实践》,《自然灾害学报》1996年第4期。
③ 翟绍果、刘入铭:《风险叠变、社会重构与韧性治理:网络社会的治理生态、行动困境与治理变革》,《西北大学学报》(哲学社会科学版)2020年第2期。
④ 朱正威、刘莹莹:《韧性治理:风险与应急管理的新路径》,《行政论坛》2020年第5期。
⑤ 何继新、荆小莹:《城市公共物品韧性治理:学理因由、进展经验及推进方略》,《理论探讨》2017年第5期。

急治理展开分析。①

(二) 社区韧性及其构成要素

社区是居民生活的空间和社会环境,也是基于参与者共同常识的社会关系集。在城市化发展加速和自上而下由国家主导的"社区建设"运动背景下,公共卫生事件的暴发进一步加速了国家与社会自组织的合作过程。在灾害风险管理中,社区可发挥自下而上的联动效应,对城市应急管理形成有效的补充②,从而成为城市应急治理的目标之一。社区韧性是社区利用现有的资源及自组织能力,或链接内外资源,有效地抵御灾害与风险,并从有害影响中恢复,保持可持续发展的能力。③ 社区韧性是有效促进灾害准备响应和维持社区可持续性、成功适应灾害的过程和结果。④ 学界对社区韧性的内涵及构成维度展开了深入研究,如社区韧性可由领导力、集体效能、预备、场所依赖和社会信任五个因子组成⑤,有学者从结构、过程、能力和文化四个维度对社区韧性展开分析,其实现机制为多中心协同、调节效应、适应性循环、自主变通、社区学习、社区承诺等。⑥ 也有学者认为社区韧性是克服风险情境中超大城市治理负荷的应然能力,由组织韧性、设施韧性、制度韧性、

---

① 施生旭、周晓琳、郑逸芳:《韧性社区应急治理:逻辑分析与策略选择》,《城市发展研究》2021年第3期。

② Maskrey A., "Revisiting Community-Based Disaster Risk Management", *Environmental hazards*, 2011, 10(1), pp.42-52.

③ 吴晓林、谢伊云:《基于城市公共安全的韧性社区研究》,《天津社会科学》2018年第3期。

④ 彭翀、郭祖源、彭仲仁:《国外社区韧性的理论与实践进展》,《国际城市规划》2017年第4期。

⑤ Leykin D., Lahad M. and Cohen O., et al., "Conjoint Community Resiliency Assessment Measure-28/10 Items (CCRAM28 and CCRAM10): A Self-Report Tool for Assessing Community Resilience", *American Journal of Community Psychology*, 2013, 52(3), pp.313-323.

⑥ 蓝煜昕、张雪:《社区韧性及其实现路径:基于治理体系现代化的视角》,《行政管理改革》2020年第7期。

居民韧性、技术韧性五个维度构成。①

对于社区韧性的构成要素,学者们从社区资源和社区行动等视角展开了较为丰富的研究。从资源上看,学者们主要关注了社区基础设施和社区社会资本的影响。社区基础设施包括物理基础设施和社会基础设施。物理基础设施是指建筑物和设施等实体,社会基础设施包括社区组织、公民协会和志愿者团体等在邻里背景下培养的人际关系互动和社会参与,对居民日常生活具有重要的支持作用。社会资本是指促进集体行动的社会结构、信任、规范和社会网络,可以在互惠互利的基础之上促进社区内不同成员的合作与协作。社区社会资本存量越高,社区居民越有可能参与解决社区公共问题。有凝聚力的社区通过支持居民保持社会联系和合作,可产生积极的危机恢复效果。② 而当社区的社会资本连通性较为缺乏时,社区成员往往缺乏应对灾害的能力。

从社区响应行动上看,学者多从行动的内容及功能对危机中的社区行动展开分析,主要关注了社区的风险沟通、社会支持以及社区公众参与等行动。首先,风险沟通指危机中的个体、群体以及机构等利益相关者为了更好地理解风险和展开决策,而进行的相互交流风险信息和看法的过程。风险信息的交流可影响公众的风险认知和心理状态,进而减少危机中的不确定性。③ 当灾难发生时,人们更多地倾向于相信本地信息,因为本地信息更加及时和精

---

① 罗强强、陈涛、明承瀚:《风险视域下的超大城市社区韧性:结构、梗阻与进路——基于 W 市新冠肺炎疫情社区治理的多案例分析》,《城市问题》2022 年第 5 期。

② Brockie L. and Miller E., "Understanding Older Adults' Resilience during the Brisbane Floods: Social Capital, Life Experience, and Optimism", *Disaster Medicine and Public Health Preparedness*, 2017,11(1), pp.72-79.

③ Kim P. H., Dirks K. T. and Cooper C. D., "The Repair of Trust: A Dynamic Bilateral Perspective and Multilevel Conceptualization", *Academy of Management Review*, 2009(3), pp.401-422.

确,更有利于作出风险评估和选择评价。① 因此,来自社区渠道的风险沟通可通过增加公众的感知度来对政府满意度发挥核心作用,促进集体行动意愿和危机恢复。② 其次,社区支持是社会支持的一种类型,指个人、社区和社会可用的资源。③ 由于危机中社会环境的变化恶化了社会支持水平,从而破坏了居民生活的平衡状态,社会支持水平则通过提供可用资源,提升个人、团体和社区吸收灾害影响、加快恢复进程的能力,将居民生活水平保持在相对危机前的平衡状态,缓冲个人对危机的应激反应,从而促进个体对危机的适应。④ 此外,社区公众参与指社区中的利益相关者主体(如政府、社区组织与居民)在共同的行动目标下,通过整合资源、能力和干预等多主体共同行动来维护社区的利益,良好的社区集体行动将形成社区可持续的自治能力,对社区从灾难中恢复具有显著的正向作用。⑤

(三) 韧性治理视角下社区应急响应的行动逻辑

现有研究表明,韧性治理已成为风险社会的主要治理模式⑥,

---

① Longstaff P. H., "Building Trust in Unpredictable Systems: The Case for Resilience", *Annual Review of Communications*, 2005, 58, pp.205-212.

② Chryssochoidis G., Strada A. and Krystallis A., "Public Trust in Institutions and Information Sources Regarding Risk Management and Communication: Towards Integrating Extant Knowledge", *Journal of Risk Research*, 2009, 12(2), pp.137-185.

③ Dückers MLA, Yzermans C. J. and Jong W., et al., "Psychosocial Crisis Management: The Unexplored Intersection of Crisis Leadership and Psychosocial Support", *Risk, Hazards & Crisis in Public Policy*, 2017, 8(2), pp.94-112.

④ Paul D. B. and Thomas W. B., "Social Support, Group Consensus and Stressor-Strain Relationships: Social Context Matters", *Journal of Organizational Behavior*, 2001, 22(4), pp.425-430.

⑤ Eisenman D. P, Glik D. and Gonzalez L., et al., "Improving Latino Disaster Preparedness Using Social Networks", *American Journal of Preventive Medicine*, 2009(6), pp.512-517.

⑥ 王胜梅:《韧性治理共同体:未来城市治理的价值依归与构建路径》,《改革与开放》2021年第5期。

因而社区韧性在灾害恢复中具有重要的作用。[1] 但目前关于社区韧性行动内在机制的实证研究尚不足。在上述文献讨论的基础上,我们基于韧性治理理论,结合中国在重大突发公共卫生事件中的社区实践,利用诺里斯(Norris)的压力抵抗与韧性模型(Model of stress resistance and resilience)[2]构建了社区应急响应行动与危机恢复框架,尝试解释城市社区在面对危机等外部压力时的行动逻辑。如图1所示,该框架从社区"资源-行动-功能"的视角,阐释了城市社区如何调动社区资源和行动进行压力抵抗来提升社区适应危机的韧性能力,进而产生了社区对危机的功能适应或功能障碍的不同结果。如果社区面对的压力较为严重或持久,或社区自身的资源系统较为薄弱、社区行动难以抵抗危机冲击的压力,则社区运转的平衡状态被打破,社区陷入功能障碍,产生集体行动困境等后果。相反,社区资源及行动能够缓冲或抵消危机的损害,形成

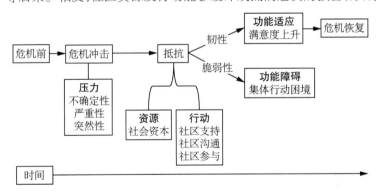

图1 基于"资源-行动-功能"的社区应急响应分析框架

来源:作者根据诺里斯压力抵抗与韧性模型修改。

---

[1] Pfefferbaum B., Pfefferbaum R. L. and Van Horn R. L., "Community Resilience Interventions Participatory, Assessment-Based, Action-Oriented Processes", *American Behavioral Scientist*, 2015, 59(2), pp.238-253.

[2] Norris F. H., Stevens S. P. and Pfefferbaum B., et al., "Community Resilience as a Metaphor, Theory, Set of Capacities, and Strategy for Disaster Readiness", *American Journal of Community Psychology*, 2008, 41(1-2), pp.127-150.

较好的治理效能,产生如公众对政府满意度上升的结果,则社区具备应对危机的韧性能力。

根据文献中对社区韧性关键要素的探讨,我们从社区资源和社区行动两个维度来识别危机中城市社区应急响应的行动框架,包括社区的社会资本、社区沟通、社区支持和社区参与。首先,在危机中用于抵抗压力和保护社区的资源中,社会资本被认为与灾难恢复紧密相关。当重大突发公共卫生事件中因社交隔离措施导致社区物理基础设施的功能被暂停时,城市社区的社会资本成为联结和维持社区人际关系的重要载体。其次,社区沟通和社会支持等行动是积极的危机响应和干预措施,目的在于帮助居民适应和恢复危机前生活水平的能力,抵抗居民在面对灾害时的脆弱性。最后,社区参与通过调动居民、志愿者、业主等多主体与政府部门合作来共同维护社区的利益,增强了公众对政府的认知和满意度,形成了集体行动并增加了从危机中恢复的能力。由此提出如下研究假设:

假设1:社区社会资本可提升社区韧性并促进危机恢复。

假设2:社区支持可提升社区韧性并促进危机恢复。

假设3:社区风险沟通可提升社区韧性并促进危机恢复。

假设4:社区公众参与可提升社区韧性并促进危机恢复。

三、数据与测量

(一)数据采集

我们采用自主设计的问卷对中国公众进行了在线调查,样本获取时间为2020年4月。在上述时间段,居民公共服务的提供主要依靠社区,这有助于我们观察社区应急响应行动的效果。我们采用了配额抽样和雪球抽样相结合的方法,通过最主要的社交媒体——微信获得样本。① 最终收集了 4 260 份问卷,通过双人检查方式对数据质量(答题时长和逻辑异常)进行差异检查和剔除无效问卷,并将分析样本限制在 18—70 岁,成功获得有效问卷 3 587 份。回收样本显示,样本在性别、婚姻和户籍等人口统计学变量上的特征分布比例均较接近中国网民的总体特征②(表1),说明对抽样误差的控制是有效的。我们采取了用李克特量表进行测量、问卷匿名填写和使用简明量表等一系列避免产生测量中同源偏差的措施,问卷探索性因子分析亦显示有 6 个公因子,并通过了 Harman 检验,即不存在同源偏差。

(二) 测量

危机治理效能为被解释变量,具体来说,我们以公众对危机中政府的满意度作为危机治理效能的主观测量。政府满意度是公众对于政府如何基于公众期望运作的基本评价③,可反映危机治理的效能。考虑到中央政府和地方政府的差序格局,我们对政府满意度的测量包括中央政府和地方政府两类对象。为了观察受访者在疫情中政府满意度的变化,测量由四个问题组成,"疫情前(当前)你对中央政府的满意度程度""疫情前(当前)你对本县政府的满意度程度",用 1—5 分询问受访者,得分越高,表示越满意,并通过计算疫情前和当前政府满意度得分的差来观察满意度的变化。对中央政府满意度和地方政府满意度的 Cronbach's α 是 0.79,表明数据具有较好的信度。

社区应急响应行动为关键解释变量,包括社区资源、社区沟

---

① 2020 年中国移动社交用户规模超过 9 亿人,其中,微信是最主要的移动社交软件,月活跃量达到 11 亿。
② 中国互联网信息中心第 46 次《中国互联网络发展状况统计报告》,2020 年,http://www.gov.cn/xinwen/2020-09/29/content_5548176.html.
③ Miller, Arthur H., "Political Issues and Trust in Government: 1964-1970", *American Political Science Review*, 1974, 68(03), pp.951-972.

通、社区支持和社区参与四个指标。需要指出的是,当前居民委员会是组织城市社区展开行动的主体,我们将社区定义为居民委员会,以居民对城市社区行动的主观评价来测量。①

首先,社区资源指社区社会资本,社区行动包括社区沟通、社区支持和社区参与。我们采用邻里指标来测量社区社会资本②,以"你对邻居的信任程度"来测量,得分越高,表示社区的社会资本越高。

其次,社区沟通由反映风险沟通质量的两个指标来测量,第一个指标是社区沟通的透明度③,通过询问居民"对社区风险沟通信息透明度的评价"衡量;第二个指标是社区沟通的及时性④,通过询问居民"对社区风险沟通信息及时性的评价"来测量。两个指标均为1—5分,通过加总两个指标的分数获得总分,得分更高的分数适用于更高水平的社区沟通。两个指标的 Cronbach's α 为0.93,表明数据的高可靠性。

再次,我们以居民可获得、由社区提供的四项主要应急响应公共服务为社区支持的测量工具,以分别询问居民对"交通出行、生活物资供给、物价和就医"四项服务的满意度来测量(1—5分),两个指标的 Cronbach's α 为0.87,表明数据的高可靠性。通过加总四个条目分数获得总分,得分更高的分数适用于更高水平的社区支持。

---

① Shaul, Kimhi and Yohanan, et al., "Measuring National Resilience: A New Short Version of the Scale (NR-13)", *Journal of Community Psychology*, 2018, 47(1), pp. 1-12.

② Laurence J. and Kim H H., "Individual and Community Social Capital, Mobility Restrictions, and Psychological Distress during the COVID-19 Pandemic: A Multilevel Analysis of a Representative US Survey", *Social Science & Medicine*, 2021, 287(2): 114361.

③ Tang CSK and Wong C-Y., "An Outbreak of the Severe Acute Respiratory Syndrome: Predictors of Health Behaviors and Effect of Community Prevention Measures in Hong Kong, China", *American Journal of Public Health*, 2003, 93(11), pp. 1887-1888.

④ Cao W., Fang Z. and Hou G., et al., "The Psychological Impact of the COVID-19 Epidemic on College Students in China", *Psychiatry Research*, 2020(287): 112934.

最后,社区参与反映了社区的社会基础设施水平。居民参与社区治理的行为形式较为多样,其中,政治性参与行为(如参与社区决策和治理、维护权利等行为)是影响政府满意度的关键。[1] 我们采用询问居民"争取社区权利的行为频率"来测量(1—5 分)社区参与,频率越高,社区参与程度越高。

控制变量包括风险感知、情绪反应和一系列人口统计学变量。风险感知是人们对风险严重性的主观判断[2],影响个人在危机中的集体行动。我们采用安全感来测量风险感知[3],得分越高,安全感越好,风险感知越小(1—5 分),以避免超大危机下风险感知的个体差异。情绪反应以广泛性焦虑量表(GAD-7)来测量,由 7 个问题组成,量表的 Cronbach's α 为 0.97,表明数据的高可靠性。我们将 7 个条目分数加总获得总分,得分更高的分数适用于更高水平的焦虑程度。我们将情绪反应分为无焦虑和焦虑两组,0—4 分为无焦虑,5—21 分为焦虑。与政府满意度有关的人口统计学变量[4]可见表 1。

我们使用 Stata 15 采用最小二乘法进行层次回归,逐一纳入社区行动变量来观察危机中社区行动对政府满意度的影响效应。回归前我们对所有变量进行了标准化处理,通过回归结果中报告

---

[1] Mehta, A. M., Bruns A. and Newton J., "Trust, But Verify: Social Media Models for Disaster Management", *Disasters*, 2016, 41(3), pp.549-565.

[2] Battaglio Jr. R. P., Belardinelli P. and Bellé N., et al., "Behavioral Public Administration ad fontes: A Synthesis of Research on Bounded Rationality, Cognitive Biases, and Nudging in Public Organizations", *Public Administration Review*, 2018, 79(4), pp.304-320.

[3] Zhu Z., Liu Y. and Kapucu N., et al., "Online Media and Trust in Government during Crisis: The Moderating Role of Sense of Security", *International Journal of Disaster Risk Reduction*, 2020, 50(4), p.101717.

[4] Ronnerstrand Bjorn., "Contextual Generalized Trust and Immunization against the 2009 A(H1N1) Pandemic in the American States: A Multilevel Approach", *SSM-Population Health*, 2016(2), pp.632-639; Brandt M., Wetherell G. and Henry P. J., "Changes in Income Predict Change in Social Trust: A Longitudinal Analysis", *Political Psychology*, 2014, 36(6), pp.761-768.

的标准化系数和该模型的拟合优度,以比较不同的社区应急响应行动策略对政府满意度的标准化影响系数,从而观察社区应急响应行动对于危机恢复的影响效应。

四、社区应急响应行动的效应分析

(一)描述性统计结果

分析样本包括分布在 31 个省份的 3 587 份问卷,男性占 55.34%,18—30 岁的占 56.82%,31—50 岁的占 39.03%。有少数人在中学层面或以下接受了教育(25.32%),服务业工作者占 35.02%,专业技术人员占 18.32%,年收入以 10 万元以下为主,占 74.63%。风险感知的平均值为 -0.218(SD,0.834),有焦虑情绪的占 72.93%(表1)。

表1 样本结构($N=3\ 587$)

变量	分组	频数	%(均值)
性别	男	1 985	55.34
	妇女	1 602	44.66
年龄	18—30 岁	2 038	56.82
	31—40 岁	968	26.99
	41—50 岁	432	12.04
	51—60 岁	118	3.29
	60 岁以上	31	0.86
受教育水平	初中	237	6.61
	高中	671	18.71
	大学本科	2 411	67.21
	研究生	268	7.47

(续表)

变量	分组	频数	%(均值)
职业	公务员	328	9.14
	专业技术人员	657	18.32
	企业主	260	7.25
	服务业工作者	1 256	35.02
	学生	471	13.13
	无固定工作者	615	17.15
年收入	10 万元以下	2 677	74.63
	10—20 万元	652	18.18
	21—50 万元	204	5.69
	50 万元以上	54	1.51
风险感知	安全感的变化	3 587	-0.218 ± 0.834
焦虑(GAD-7)	无焦虑	971	27.07
	焦虑	2 616	72.93

如表2所示,在社区应急响应的资源与行动中,社区社会资本的评分为4.159分(SD,0.908),社区沟通评分为8.439分(SD,1.939),社区支持为16.183(SD,3.799),社区参与评分为4.186分(SD,1.003)。总体来说,公众对社区应急响应行动具有较高的评价。在重大突发公共卫生事件中,城市社区的工作人员采取了广泛的响应行动,每名社区网格员面对约350名居民,对社区实施全面和精细的监测、管理和服务。包括承担监测病毒、居民体温检查、组织核酸检测等传染病公共卫生服务,提供开展工作的组织和人力资源;为居民调配和供应足够的食品和药品、分配捐赠物品并关心脆弱群体,为社区居民生活提供必要的资源和支持;网格员建立了覆盖所有管辖范围家庭的微信网格群,通过微信群即时传达有关病毒监测进展和各级政府公共卫生措施的最新信息,并获得居民健康和

生活需求现状的信息。上述社区行动通过帮助居民适应危机,减少应激反应,从而抵抗了居民面对危机时的脆弱性,促进了危机恢复。

表2 公众对社区应急响应行动的评价($N=3\,587$)

变量	定义	均值	标准差	最小/最大值
社区社会资本	危机前邻里信任程度	4.159	0.908	1/5
社区沟通	对社区信息公开的及时性和透明度的认知 Cronbach's $\alpha=0.931\,9$	8.439	1.939	2/10
社区支持	对社区提供的"公共交通""生活物资""物价""医疗服务"满意程度之和 Cronbach's $\alpha=0.869\,4$	16.183	3.799	4/20
社区参与	争取社区权利行为的频率	4.186	1.003	1/5

如表3所示,公众对于危机前的中央政府和地方政府的满意度评分分别为4.359和4.259分,均保持了较高水平。这与第七次世界价值观调查结果所公布的中国数据一致。在危机中后期,政府满意度评分均出现了上升,分别达到4.492和4.323。可见,在社区实施了应急响应措施后,公众对政府的满意度出现上升,这反映了伴随社区资源的利用和响应行动的实施,社区表现出对危机的适应,危机治理效能出现上升。

表3 危机中的治理效能变化

类型	危机治理效能($M\pm SD$)	
	中央政府满意度	地方政府满意度
危机前	$4.359\pm0.904^{***}$	$4.259\pm0.969^{***}$
危机中	$4.492\pm0.810^{***}$	$4.323\pm0.958^{***}$

注:$^{*}P<0.1$,$^{**}P<0.05$,$^{***}P<0.01$。

(二) 社区应急响应行动、政府满意度与危机恢复

我们以公众对中央和地方政府的满意度为因变量,以估计社区应急响应行动提升公众政府满意度和促进危机恢复的影响效应。回归结果显示(表4),当危机来临时,焦虑情绪对中央和地方政府的满意度均产生负面影响($p<0.01$),说明负面情绪是危机来临时政府满意度的风险因子,有效的应急响应措施不但要管理公众认知,还要管理公众的情绪。[1] 加入社区行动变量后,社会资本、社区沟通和社区支持对中央和地方政府满意度表现出显著的正向影响($p<0.01$),这反映了社会资本、社区沟通和社区支持在危机中可直接提升公众对政府的满意度。在社区韧性框架下,社区资源和社区行动通过提升政府满意度,进而促进公众对政府干预行动的支持,有助于危机恢复。

其中,社会资本反映了社会合作和社区连通性,它提供了灾难发生时非正式的安全网络,有利于社区成员获得社会资源,从而增加社区充分应对灾害的可能性。社会资本存量丰富的社区,社区韧性水平越高,社会秩序的恢复与重建速度越快,假设1得到验证。社区沟通和社会支持通过帮助居民适应危机甚至恢复到危机前的生活水平,反映了社区响应行动有助于居民抵抗危机的冲击[2],假设2和假设3均得到验证。

社区参与不仅对中央和地方政府满意度有显著的正向影响($p<0.01$),也显著降低了焦虑对中央和地方政府满意度的负向影响($p<0.01$),显示出社区参与可以降低焦虑对政府满意度的

---

[1] Betsch C., Wieler L. H. and Habersaat K., "Monitoring Behavioural Insights Related to COVID-19", *The Lancet*, 2020(395), pp. 1255-1256.

[2] Zahnow R., Wickes R. and Taylor M., et al., "Community Social Capital and Individual Functioning in the Post-Disaster Context", *Disasters*, 2018, 43(4), pp. 261-288.

表4 政府满意度与社区应急响应行动的OLS回归结果

		危机治理效能							
		中央政府满意度				地方政府满意度			
		M1	M2	M3	M4	M5	M6	M7	M8
性别	男	-0.002	0	0.008	-0.004	-0.005	0	0.008	-0.006
年龄 (ref:18≤30)	31—40岁	0.017	0.019	0.024	0.033**	-0.015	-0.01	-0.006	0.004
	41—50岁	-0.011	-0.013	0.014	0.034**	-0.012	-0.011	0.016	0.034**
	51—60岁	-0.019	-0.024	0.011	0.033**	-0.046***	-0.049***	-0.014	0.006
	>60岁	0.021	0.014	0.028*	0.038***	0.009	0.003	0.017	0.026*
受教育水平 (ref:初中)	高中	0.007	0	0.002	0.004	0.027	0.019	0.021	0.023
	大学	0.004	-0.006	0.024	0.038	-0.007	-0.015	0.015	0.026
	研究生	-0.036	-0.042*	0.005	0.040**	-0.050**	-0.052**	-0.005	0.025
婚姻 (ref:未婚)	已婚	0.048***	0.038*	-0.014	-0.024	0.082***	0.068***	0.016	0.007
	离异/丧偶	-0.032**	-0.033*	-0.035**	-0.032**	0.002	0.001	-0.001	0.004

(续表)

		危机治理效能							
		中央政府满意度				地方政府满意度			
		M1	M2	M3	M4	M5	M6	M7	M8
职业 (ref:公务员)	专业技术人员	-0.074***	-0.071***	-0.042*	-0.029	-0.063**	-0.059**	-0.03	-0.018
	企业主	-0.045***	-0.034	-0.031*	-0.019	-0.059**	-0.046**	-0.043**	-0.032**
	服务业工作者	-0.083***	-0.082***	-0.034	-0.008	-0.095***	-0.093***	-0.045*	-0.021
	学生	-0.076***	-0.066***	0.008	0.034*	-0.116***	-0.102***	-0.028	-0.002
	无固定工作者	-0.093***	-0.083***	-0.054**	-0.011	-0.109***	-0.097***	-0.068***	-0.027
收入 (ref:<100 000)	100 000—500 000 元	-0.021	-0.016	-0.012	0.005	-0.026	-0.023	-0.019	-0.005
	>500 000 元	-0.015	-0.017	-0.009	-0.005	-0.014	-0.016	-0.008	-0.004
风险感知			0.155***	0.136***	0.039***		0.210***	0.190***	0.097***
焦虑			-0.124***	-0.097***	-0.074***		-0.105***	-0.078***	-0.055**
社区社会资本				0.441***	0.182***			0.433***	0.207***
社区应急响应的资源与行动	社区沟通				0.321***				0.285***

(续表)

	危机治理效能							
	中央政府满意度				地方政府满意度			
	M1	M2	M3	M4	M5	M6	M7	M8
社区应急响应 的资源与行动	社区支持				0.132***				0.133***
	社区参与				0.094***				0.067***
	焦虑*社区参与				0.052*				0.070***
Mean VIF				3.19				3.19
N	3 587	3 587	3 587	3 587	3 587	3 587	3 587	3 587
adj. R^2	0.017	0.055	0.289	0.442	0.116	0.17	0.407	0.544

注：Standardized beta coefficients; t statistics in parentheses* $p<0.1$, ** $p<0.05$, *** $p<0.01$。

损害,假设 4 得到验证。这反映了社区韧性可通过调节公众焦虑情绪对政府满意度的影响,修复政府满意度在危机中遭受的损害,进而提高危机中的集体行动水平,促进危机恢复。在重大突发公共卫生事件中,城市社区调动、组织和招募了数倍于社区工作者数量的志愿者群体共同参与社区管理,例如,业主委员会和志愿者团体协助开展被分配的社区管理和服务,提供心理疏导等自愿服务,极大地增强了社区抵抗脆弱性的能力。可见社区在应对突发公共事件的过程中,多方力量合作协同和社区居民参与突发公共事件的减缓、准备、响应和恢复等流程,较高的社区社会基础设施有助于提升公众对政府的满意度,进而促进社区从危机中迅速恢复。①

实证结果亦显示,社区社会资本作为个人资源禀赋,对政府满意度影响的标准化系数高于其他人口统计学变量(0.182 和 0.207),在社区沟通、社区支持和社区参与的社区行动中,社区沟通对中央和地方政府满意度的影响系数(0.321 和 0.285)高于社区支持(0.132 和 0.133)和社区参与(0.094 和 0.067)的影响。这反映了,当发生危机时,在社区集体行动的过程中,社区资源和响应行动不断被积累,成为社区的韧性能力,来适应逆境或突然的干扰(危机),最终吸收危机的冲击,帮助社区回到危机前平衡的生活状态,甚至比危机前有更好的表现能力。②

对控制变量的分析发现,社区居民的性别和收入特征没有显示出对政府满意度的显著影响,表明危机给上述特征群体间政府满意度带来的冲击较为一致。年龄和受教育水平表现出对社区应急响应行动的敏感性,受教育程度越高,中央政府满意度越容易受到损害($p<0.01$),恢复越慢。居民收入差异并不能解释政府满

---

① 颜德如:《构建韧性的社区应急治理体制》,《行政论坛》2020 年第 3 期。
② Sharp E. A., Thwaites R. and Curtis A., et al., "Factors Affecting Community-Agency Trust before, during and after a Wildfire: An Australian Case Study", *Journal of Environmental Management*, 2013(130), pp. 10-19.

意度的变化,但职业在一定程度上可以显示满意度的不同变化。相较于政府工作人员,私营企业主对地方政府的满意度程度更低,且这一差异无法被社区行动修复($p<0.05$)。

为避免模型的内生性问题,我们采用线性回归的稳健性估计进行稳健性检验(表5),主要解释变量的结论基本一致,显示出结果是稳健的,基于韧性的社区应急响应行动对公众的政府满意度具有显著、强大和稳健的保护效应。城市社区的资源和应急响应行动能够缓冲或抵消危机对公众政府满意度的冲击和负面影响,即社区具备应对危机的韧性能力,从而提升政府满意度并促进公众参与集体行动的合作意愿,进而促使社区在功能上更好地适应危机环境,形成了较好的危机治理效能,促进了危机恢复。

表5 稳健性检验结果

		危机治理效能			
		中央政府满意度		地方政府满意度	
性别	男	0	-0.004	0	-0.006
年龄 (ref:18<30)	31—40岁	0.019	0.033*	-0.01	0.004
	41—50岁	-0.013	0.034**	-0.011	0.034**
	51—60岁	-0.024	0.033*	-0.049**	0.006
	>60岁	0.014	0.038***	0.003	0.026*
受教育水平 (ref:初中)	高中	0	0.004	0.019	0.023
	大学	-0.006	0.038	-0.015	0.026
	研究生	-0.042	0.04*	-0.052	0.025
婚姻 (ref:未婚)	已婚	0.038*	-0.024	0.068***	0.007
	离异/丧偶	-0.033	-0.032**	0.001	0.004
职业 (ref:公务员)	专业技术人员	-0.071***	-0.029	-0.059**	-0.018
	企业主	-0.034	-0.019	-0.046**	-0.032**
	服务业工作者	-0.082***	-0.008	-0.093***	-0.021

(续表)

		危机治理效能			
		中央政府满意度		地方政府满意度	
职业 (ref:公务员)	学生	-0.066***	0.034*	-0.102***	-0.002
	无固定工作者	-0.083***	-0.011	-0.097***	-0.027
收入 (ref:<100 000)	100 000— 500 000元	-0.016	0.005	-0.023	-0.005
	>500 000元	-0.017	-0.005	0.016	-0.004
风险感知		0.155***	0.039**	0.210***	0.097***
焦虑		-0.124***	-0.074***	-0.105***	-0.055***
社区应急响应 资源与行动	社区社会资本		0.182***		0.207***
	社区沟通		0.321***		0.285***
	社区支持		0.132***		0.133***
	社区参与		0.094**		0.067*
	焦虑*社区参与		0.052		0.07*
N		3 587	3 587	3 587	3 587
adj. R^2		0.055	0.442	0.17	0.544

注：Standardized beta coefficients; t statistics in parentheses* $p<0.1$, ** $p<0.05$, *** $p<0.01$。

（三）社区应急响应行动促进危机恢复的效应分解

我们根据层次回归各个模型的拟合优度计算了社区应急响应行动对政府满意度的贡献，即社区行动提升公众对政府的满意度和促进危机恢复的净效应(表6)。首先，重大公共卫生事件对政府满意度的损害体现在个体认知的焦虑情绪，焦虑情绪对中央和地方政府满意度的影响程度分别为-0.038、-0.011，中央政府满意度受焦虑情绪的损害更大。其次，社区资源与行动对中央和地方政府满意度影响的总体效应分别为0.387和0.374，均远远高于满意度遭受焦虑情绪影响的损害效应。在四种社区韧性的资源与行动中,社区社会资本的影响程度最高,分别达到 0.233 和 0.236,社区沟通其次,分别为 0.134 和 0.107。社区参与对中央和地方政府满意度的修复程度一致,均为 0.012,社区支持对中央政府满意度的影响程度最低(0.008),但对地方政府满意度的影响较高(0.019)。可见,受影响的社区依赖于其本地资源可实现迅速的恢复,社区行动不仅可以修复个体遭受的危机损失,并能进一步提升公众的政府满意度,显示出社区韧性对个体从危机中恢复的溢出效应。①

表 6 社区应急响应行动提升政府满意度的效应分解

		危机治理效能	
		中央政府满意度	地方政府满意度
焦虑		-0.038	-0.011
社区资源与行动	合计	0.387	0.374
	社区社会资本	0.233	0.236
	社区沟通	0.134	0.107
	社区支持	0.008	0.019
	社区参与	0.012	0.012

五、结论和讨论

本文基于韧性治理视角,运用来自中国城市社区的证据,探究

---

① Chandra A. and Williams M., et al., "Getting Actionable about Community Resilience: the Los Angeles County Community Disaster Resilience Project", *American Journal of Public Health*, 2013, 103(7), pp.1181-1189; Aldrich D. P. and Meyer M. A., "Social Capital and Community Resilience", *American Behavioral Scientist*, 2015(2), pp.254-269.

了重大突发公共卫生事件中社区应急响应的行动逻辑及其促进危机恢复的效应,实证结果支持了社区韧性具有修复和提升危机中公众对政府的满意度、进而促进集体行动和危机恢复的正向影响,并呈现了超大规模危机形塑城市社区风险治理的过程。

首先,基于良好的社会资本和组织化的社区行动,中国城市社区的系列危机响应措施提升了居民对政府的满意度,并促进了危机恢复。一个有韧性的社区能够抵抗外界压力冲击并进行调整,以减轻冲击所带来的负面影响。社区资源禀赋以及社区沟通、社区支持和社区参与等系列危机干预行动,体现了社区在受到外界扰动后积极的自组织、自我调适和自我恢复的韧性能力建构过程,不仅推动了社区资源的高效整合,保证了社区的有序运行,也提高了社区在危机中的适应力[1],进而提升了公众对政府的满意度和危机治理效能。此外,社区行动通过多元主体之间良好的互动,可促进居民对政府产生更合理的期望和认知,使社区成为减少不信任的交流平台,进而修复政府满意度在危机中遭受的损害。[2] 当社区行动对居民政府满意度的修复效果高于其遭受的损害时,政府满意度的上升将促使公众更具合作生产和集体行动的意愿,因而社区更具有抵抗力(resistance)、恢复力(recovery)和适应性(adaption)等韧性能力,由此在社区实现了有效的危机治理。这本质上是制度绩效的一种展示机制[3],政府满意度来自民众对获得利益的计算和对制度满意度的理性评估,即危机干预的积极效果,政府在危机中良好的行为表现和治理效果会影响民众对政府的满意度与合作生产。

---

[1] 陈玉梅、李康晨:《国外公共管理视角下韧性城市研究进展与实践探析》,《中国行政管理》2017年第1期。

[2] Nakagawa Y. and Shaw R., "Social Capital: A Missing Link to Disaster Recovery", *International Journal of Mass Emergencies and Disasters*, 2004(1), pp. 5-34.

[3] Gillespie N. and Dietz G., "Trust Repair after an Organization-Level Failure", *The Academy of Management Review*, 2009, 32(1), pp. 127-145.

其次,社区韧性是对社区应急治理系统框架的概括,它强调社区的可持续发展,即社区在面对危机时能够保持社区的各项功能运转,以及迅速应对、适应变化和转变发展。① 有韧性的社区利用现有的资源、采取有效抵御灾害与风险的行动来抵御和适应灾害的有害影响,能更快速地回到灾前水平,甚至适应或发展出新的运作模式②,因此,适应是韧性治理的核心环节之一。韧性治理可消解社区危机管理在理念、制度和行动上的碎片化、协调性差以及反应迟缓等问题,从而实现基层风险治理的现代化。③

最后,基于韧性治理的社区应急响应行动反映了在危机不同阶段的干预策略差异。社区基础设施和社会资本对危机恢复的高影响力,反映了在灾前准备阶段打造有凝聚力的社区是建设韧性社区的关键。社区基础设施和社会资本是重要的韧性要素,当社区积累了良好的社区信任资本时,人们将更愿意遵守政府规定和保持危机中集体行动的能力,促进社区和社会从危机中恢复。在应急响应阶段,社区沟通、社区支持和社区参与均可促进公民与政府的合作,其中,社区沟通的作用更为显著。这一发现表明了危机干预的积极效果,政府在危机中良好的行为表现和治理效果会影响民众对政府的满意度与合作生产。在新冠肺炎疫情中,韩国和挪威政府的表现也印证了这一点。④ 最终社区从危机中恢复的程

---

① 刘佳燕、沈毓颖:《面向风险治理的社区韧性研究》,《城市发展研究》2017 年第 12 期。
② 李德智、吴洁、崔鹏:《城市社区复合生态系统适灾弹性的评价指标体系研究》,《建筑经济》2018 年第 5 期。
③ 盖宏伟、牛朝文:《从"刚性"到"韧性"——社区风险治理的范式嬗变及制度因应》,《青海社会科学》2021 年第 6 期。
④ Kye B. and Hwang S. J. "Social Trust in the Midst of Pandemic Crisis: Implications from COVID‐19 of South Korea", *Research in Social Stratification and Mobility*, 2020, 68(4): 100523; Christensen T. and Lgreid P., "Balancing Governance Capacity and Legitimacy: How the Norwegian Government Handled the COVID-19 Crisis as a High Performer", *Public Administration Review*, 2020, 80(5), pp.774-779.

度和速度取决于社区韧性能力的溢出效应。

需要指出的是,受数据资料的限制,本文仍存在一些不足。首先,本文采用截面数据,在危机应急响应的情境中来观察社区资源和行动与政府满意度、危机恢复和有效风险治理的关系,但无法观察社区行动及其韧性治理机制在整个危机生命周期的变化图景、特征和效应[1],有待展开进一步的研究。其次,公众对政府的满意度与社区风险治理之间可能存在着双向影响,这意味着,卓越的危机干预行动能够促进合法性的提升,而合法性将给予政府或社区在危机干预中更高的自由度,此时,风险治理能力会变得更容易获得。这些需要在未来的研究中探索社区风险治理能力与合法性的复杂关系。

综上,中国的社区具有应对超大规模危机冲击的强大韧性能力,社区韧性的溢出效应通过有效的风险共同体形成一个更加紧密的社会。本研究结论验证了灾难治理的本质和应急响应的基本方向,即危机中在社会的最小单元保持社会运转连续性的重要性。社会从危机中的恢复高度依赖本地资源,包括社区的社会资本、社区支持、社区沟通和社区参与等社区干预行动。有韧性的社区以更主动和积极的方式来应对风险社会,通过资源和行动输出及公民体验的反馈来弥补公众认知遭受不确定性的冲击,进而实现对风险的应对策略从抵御、消除到适应的目标迭代,这实质上是国家治理的弹性和调适能力的反映。[2] 此外,在社区应急管理的不同生命周期,政策制订者可通过不同的干预重心来构建有凝聚力的社区,深厚的社会资本、高效的风险沟通和社会支持、积极的社区参与可通过提升集体行动的意愿和能力来实现危机恢复。这也是

---

[1] Siegrist M., "Trust and Risk Perception: A Critical Review of the Literature", *Risk Analysis*, 2021(3), pp.480-490.
[2] 唐皇凤、王豪:《可控的韧性治理:新时代基层治理现代化的模式选择》,《探索与争鸣》2019 年第 12 期。

风险社会中复杂性风险治理范式的中国经验。

[本文系广州市哲学社会科学发展"十四五"规划课题(2023)一般项目"城乡融合发展与协同治理:广州党建引领城中村治理研究"(项目编号:2023GXYB40)和广东省普通高校特色创新类项目"重大动物疫病灾后应急防控的行为机理与策略优化研究"的阶段性研究成果]

从行政控制到嵌合共治：
社区物业融入基层社会治理的转换逻辑与实现机制

刘湖北* 叶明婕**

[内容摘要] 社区物业管理是近年来基层社会治理共同体建设中的最痛点和最难点。由于各种资源的日益分散化，社区治理参与主体需求的多样性和居住群体利益诉求的差异性越来越显著，我国传统社区物业在权力行使、服务职能、管理机制等方面采用的行政控制治理结构，出现了运动化、碎片化等治理困境。为适应时代发展的新要求，我国社会治理模式由行政主导向多主体合作转型，社区物业治理也通过制度嵌合、资源嵌合、功能嵌合、价值嵌合等途径，遵循理论与现实的双重逻辑，逐渐形成了国家-社会-市场多种治理主体优势互补、相互作用、相互耦合、相互增权的嵌合共治新结构，而相应机制的构建与完善，可以保证其持续发展的动力和活力。

[关键词] 行政控制；嵌合共治；社区物业；治理结构

---

* 刘湖北，南昌大学公共政策与管理学院教授、南昌大学机关事务管理研究中心研究员。
** 叶明婕，江西农业大学党委(校长)办公室科员。

一、问题的提出:社区物业已成为基层社会治理的最痛点

在推进国家治理体系和治理能力现代化的过程中,社区物业管理在基层社会治理场域中或"显形"或"隐形"地扮演着主要参与者的角色,并与社区居民委员会、业主大会(业主委员会)等彰显三足鼎立之势,共同参与基层社会治理,特别是在顺应国家治理政策方向和运行逻辑过程中,社区物业管理是建设基层社会治理共同体的集中场域、基本单元和重要抓手。社区物业治理水平的优劣,已成为人们对国家社会治理的满意度评价的重要标尺。但近年来社区物业管理不断出现复杂化、群体化、多元化、尖锐化的各种矛盾纠纷,已然成了基层社会治理的最痛点和最难点。中国消费者协会 2019 年对全国 36 个城市 148 个住宅小区的调查数据显示,物业服务的消费者满意度仅为 62.59 分①,无论在房屋质量维护、设备设施管理、绿化环境空间养护等"物"的管理方面,还是在安全秩序维护、客户日常服务等"人"的服务方面,都存在不少问题,与社区居民的满意度存在较大的差距。主要表现为基础设施破旧老化、道路拥挤停车困难、高空抛物屡禁不止、相邻纠纷调处不力、居民缴纳服务费意识较低、业主委员会成立率不高、业主委员会履职能力弱、业主委员会和物业企业之间利益输送现象普遍、居民对业主委员会工作参与意愿不强、物业企业更换难、公共收益不公示、共有产权收益去向不明、维修基金使用难、相关部门监管不力等。这些问题的出现,固然与当前社区物业治理的法律法规不够完善、市场成熟度不够、服务标准缺乏等有关,但在很大程度上则是由于社区物

---

① 中国消费者协会:《国内部分住宅小区物业服务调查体验报告(摘编)》,《上海质量》2021 年第 3 期。

业服务提供方的行政控制行为所致。从总体效果看,作为基层社会治理重要力量的社区物业治理,其参与度和贡献度依然非常低效。为贯彻落实党的二十大关于推动社会治理重心向基层下移,建设人人有责、人人尽责、人人享有的社会治理共同体体系的重要精神,本文旨在通过嵌合共治结构和工作机制的探讨,为推进"加强物业管理融入基层社会治理体系"的中央精神构建理论和现实支撑;为完善基层社会治理共同体的学科体系和话语体系,进一步明确基层社会治理共同体的构建范围、模式、效能标准,从而深化对社区治理体系建设和国家治理体系和治理能力现代化的理论研究。

二、文献回顾:对社区物业如何融入基层社会治理缺乏深入研究

国外关于社区治理的研究起步较早,经历了新自由主义、社区主义的治理模式,而在开辟了"第三条道路"之后,国家的"元治理"功能重新被发现。20世纪末,由于传统社会管理理论的不足,西方发达国家发起了新一轮的"社区复兴"运动,社区治理成为西方国家治理理论与实践转轨的重要节点。学者们立足于政策网络、国家与社会的关系、社会资本理论等视角,论述了社区治理的结构性影响因素和社区治理失灵等现象。帕特南(Robert D. Putnam)分析了社区的衰落和公共参与递减[①];盖伊·彼得斯(B. Guy Peters)特别强调了社区治理中协商和谈判的重要性,认为治理作为一种过程,涉及政府与社会的互动,应用市场化的治理模式来实现政府治理的高效率。[②]

---

① Robert D. Putnam, *Bowling Alone: The Decline and Revival of American Community*, New York: Simon and Schuster, 2000, p.1.
② [美]盖伊·彼得斯:《政府未来的治理模式》,吴爱明、夏宏图译,中国人民大学出版社2001版,第34页。

斯蒂芬·戈德史密斯(Stephen Goldsmith)和威廉·埃格斯(William Egues)提出了网络化治理理论,主张将公民参与、协商对话等精神融入公共服务①;海伦·苏利文(Sullivan H.)把社区治理归纳为三大核心主题:社区领导力、促进公共服务的供给与管理、培育社会资本②,因此,社区治理中的"政策制定已经不再是纯粹的自上而下的程序,而是许多相关的政策系统的协商。相似的,服务不再简单地通过公共机构专家和管理人员提供,而是使用者和社区共同生产"。③

基层社会治理共同体是近几年我国提出的一个新概念。我国学术界对社会治理共同体的研究有两个重要主题节点(2011年出现的社会治理和2020年出现的社会治理共同体)和三个重要时间段(2008—2013年的潜伏期、2014—2018年的萌芽期、2019年至今的发展期)。在我国社会治理中,基层是基础和重心,治理精神的培育、治理能力的锻炼、治理实践的开展、治理效能的提高都需要在基层社会治理共同体中实现。④ 目前,学界对社会治理共同体的研究又主要聚焦于基层社会治理共同体的构建,形成了社会治理主体多元化、社会治理共同体的建构及发展、治理共同体的基层实践三大研究主题。⑤ 同时,学者们广泛探讨了社会治理共同体的内涵、组成要素、联结纽带、生成基础和实现途径。⑥

---

① [美]斯蒂芬·戈德史密斯、威廉·埃格斯:《网络化治理:公共部门的新形态》,孙迎春译,北京大学出版社2008年版,第23页。

② Sullivan H. Modernisation, "Democratisation and Community Governance", *Local Government Studies*, 2001, 27(3), pp.1-24.

③ Bovaird T., "Beyond Engagement and Participation: User and Community Coproduction of Public Services", *Public Administration Review*, 2007, 67(5), pp.846-860.

④ 陈进华、余栋:《城市社区治理共同体的系统审视与实践路径》,《东南大学学报》(哲学社会科学版)2022年第1期。

⑤ 郭锦蒙、关信平:《社会治理共同体研究的现状、演进与展望——基于CNKI、万方和维普核心期刊的可视化分析》,《西南民族大学学报》(人文社会科学版)2021年第7期。

⑥ 郁建兴、任杰:《社会治理共同体及其实现机制》,《政治学研究》2020年第1期;刘琼莲:《国家治理现代化进程中社会治理共同体的生成逻辑与运行机制》,《改革》2020年第11期。

从行政控制到嵌合共治：社区物业融入基层社会治理的转换逻辑与实现机制

社区物业管理包括三大基本方面：服务社区居民、维护管理社区的配套设施、创造优美的社区居住环境。社区物业管理由多个关联主体构成，包括物业管理行政主管部门、市政设施管理单位、其他相关机构（如街道办事处、居民委员会和行业协会等）、物业服务企业、业主、业主大会、业主委员会。① 社区物业管理模式主要有四大类：市场合作型（包括包干制、酬金制两种形式）、政府代管型、业主自治型、开发商自管型。② 如果将业主、业委会、社区居委会、驻区单位都纳入物业周遭的社会范畴，那么物业与社会之间的紧张关系已经到了不得不面对的时候。③

国内学者对社区物业管理与基层社会治理的关系也进行了深入研究。长期以来，我国基层社会治理的主要特征是"寡头化"和"碎片化"。在基层社会治理体系中，当前三大主要治理主体（居民委员会、业主委员会和物业管理委员会）之间存在相互冲突的治理逻辑，导致社区自身的治理效能低下。④ 而社区物业管理近一二十年来一直作为不可忽视的重要主体，与社区居委会、业主委员会（或业主代表大会）等形成三足鼎立之势参与基层社会治理。为了解决物业管理在基层社会治理中的问题和矛盾，学者们一方面强调多元主体合作共治的必要性和重要性，认为将物业管理纳入社区治理体系之中，可以促使社区治理结构的变革与创新⑤，另一方面用实例说明将社区物业管理纳入基层社会治理的有效性⑥，同

---

① 张鸣春：《探寻城市社区物业管理的发展之道：研究综述与未来展望》，《复旦城市治理评论》2021 年第 1 期。
② 张金娟：《物业管理模式的演变》，《城市问题》2019 年第 1 期。
③ 闵学勤：《嵌入式治理：物业融入社区社会的可能及路径——以中国十城市调研为例》，《江苏行政学院学报》2019 年第 6 期。
④ 陈平：《"吸纳型治理"：社会组织融入城市社区治理的路径选择》，《理论导刊》2019 年第 2 期。
⑤ 黄安心：《融入社区治理：物业管理服务迈向成熟的希望之路》，《湖北社会科学》2013 年第 1 期。
⑥ 张未东、牟春生、冯勇等：《物业公司参与基层社会治安治理的实践与思考——来自深圳市罗湖区的探索》，《政法学刊》2019 年第 1 期。

时总结了地方将社区物业管理融入基层社会治理的经验做法。

学术梳理可以发现,国内外学者对基层社会治理共同体逻辑框架和实践路径、对社区治理及其运行机制的研究已非常丰富,但如何将社区物业融入基层社会治理共同体建设的研究仍然留下了较大空间:(1)在研究范围上,重社区行政区域、轻社区物业场域。学者们对基层社会治理的研究主要集中于行政区域中的社区建设或社区营造,较少关注基层社会治理重要落脚点的社区物业场域。(2)在主体上,重基层政府、轻市场力量。学者们对基层社会治理主体的探讨依然围绕等级化的科层体制展开,而忽略了市场性主体的社区物业。(3)在治理途径上,重行政控制式"治理"、轻嵌合式"共治"。学者们虽对实现社会治理已从"总体—支配型"的管控机制转向了"制度—技术型"的治理机制的探讨,却缺乏对"系统—协同型"的"共治"机制、共同体建设的综合研究。(4)在建构方式上,重宏观倡导和建议、轻可操作和具体化的机制与路径。

基于对上述问题的思考,本文采取理论和实践的双重取向,对社区物业融入基层社会治理共同体的嵌合共治结构进行逻辑机理分析,并构建具有本土化特色的实现机制。

三、现实困局:行政控制行为导致社区物业治理"碎片化"和"运动化"

社区物业管理是指社区物业服务企业依据法律法规或合同的规定,运用现代服务理念和管理方式,对物业服务区域的房屋建筑主体、各类共有公用的设施设备和场地、绿化和环境、安全秩序等进行日常维护与管理的活动。作为市场化组织的管理服务行为,社区物业是基于社区业主与社区物业服务企业双方的民事合约而建立的平等协商合作关系,因此,社区物业服务企业及其行为并不能凌驾于社区业主利益之上。但在社区物业实际运作的过程中,社区物业服务企业往往表现出行政组织的管理意识和控制行为,逐渐偏离了合作性、专业性、社会性和非政府性的市场组织特征,越来越多地呈现出官僚化、行政化的特征。① 这不仅导致了社区物业场域中各种矛盾纠纷和冲突的产生,更直接影响了社区物业治理的绩效。社区物业管理的行政控制是指社区物业服务提供方偏离平等合作的契约精神,不以专业化和技术性的手段,而是采取一种行政化的思维模式和控制手段,对辖区业主和社区物业进行管理的行为。主要表现形式有:第一,权力行使行政化。物业服务企业在很大程度上垄断着社区物业场域内的各种资源和权力,基于工作的便利性和经济理性的考量,在服务场域内建立起排他性的行政控制系统,造成一些本应由业主自主决定的事务必须得到物业服务企业的批准与认可;第二,服务职能行政化。物业服务企业承担了大量由政府及其职能部门督办、街道办事处直接下派、社区转接承办的各种行政性事务。在城市基层社会治理体系建设中,随着"重心下移"的推进,大量行政性事务和社会管理任务顺理成章地被转移至物业服务区域,社区物业服务企业常常需要承担诸如社区治安、社区消防、政策宣传、垃圾处理、文明创建、人口普查、公共卫生事件防控等公共性事务。近几年新冠肺炎疫情防控工作中物业服务企业承担的职责充分反映了该现象;第三,管理机制行政化。物业服务企业习惯运用行政化手段来安排社区自治的各项事务,运用行政命令和政治动员等手段、采取"运动化"方式管理社区物业的各项活动。②

社区物业管理行政控制治理结构的形成是由多重因素共同作用的结果。

---

① 杨宏山:《整合治理:中国地方治理的一种理论模型》,《新视野》2015 年第 3 期。
② 萧鸣政:《社区治理问题与创新调查研究》,《国家治理现代化研究》2019 年第 2 期。

（一）物业产权制度的复杂性为社区物业的行政控制预留了活动空间

现代社区物业管理的权力来源是建筑物区分所有权，即建筑物区分所有权人将其权能的一部分让渡出来，交予专业化、社会化、市场化的物业服务企业行使。但随着物业管理的覆盖面和规模不断扩大，物业企业管理服务对象的产权性质越来越复杂，表现出国有、私有、共有、股份所有等产权多元化的情况。现有法律法规对于建筑物区分所有权中的专有部分所有权界定较明确，但对于共有和公用的设施设备、场地、会所、停车位等涉及建筑物区分所有权中的共有部分持分权的界定则非常模糊，对专有部分所有权和共有部分持分权所衍生的成员权也缺乏明确的权责界定，导致物业建设单位或物业服务企业控制共有和公用设施设备、挤占公用场所、侵占或挪用公共收益等情况成为常态。

（二）物业管理权力来源的强制性为社区物业的行政控制构建了先天基础

《中华人民共和国民法典》第九百三十九条规定：建设单位依法与物业服务人订立的前期物业服务合同……对业主具有法律约束力；《物业管理条例》第二十五条规定：建设单位与物业买受人签订的买卖合同应当包含前期物业服务合同约定的内容。法律法规如此规定的初衷，是保障和维护广大业主的权利，但这也在很大程度上限制了业主对物业服务方的自主选择权，小区业主只能被动地接受由建设单位选定的物业服务企业提前存在和介入社区物业管理的既定事实。结果是许多具有"父子""裙带"关系的物业服务企业良莠不分、堂而皇之地作为既定事实对社区物业进行管理，这些企业在一开始就形成了处于强势地位的心理。

（三）业主参与意识和合作能力的有限性为社区物业的行政控制提供了运行条件

由于缺乏明确的参与意识和有效的合作能力，大多数社区业主都无法对社区物业的行政控制行为进行主动和有效的监督。即使在面临关乎业主们共同利益的情景下，理性的个体在实现共同目标时往往具有"搭便车"的倾向从而导致集体行动的困境。正如美国学者曼瑟尔·奥尔森（Mancur Olson）所说："除非一个集团中人数很少，或者除非存在强制或其他特殊手段以使个人按照他们的共同利益行事，有理性的、寻求自我利益的个人不会采取行动以实现他们共同的或集团的利益。"①而社区部分业主不能正确认识物业管理的边界范围，往往依据自身对物业服务的期许，要求物业服务企业提供超过职责范围和合同约定的服务事项，这进一步强化了社区物业服务方的行政控制行为。

（四）政府及相关部门监督管理职能的缺场性为社区物业的行政控制创造了现实可能

产生社区物业行政控制行为的一个重要条件是：政府及相关部门职能的缺失和错位，对社区物业市场缺少必要的制度供给，社区公共服务供给不足，社区居委会和业主委员会等基层自治组织效用发挥受限，物业市场监督缺乏有效手段，致使社区物业常常违规运营。政府及相关部门并没有对社区物业管理中的不当行为进行有效的监督管理。在社会转型过程中，国家、市场、社会三者之间权力再分配的不对称性，决定了社区物业关系中的权力博弈是力量对比失衡的非均衡性博弈。②

---

① ［美］曼瑟尔·奥尔森：《集体行动的逻辑》，陈郁、郭宇峰、李崇新译，上海人民出版社1995年版，第106页。
② 黄闯：《城市社区物业管理良性发展的路径分析》，《长白学刊》2013年第1期。

可见,无论在管理内容还是管理方式上,传统社区物业治理都带有明显的行政行为色彩。社区物业服务依然是走"管""统"的人管人、人盯人的老套路,很多举措表现为"防业主、怕业主",而不是"爱业主、为业主"。这种行政控制带来了治理成本的锐增和治理效能的低下,其治理逻辑更导致了社区物业区域各种矛盾与纠纷的大量产生。为避免传统社区物业治理的局限,推进我国基层社会治理体系建设,以建构新型国家-社会-市场关系为核心的治理结构转型运动应势而生。

四、理论阐释:社区物业嵌合共治的内涵与生成逻辑

嵌合共治可溯源于西方经济社会学领域的嵌入理论,同时又融合了我国学者在讨论国家与社会关系时所采用的互嵌概念。嵌入性的概念最早由著名经济社会学家卡尔·波兰尼(Karl Polanyi)提出,他强调了经济主体的社会嵌入性,指出个人的经济行为是介乎经济利益和集体意识之间的行为。从完全无社会化到完全社会化的连续系统中,嵌入性思想执其两端而取其中,处在一个社会化适度状态①;美国新经济社会学家马克·格兰诺维特(Mark Granovetter)将嵌入划分为注重行动者之间双向关系的关系性嵌入和注重网络整体性的结构性嵌入。② 美国新公共管理学者埃文斯(Evans P.)提出嵌入式自治,即"仅有自主性而缺乏嵌入,或者仅有嵌入而没有自主性,不足以形成强大的国家能力"。③ 我国学

---

① [美]卡尔·波兰尼:《大转型:我们时代的政治和经济起源》,冯钢、刘阳译,浙江人民出版社 2010 年版,第 134 页。
② Granovetter M., "Economic Action and Social Structure: The Problem of Embeddedness", *American Journal of Sociology*, 1985, 91(3), p.481.
③ Evans P., *Embedded Autonomy: States and Industrial Transformation Princeton*, Princeton: Princeton University Press, 1995, p.81.

界将波氏和格氏的经典嵌入理论进行了扩展和本土化诠释,特别是以嵌入和互嵌作为理论框架,充分研讨了社会治理领域中多元合作的理论架构和行动路径。嵌合在概念层面强调系统内部要素之间具有的包含、重叠、互补等相互影响并由此形成的一致性内在结构[1];嵌合的本质是互嵌、结合、合作与耦合,各种要素或关系的嵌入或互嵌后形成结构上密切结合、功能上整体复合的"嵌合体"。[2] 嵌合共治并不是国家-社会-市场的机械式联结,而是在城市社区物业治理中三者的有机结合。通过国家力量的嵌入保持治理的权威性,为社会组织和市场力量参与社会治理创造良好的制度环境并提供治理资源;不断激发社会组织和市场组织自主治理的内生动力,弥补国家治理的不足,增强城市基层治理的灵活性和活力。因此,嵌合共治结构,就是在国家力量主导下有序地将社会组织和市场力量等主体纳入治理过程,构建起一种以国家力量为中心的多主体合作型公共事务治理机制,以实现国家、市场、社会三者之间的协同耦合和相互增权。[3] 伴随着基层社会治理共同体建设的不断深入,这种多主体合作治理格局的创新与发展,形塑了嵌合共治的逻辑。

(一)理论逻辑:社区治理模式由行政主导型转向多主体合作型的趋势使嵌合共治成为时代发展的理性选择

长期以来,我国的社区物业治理模式,都是由基层政府主导,对物业企业、业主委员会、其他社会组织等多元主体进行相机选

---

[1] 戴祥玉、唐文浩:《嵌合式治理:行政主导下老旧小区"微更新"的实践探索》,《学习与实践》2021年第9期。
[2] 王思斌:《社会工作参与公共危机事件治理中专业功能的嵌合性实现——以新冠肺炎疫情防控治理为基础》,《社会工作与管理》2020年第6期。
[3] 刘建平、杨磊:《我国城市基层治理变迁:困境与出路——构建一种"嵌合式治理"机制》,《学习与实践》2014年第1期。

择,社区物业自觉或不自觉地陷入行政化情景中,即成为政府的行政延伸部分,丧失了其本身应有的自主性和独立性。① 由于自生发展能力不强,社区物业主要靠政府购买服务机制获得各种资源,这种对政府的高度依赖,导致社区物业在生存性制度和发展环境上受到极大限制。这在很大程度上与20世纪七八十年代的西方研究者用"强""弱"来形塑国家与社会之间的关系有关。在其影响下,我国也形成了国家—社会的二元对立框架以及"强国家—弱社会"的治理模式。但在政治体制和经济体制改革不断深化的情景下,各种经济资源和社会资源日益分散,政府逐步丧失了对资源的垄断地位,资源的拥有和存在日益显现社会化和多元化的特征。国家在社会治理结构的转型中走下"神坛",成为基层社会治理体系多元参与的主体之一。社区物业治理组织体系和资源动员机制也由行政控制式、自上而下的垂直单向转变为平等协商的、优势互补的、资源共享的、多主体合作的治理结构。从结构—功能维度来看,传统行政控制的社区物业治理模式,既无法适应基层社会治理体系和治理能力现代化的时代发展需要,也难以满足社区物业区域多样化、多层次、多方面的需求状况。为了实现社区物业的功能优化,迫切需要将社区物业的治理结构、治理资源、治理规则、治理方式等重要变量与具体的治理目标和治理过程相嵌合。而作为市场经济组织的物业服务企业,其服务内容具有一定的特殊性,提供的服务产品具有效用的不可分割性、消费的非竞争性和受益的非排他性等"准公共物品"特征,这一特征是物业服务企业嵌合基层社会治理的理论逻辑基础。为有效推进社区物业治理,政府及职能部门、社区、业委会、社会组织、市场力量等多元主体,必须明确各自的责权利,充分发挥各自的优势和作用,通过良好的沟通和信

---

① 张开云、叶浣儿、徐玉霞:《多元联动治理:逻辑、困境及其消解》,《中国行政管理》2017年第6期。

任机制,围绕共同的治理目标和价值追求,构建平等协作、资源共享、优势互补的伙伴关系,从而形成多元主体间无缝联动的嵌合共治新格局。

(二)实践逻辑:社区物业治理参与主体需求的多样性和居住群体利益诉求的差异性使嵌合共治成为时代发展的现实走向

伴随着住房市场的体制改革,基层社会治理单元由单位制走向了社区制,传统的社会观念、社会关系乃至社会结构的一体性被瓦解,社区居民由不同社会地位、不同工作单位、不同工作性质的人群构成,从而呈现出利益诉求多元化和群体分层化的特征。这种人口结构的异质性、需求结构的多样性和利益结构的复杂性,对传统基层社会治理效能的发挥提出了新的要求与挑战。同时,社区居民对社区共同利益的认知和保护能力的差异性,使他们在面对社区物业服务提供方不当或违规行为时的反应千差万别。而社区物业作为基层治理的重要组成部分,是政府服务群众、资源调动、信息通达的"最后一公里",具有贴近业主、扎根基层、覆盖全面、响应迅速等特点,可以凭借其专业化和熟悉社区场域的优势,成为合作资源联结整合的载体,有效充当社区居民参与的组织化平台,从而满足社区居民的多样化需求。

党的十九届六中全会报告明确指出,要推动社会治理重心向基层下移。党的二十大报告进一步强调,要健全共建共治共享的社会治理制度,提升社会治理效能。这为社区物业的嵌合共治提供了现实可能和创新动议,促进了社区物业治理主体协同打造共建共治共享的社会治理格局的积极性,有效地盘活了社区物业区域的各种资源和公共空间。为构建长效管理机制,2020 年,住房和城乡建设部等十部委联合发文(建房规〔2020〕10 号),要求加强物业管理融入基层社会治理体系,指出社区居民委员会、业主委员会、物业服务企业要在党建引领下建立协调运行机制,充分调动居民的参与积极性,形成社区物业治理合力,通过多元参与、共治共享等化解社区物业管理的各种重点、堵点、痛点和难点问题,实现决策共谋、发展共建、建设共管、效果共评、成果共享。社区物业治理的实践也表明,借助社区物业的专业化力量,逐步形成以政府为主导,社区、物业服务企业、业主委员会等主体参与的嵌合共治格局,可有效地化解目前广泛存在的社区物业管理矛盾与纠纷,提升基层社会治理水平。因此,对社区物业实行嵌合共治,不仅是顺应中国具体国情作出的理性选择,而且符合中国加强基层社会治理共同体建设的现实走向。

(三)嵌合共治结构的内容构成

1. 国家力量科层制下的正向嵌入

虽然在社会治理结构的转型过程中,国家、社会、市场之间的治理边界逐渐模糊,但并不表明国家力量的退却。在国家行使权力重要战略空间的社区物业场域,政府仍然发挥着主导性作用。国家代理人的正式科层组织(包括市、区、街道等层级)依靠等级化的科层体制,自上而下地通过政策规制、结构调整、任务驱动、引导监督等方式,不断强化其对基层社会治理的渗透和嵌入能力,并凭借其本身的合法性和权威性,成为社区物业治理最重要的支持者和推动者。

2. 社区物业力量背离科层制的反向嵌入

社会治理重心的下沉,使社区物业成为连接国家权力与社区居民的合法载体,成为推进基层社会治理的主要参与者和行动者。社区物业一方面通过国家合法性认同不断获取政府给予的各项资源,另一方面利用日益扩大的管理空间和掌握的丰富基础信息,通过提升自身力量与专业技术能力,自下而上地影响政府的政策供给,从而反向嵌入政府决策和社会治理。

3. 国家-社会-市场之间彼此的嵌合共治

社区物业搭建了国家、社会、市场三者共同参与基层社会治理的舞台,在这个舞台上,各种组织力量和治理权力不再碎片分离,而是逐渐向社区物业这个基层社会治理的联结点集聚,彼此成为协同耦合、共存共荣的伙伴乃至共同体。社区居民委员会、社区物业服务企业、业主委员会等重要主体参与能力的不断增强,形塑了国家-社会-市场的嵌合共治关系,均衡和重构了社区物业场域中的权利体系和治理格局。

五、实践探索:M 社区物业嵌合共治经验分享

嵌合共治不仅仅是一个理论化的概念,更是一种在实践中行之有效的治理结构和方式。本文通过解剖 M 社区物业项目的实践探索,力求总结出具有普适价值的推进路径和机制。

(一) M 社区物业项目的基本情况

M 物业项目位于 N 市 H 区西站大街 168 号,隶属九龙湖管理处悦城西社区、悦城东社区的管辖区域。该项目于 2015 年 9 月竣工交付使用,总占地面积为 34.85 万平方米,总建筑面积为 102 万平方米,共有 104 栋建筑,总户数为住宅 4 586 户、商铺 590 间,常住人口超过 11 000 人。小区容积率为 2.3,绿化率为 35%,规划有机动车停车位 5 117 个、非机动车停车位 600 余个,共配备 12 个公变电房、9 个专变电房、5 个生活水泵房、5 个消防水泵房、7 个监控与消防控制中心、260 台电梯。同时,项目规划建设有配套的商业区域、农贸市场和幼儿园。项目还引入先进的智能化设备系统,配以高新摄像头、车库自动道闸、电子围栏、人脸识别门禁装置。项目由 H 物业公司实行专业化、市场化的统一管理服务。该项目于

2016年荣获"N市物业管理示范住宅小区"称号,2018年荣获"J省物业管理示范住宅小区"称号,2022年被住房和城乡建设部和中央文明办评为全国100个"加强物业管理 共建美好家园"典型案例。

(二)M社区物业项目嵌合共治的主要实践

1. 坚持党建引领,构建治理制度体系

为了有效破解小区治理的各种问题,解决业主身边事、烦心事,为业主办实事、做好事,M社区坚持以党建为引领,着力构建党组织领导下的物业管理服务制度体系,进一步提升社区物业管理与服务水平。从2018年开始,M物业小区建立了社区党委、物业公司党支部、业委会党支部、党员业主、楼栋党员的五方共治协调运行机制,大力开展"红色物业"建设,先后设立了红色物业岗、红色物业服务站、红色物业志愿队、红色物业便民服务中心、红色物业联谊室等多种特色红色服务,并在此基础上成立了M小区物业治理工作领导小组。工作领导小组认真梳理M物业管理区域的难点、痛点、焦点问题,制定了详细的工作制度、整改计划并逐一落实。在治理过程中,M小区充分发挥党员的先锋带头作用,在小区形成了良好的家风、民风氛围。在日常工作中,党员、热心群众和居民代表积极建言献策,为打造、提升物业治理水平提出了许多建设性的意见和建议,2021年完成了提升和改造小区居住环境大小事20余件,解决了群众"急难愁盼"的问题10余起。

2. 强化多主体协同,优化资源配置

社区物业涉及业主生活的方方面面,业主习惯大事小事都找物业,但往往很多问题都超出了物业企业的责任与能力范围。为了营造和谐的社区关系,H物业公司积极与辖区政府的各部门建立"结对子"处理问题机制,形成了多位一体的基层组织嵌合共治局面。H物业不仅建立了与社区、城管、派出所、消防、房管、交通、环卫及小区业主委员会等基层组织的协调机制,还建立了协作机制,并通过联席会议的形式研究探讨解决方案,对小区存在的诸如违规养犬、乱贴乱画、流动摊点占道经营、广场舞扰民、僵尸车占位、油烟扰民、厨余垃圾混倒、违规住改商、乱占楼道和公共平台堆放杂物、邻里矛盾纠纷等陋习和违规现象进行逐一分析,充分挖掘各方资源,认真研究整改措施,通过联合执法协调聚力,定期开展检查和督导工作,仅2021年就解决了近百件物业管理中的难点、痛点及邻里矛盾问题。从而形成了决策共议、发展共建、建设共管、成果共享的工作格局。

3. 打造社区服务平台,满足业主生活需求

M项目自交付以来一直由H物业公司为业主提供物业管理服务工作。H物业公司2015年8月正式进场,下设一个管理处、两个客户服务中心,四个专业部门(客户服务、维修服务、秩序维护服务、环境服务)。H物业公司一直秉承"以人为本,真情服务"的服务理念,坚持"业户至上,服务第一"的服务意识,为每一位业主提供优质、高效、便捷的服务,对客户投诉和回访、报事报修、秩序维护、设备管理、维修养护、环境卫生管理、消防管理、电梯运行都有严格的管理制度和工作流程。M物业小区成立了业主委员会,物业公司与业主委员会定期召开会议,沟通交流顺畅、运行良好。在日常工作中,H物业公司在业委会的指导下开展管理与服务工作,业委会监督物业企业的履约情况、收支情况,对物业公司工作提出建议,同时对物业公司在工作中遇到的困难,积极沟通各方力争解决,几年来,业委会解决各类重大事项(如车库地坪漆改造、农贸市场引进、燃气便民点引进等)10余起。在物业企业与业委会的共同努力下,近年来M小区更换草皮面积近6 000平方米,优化了主出入口的绿化种植;更换健身器材68组;对园区的近千盏高杆灯、矮柱灯及管网接驳口、铁艺进行全面的油漆保养;维修路面石材近130处,增加园林建筑小品40余件,新建室外电动车充电

点17个,极大地提升了小区品质。六年来,小区安全事件发生率为零,无任何行政处罚记录,业主与物业企业的黏性大大增强,业主满意度达98%。

4. 开展丰富多彩的精神文化活动,培育社区公共精神

针对M小区居民对精神文化生活的需求,H物业公司与社区多方面征求意见,根据居民的需求在小区楼栋架空层打造了近600平米的娱乐活动中心,增设乒乓球室、阅读室、棋牌室等,为业主提供休闲娱乐场地,且所有休闲娱乐设施实行24小时免费使用制度,改变了业主们以前只能在"风里、雨里、草地里"休闲娱乐的场景。同时,M小区利用传统节日,常年开展诸如端午节包粽子活动、八一电影节、中秋节亲子游园会等各类社区文体娱乐活动;利用三八妇女节、母亲节、六一、七一、教师节、重阳节、春节等节点,组织开展送花、走访慰问困难业主、高龄党员并帮助其打扫室内卫生等居家服务,实实在在地解决了居民的文化生活需求。尤其值得一提的是,M社区通过与N市老年大学多次的沟通协调,在小区设立了老年大学教学点,开设课程包括茶艺、书法、声乐、舞蹈、摄影等,业主在自家门口就能享受免费的培训学习,让小区业主老有所学、学有所用,极大地丰富了业主们的精神文化生活。

(三) M社区物业项目嵌合共治实践的经验启示

嵌合共治在M社区的成功实践表明,可以通过制度嵌合、资源嵌合、功能嵌合、价值嵌合等途径对社区物业融入基层社会治理进行持续优化和改进。

1. 制度嵌合

"制度是一个社会的博弈规则,或者更规范地说,它们是一些人为设计的、形塑人们互动关系的约束。"[①]通过制度嵌合,将分散

---

① 诺斯:《制度、制度变迁与经济绩效》,杭行译,格致出版社2008年版,第124页。

的、无序的社区物业进行协同治理。作为基层社会治理的终结场域,社区物业治理状况反映了社会治理的国家政策构建和结构性制度安排的程度,只有通过有效的制度供给和良好的执行能力,才能不断地促进基层社会治理体系的完善。

2. 资源嵌合

在社区物业治理的现实中,很多问题都需要跨部门、跨区域才能得到有效解决,这就要求更新资源的配置结构,强化各种资源的整合能力和再分配能力,各治理主体都要从整体上进行通盘考虑,将有限的资源集中使用,同时参与治理的各方均向他方开放自有资源,形成资源互补与共享,而资源共享可以达成经济资本和社会资本的增值放大,从而告别现有社区物业治理的"碎片化"状态。

3. 功能嵌合

社区物业区域是城市经济活动、社会活动、文化活动以及各种创建活动的微观地理单位。社区物业治理工作,如维护房屋公共部位的使用质量、确保共有设施设备的正常运行、保障物业区域治安消防与交通的安全有序、改善社区的环境美化和公共卫生、开展各种文化活动和精神文明建设、整治各种违规行为、提升业主的舒适度和满意度等,将城市治理中分散的各种功能嵌合在社区物业这个统一平台,可以有效地填补政府对公共环境和公共设施以外的社区生态环境和人文环境的空白,完善和发展城市治理功能与增能。

4. 价值嵌合

社区物业是一个具有共同化利益的、相互联系的社会关系网络,其中的居民与基层政府部门、社会组织、市场化机构在价值观上有很多重叠,在文化上有较高的认同感与归属感,因此,价值嵌合能够形成社区物业治理共同的价值理念,促进社区物业各主体成员增强互惠合作的意愿,在更大程度上使各方获得普惠性利益,进而提高治理各方主动参与基层社会治理的能动性和自觉性。经由不断的、可持续的共建共治共享,参与治理的各方在社区物业场域嵌合成一个真正的共同体,为嵌合共治提供持续发展的活力与动力。

六、实现机制:嵌合共治促进社区物业和谐共生

单位制社会逐步被社区制社会代替后,怎样重构社会治理基本单元,进而有效地提升基层社会治理的组织化和制度化水平,已成为我国城市基层社会治理最迫切的任务之一。具体到社区物业场域,则急需构建嵌合共治新机制,以适应社区物业问题多样性和居民需求多元化的动态变化。

(一)建立党建引领的工作机制

针对城市社区物业结构的异质性、资源的分散性、居民需求的多样性等特点,社区物业有效治理的推进必须有一个能发挥联动作用、有驱动能力的强大主体来整合引领,于是,基层党组织引领社区物业治理成为一种时代选择。科学地把握党的领导与基层社会治理的关系,是坚持创新社会治理现代化正确方向的前提。2017年,《中共中央 国务院关于加强和完善城乡社区治理的意见》就提出,要改进社区物业服务管理,加强社区党组织、社区居民委员会对业主委员会和物业服务企业的指导和监督。国家"十四五"规划中也明确指出要健全党组织领导的自治、法治、德治相结合的城乡基层治理体系。因此,要提升社区治理效能,必须坚持以党建为引领、以基层为主体、以人民为中心、以问题为导向、以创新为手段、以制度为保障,构建基层社会治理格局。① 构建社区物业嵌合

---

① 师林、孔德永:《制度-效能:基层党建引领社区治理的创新实践——以天津市"战区制、主官上、权下放"模式为例》,《中共天津市委党校学报》2020年第1期。

共治机制,核心在党组织。为顺应时代要求和确保正确方向,基层社会治理必须通过党建引领,把党组织在社区物业区域的组织、管理优势转化为治理、服务优势,引导各方参与主体积极、主动、有序地参与社区物业治理,并形成强大的治理合力。在社区物业治理实践中应积极推进党建联建工作,凡符合条件的物业服务企业和业主委员会,应做到党组织应建尽建,全面有效地覆盖;对暂不具备单独组建条件的,则派驻党建指导工作组或选派专业党务干部,实地指导和促进党建工作,确保党建工作全面、有效地覆盖到每个社区、每个物业服务企业、每个业主委员会。

(二)强化政府部门协同共治的保障机制

社区物业管理属于准公共产品,是构建我国基层社会治理体系与和谐社区的重要环节。但随着经济的不断发展和市场竞争的日趋激烈,社区物业管理主体多元化特征逐步显现,各利益主体交织在一起,构成了社区物业管理的复杂性,其间的矛盾也越来越突出。社区物业管理中产生了越来越多的市场失序和治理失效现象,并在一定程度上超出了社会自组织的控制范围。[1] 这时,需要政府介入并发挥社会管理职能和公共服务职能。加强社区物业治理是一项复杂而庞大的系统工程,涉及基层政府的众多部门。面对当今城市社区物业治理模式的多样性和问题的复杂性,政府及其职能部门以何种角色、凭借何种手段介入社区物业治理显得尤为重要。"政府本质上是一个安排者或者提供者,是一种社会工具,用以决定什么应该通过集体去做、为谁而做、做到什么程度或什么水平、怎样付费等问题。"[2]但在以往的工作实践中,许多政府

---

[1] 刘媛:《政府介入社区物业管理的路径选择——以和谐社区治理中政府职能"正位"为视角》,《江西社会科学》2013年第11期。
[2] [美]E.S.萨瓦斯:《民营化与公私部门的伙伴关系》,周志忍等译,中国人民大学出版社2002年版,第185页。

及其职能部门出于理性的考量,很容易采取趋利选择性策略,导致在政策、信息、文化、执法等治理功能上形成各自为政,争权夺利的"碎片化"局面。① 嵌合共治要求在社区物业治理过程中重构国家-社会-市场的关系,进一步明确政府及其职能部门的职责和权力,充分发挥各层级、各部门的积极作用,打破政府职能部门间的条线壁垒,培育各职能部门之间的合作理念,制定协同治理规则,确立共建共治机制,完善由街道、住建、民政、公安、司法、市政、城管、社区等相关管理部门、职能部门、基层服务单位组成的物业治理联席会议制度和矛盾纠纷调处机制,从而形成各部门联动、多主体协调、多渠道保障的社区物业治理新格局。

(三)明确社区物业多元参与主体的责任机制

社区物业治理涉及街道、社区居委会、业主、业主委员会、物业服务企业、社会组织等多元主体。嵌合共治要求明确界定多元主体间的职责分工,让所有主体有效地参与和共建共治。街道是最基层政府,是政策或规则的制定者,服务资源的提供者、调动者、监管者;社区居委会可以定位为政府职能的转移者、物业治理的协调者与各种政策资源的链接者;业主委员会承担了业主的利益诉求和利益表达,是社区物业治理中的关键性主体,其职责是代表物业区域的全体业主行使共同管理权,对物业有关的重大事项行使决策权;物业服务企业是市场经济组织,是社区物业服务的生产者或提供者,应按照合同的约定并依据法律法规,对社区物业的公共事务提供专业化管理服务;社会组织的角色是服务购买的承接者、资源整合者和专业服务督导者。嵌合共治通过创建多元主体参与的机制与平台,提升各个主体的参与意识和参与能力,拓展各个主体

---

① 李德:《从"碎片化"到"整体性":创新我国基层社会治理运行机制研究》,《吉林大学社会科学学报》2016年第5期。

参与社区物业治理的多维空间,推动多元主体间的分工与协作,最终凝聚社区物业治理的合力。

（四）健全社区物业行业自律的诚信机制

人无信不立,企业无信不长。诚实守信作为社会主义核心价值观的内在要求,也是社区物业服务行业的立业之本、发展之基。国务院发布的《物业管理条例》第三十二条强调:国务院建设行政主管部门应当会同有关部门建立守信联合激励和失信联合惩戒机制,加强行业诚信管理。[①] 在社区物业服务行业不断迅速发展和物业服务企业数量不断增加的情境下,诚信机制建设滞后已成为制约行业发展的瓶颈。为了维护广大社区居民和业主的合法权益,进一步规范物业服务行为,提高全行业的管理和服务水平,必须重塑社区物业行业诚实、守信的新形象。第一,政府及相关职能部门应积极培育社区物业行业自律组织,多方面多途径地健全社区物业服务行业的规范体系,引导物业企业合法经营、诚信经营;通过采取禁止市场准入和责令市场清出等强制性措施,加大对违规失信企业及从业人员的监督和惩戒力度,全面构建"守信激励、失信惩戒、齐抓共管、联合奖惩"的诚信监管机制;第二,充分发挥作为政府与企业间桥梁和纽带的物业行业协会的独特作用,健全其服务、指导、协调、交流、监督等各项职能,制定社区物业服务行业自律公约、行业执业标准、职业道德规范,建立企业及其从业人员的诚信档案和诚信风险预警公告制度,加强对社区物业企业及其从业人员的自律性监管,主动协调各方利益冲突,推动市场公平竞争;第三,加大物业行业职业道德、专业理论与技能的培训教育力度,强化物业服务企业和从业人员的执业质量控制,不断提升社区物业服务从业人员的综合素质和专业化服务水平;第四,组建法

---

① 法律出版社法规中心:《物业管理条例注释本》,法律出版社2021年版,第54页。

律顾问团,为社区物业日常工作提供法律咨询,有效预防、调处和化解各类矛盾,减少社区物业纠纷的发生,最终形成"有信者荣、失信者耻、无信者忧"的健康、有序的社区物业行业氛围。

(五)深化科技力量支撑的创新机制

科技创新是社区物业转型升级的明天和未来,对传统社区物业服务来说,科技创新将再造社区物业服务的作业流程,可以极大地提升工作效率、降低运营成本、促进多方沟通、优化居民体验、改善企业形象。因此,近年来以物联网、云计算、大数据为代表的信息化,不断冲击着传统的社区物业管理模式,倒逼着社区物业企业的转型升级。例如,万科、绿城、长城、金地、中海等物业服务企业推出了专门服务业主的智能机器人;碧桂园服务、龙湖智慧服务、绿城服务、长城物业、华润物业等企业依托线上平台发起组织、线下开展丰富多彩的社区活动,为社区业主营造多姿多彩的美好生活。遗憾的是,由于信息壁垒,社区物业行业的科技赋能还存在众多认知和行动的鸿沟,大部分信息化平台并不向社会或他方开放端口。常态化的场景是:在社区信息化平台中反映的物业问题或在物业管理平台中涉及的社区事宜,都必须再转向线下来进行沟通。这一信息化的壁垒既来自双方对平等赋权及伙伴关系的认知不足,也源于各自系统的供给主体(政府和社区物业企业)在投入时对成本支出和平台运行难度的考量。① 不能共建共用和共享导致了重复建设,对人力、物力、财力造成了巨大浪费。而嵌合共治要求社区物业主动与各方对接,运用市场资源配置的方式,构建政府、市场、社会组织互动的信息采集、共享和应用机制,形成政府信息、市场信息、社会信息交互融合的大数据资源、大融合平台,让基

---

① 闵学勤:《互嵌共生:新场景下社区与物业的合作治理机制探究》,《同济大学学报》(社会科学版)2021年第1期。

础数据管理信息化、业务处理网络化、问题解决精细化和公众服务便民化,从而推进政府、市场、社会信息资源开放共享。

(六) 完善共建共治共享的运行机制

在党的十九届四中全会上,习近平总书记强调:"完善党委领导、政府负责、民主协商、社会协同、公众参与、法治保障、科技支撑的社会治理体系。"①党的二十大报告进一步明确指出,要"建设人人有责、人人尽责、人人享有的社会治理共同体"②;实现这一状态,需要在政府-市场-社会的整体系统下进行嵌合共治,将共建的资源整合、共治的治理过程、共享的治理目标有机地结合起来,打破社区治理主体参与的纵向和横向的双向壁垒,打通社区"两委"、社区社会组织、社区物业公司、社区业委会、驻区企业等主体间的合作通道③,建立社区物业治理运行的嵌合联动机制,从而完善共建共治共享社区物业治理的有效运行机制,即要通过信息共享、决策共治、责任共担的嵌合共治机制,改变以往中心-边缘的权力格局,改变因为不同需求和复杂社会网络导致基层政府职能部门、社区居委会、业主委员会、物业公司、驻区单位等不同主体参与呈现"各自为政"的局面,通过合作、互嵌、共建、共治的方式,明确各主体在社区物业治理场域中的角色定位和职责,在实现公共利益、公共价值的基础上让所有社区物业的参与主体共享治理资源、治理成果和治理秩序所带来的各项"红利",实现社区物业场域参与民主(全民共治)和实质民主(影响公共事务决策和相应的制度安排)

---

① 《中共中央关于坚持和完善中国特色社会主义制度 推进国家治理体系和治理能力现代化若干重大问题的决定》,《人民日报》,2019 年 11 月 6 日,第 001 版。
② 习近平:《高举中国特色社会主义伟大旗帜 为全面建设社会主义现代化国家而团结奋斗——在中国共产党第二十次全国代表大会上的报告》,人民出版社 2022 年版,第 54 页。
③ 席军良:《从"碎片化"到"协同化"——共建共治共享社区治理可行性探索》,《中国延安干部学院学报》2018 年第 2 期。

的完美统一①,从而形成国家自上而下的治理与自下而上社会自治相结合的"善治"模式,促进社会结构关系的良性互动和稳定。

七、结语

作为观察基层社会治理多方主体及其关系结构的最佳微观场域,行政控制的城市社区物业治理结构在复杂的产权制度和需求多元化的环境下,容易产生运动化、碎片化等治理困境。随着单位制到社区制的基层治理场域的不断扩大,国家-社会-市场的关系被重构。在治理结构转型的过程中,社区物业由从上而下、行政主导式垂直单向的行政控制,逐渐转变为平等的、优势互补的、多主体互嵌合作的嵌合共治治理结构。在这种转型过程中,基层社会治理发展通过制度嵌合、资源嵌合、功能嵌合、价值嵌合等演绎和呈现了国家、社会、市场多种治理力量相互作用、相互增权、嵌合共生的新格局。为了实现合作治理各方在社区物业场域聚合成一个真正的共同体,为嵌合共治提供持续发展的动力,必须构建并不断完善党建引领的工作机制、政府部门协同共治的保障机制、社区物业多元参与主体的责任机制、社区物业行业自律的诚信机制、科技力量支撑的创新机制、共建共治共享的运行机制等,从而推进基层社会治理共同体建设。为弥补基层社会治理的不足,增强社区物业治理的内部凝聚力和外部合作性,促进国家治理体系现代化,尚需继续深化嵌合共治结构的研究,从社区物业的治理制度、治理议题、治理关系、治理资源、治理模式、治理能力等方面进一步完善嵌合共治的内容与实现机制;从治理工具、治理技术、治理方

---

① 刘燕妮:《"共建共治共享"社会治理的生成逻辑和制度优势》,《重庆社会科学》2022年第1期。

式、治理监督、效果评估及典型案例等方面进行更深层次的延伸和拓展(图1)。

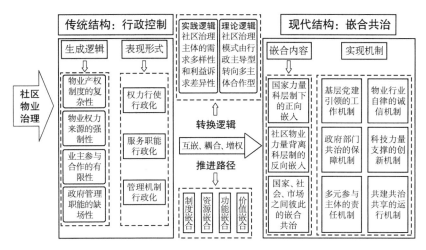

图1 从行政控制到嵌合共治社区物业治理结构关系

和平解放以来西藏教育制度变迁研究
——基于历史制度主义的视角

杨雪芬* 李春成**

[内容摘要] 1951年和平解放以来,西藏教育制度变迁的历史进程经历了四个阶段:慎重稳进方针下的制度生成阶段(1951—1978年)、深化改革背景下的调整规范阶段(1978—2000年)、科教兴藏战略下的跨越式发展阶段(2000—2012年)以及依法治藏战略下的现代治理阶段(2012年至今)。该制度变迁是由中央和西藏政府主导的,是由"政教合一"的特权神学教育转变为社会主义现代教育的过程,是具有更替、层叠、漂移和转换等特征的渐进性制度变迁。西藏教育制度变迁既受到国际国内形势背景、政治经济结构、文化心理结构等宏观结构的约束,也受到关键节点和路径依赖等中观层面影响因素的催化,以及执政党、政府和农牧民群众等行动者的主观能动性的驱动,呈现出双重路径依赖的特征。人民利益与制度设计之间的平衡、西藏特殊的地缘政治环境、与分裂势力的博弈等,各种内外影响因素自始至终地深入嵌入、紧密伴随着西藏教育制度变迁的全过程。

[关键词] 历史制度主义;制度变迁;西藏教育;关键节点;路径依赖

---

* 杨雪芬,西藏自治区教育厅办公室工作人员。
** 李春成,复旦大学国际关系与公共事务学院教授。

一、问题的提出

20世纪中期以来,随着对行为主义研究方法的反思和批判,国际上的政治学研究经历了"国家的回归""制度的回归""价值的回归",掀起了新制度主义研究的热潮。新制度主义对政治现象和规范性问题具有较强的解释力,使其迅速成为社会科学领域的一门显学[1],并发展出历史制度主义、理性选择制度主义和社会学制度主义三个分支。其中,历史制度主义借鉴和发展了结构—功能主义和比较政治学的政治发展理论,从制度经济学中借鉴制度变迁、路径依赖等基本概念和理论模型,注重以制度为核心来考察历史[2],形成了独特的历史观和结构观,为理解和解释政治制度提供了新的视角,因此成为新制度主义理论研究的核心。

本文采用文献研究、访谈研究和案例研究等方法,运用历史制度主义,系统分析1951年和平解放以来西藏教育的制度生成、发展与变迁过程,阐释制度变迁的模式,剖析制度变迁的动力因素,探寻制度变迁规律并进行未来展望。西藏教育历经民主改革、自治区成立、改革开放以及基本实现现代化等伟大历史进程,在70年间从无到有,由落后的"政教合一"的特权神学教育转变为平等均衡开放的社会主义现代教育,是一个印证历史制度主义方法论的绝佳案例,有利于拓展历史制度主义制度变迁理论的研究边界和理论适用范围。从另一层面讲,历史制度主义的研究视角也有利于廓清西藏教育发展的迷雾,较好地防止误解和过度解读。

---

[1] 魏姝:《政治学中的新制度主义》,《南京大学学报》2002年第1期。
[2] 朱德米:《新制度主义政治学的兴起》,《复旦学报》2001年第3期。

二、研究综述

历史制度主义理论研究是随着新制度主义概念及理论的发展而逐渐确立和快速发展起来的。一般认为,1944年卡尔·波兰尼(Karl Polanyi)围绕制度变迁来分析自由市场的"脱嵌"对经济和社会的影响①,预示着历史制度主义的萌芽。西达·斯考切波(Theda Skocpol)关于国家自主性建设的研究②,引起学界对历史制度主义的重新审视。彼得·豪尔(Peter Hall)将新制度主义分成历史制度主义(historical institutionalism)、理性选择制度主义(rational choice institutionalism)和社会学制度主义(sociological institutionalism)三个流派③,得到学界的普遍认可。盖伊·彼得斯(Guy Peters)将历史制度主义列为八种新制度主义理论学派之一,认为"过去的遗产"和"路径依赖"是历史制度主义的关键词。④ 尤其是《牛津政治制度手册》(*The Oxford Handbook of Political Institutions*)⑤和《牛津历史制度主义手册》(*The Oxford Handbook of Historical Institutionalism*)⑥的出版,不仅系统地阐述了历史制度主义研究的路径、方法、成果和前沿发展等,而且牢固了其重要理论

---

① [英]卡尔·波兰尼:《大转型:我们时代的政治与经济起源》,刘阳、冯钢译,浙江人民出版社2007年版,第211—220页。
② [美]西达·斯考切波:《国家与社会革命》,何俊志、王学东译,上海人民出版社2007年版,第25—34页。
③ Peter Hall, "Political Science and the Three New Institutionalisms", *Political Studies*, 1996, 44(5), XLIV, pp.936-957.
④ [英]B.盖伊·彼得斯:《政治科学中的制度理论:"新制度主义"》,王向民、段红伟译,上海人民出版社2016年版,第69—85页。
⑤ Israel Gohberg, Seymor Goldberg and Marinus Kaashoek, eds., *The Oxford Handbook of Political Institutions*, Oxford: Oxford University Press, 2006, pp.39-55.
⑥ See Orfeo Fioretos, Tulia G. Falleti and Adam Sheingate, eds., *The Oxford Handbook of Historical Institutionalism*, Oxford: Oxford University Press, 2016.

地位。

2000年以来,随着历史制度主义的理论解释力和应用范围进一步扩大,国内学者如薛晓源、陈家刚①,何俊志、任军锋、朱德米②,张永宏③等出版专著翻译介绍新制度主义,包括历史制度主义的最新研究方向、研究价值与应用前景。

历史制度主义注重在历史过程中考察制度创设的宏观背景、制度维系的路径依赖、权力关系的非对称性、制度变迁的关键转折点和历史偶然因素,认为关键节点、路径依赖和序列事件、意外后果之间的关系是分析制度变迁的基础。④ 概括起来,历史制度主义的代表性观点主要有以下三种。

1. 路径依赖理论

路径依赖理论主要强调制度的无效率,认为制度的演变呈现出惯性和历史继承性,一旦进入某种制度模式就会产生自我维持、自我强化的发展轨迹,随后的制度变迁具有初始制度设置的某些特征。⑤ 制度变迁之所以会出现路径依赖现象,主要是因为:一方面,受成本效应、学习效应、协同效应、适应性预期以及既得利益约束等因素的影响,理性行动者更容易在旧制度中获得回报递增⑥,新的制度选择的成本会随着旧制度实施时间的延长而增大,从而出现制度"黏性"(stickness);另一方面,现行制度还因其对外部制

---

① 薛晓源、陈家刚:《全球化论丛:全球化与新制度主义》,社会科学文献出版社2004年版,第173—237页。
② 何俊志、任军锋、朱德米编译:《新制度主义政治学译文精选》,天津人民出版社2007年版,第141—191页。
③ 张永宏:《组织社会学的新制度主义学派》,上海人民出版社2007年版,第439—459页。
④ 何俊志:《结构、历史与行为——历史制度主义对政治科学的重构》,复旦大学出版社2004年版,第218—255页。
⑤ 何俊志、任军锋、朱德米编译:《新制度主义政治学译文精选》,天津人民出版社2007年版,第191页。
⑥ [美]道格拉斯·C.诺思:《制度、制度变迁与经济绩效》,刘守英译,生活·读书·新知三联书店上海分店1994年版,第126—128页。

度环境变化的适应而获得某种合法性,使制度变迁进入某种良性循环,当然也可能"锁定"于无效率的状态。在政治实践中,更容易出现报酬递增式的路径依赖①;但是,事件发生的时间序列和政治过程的偶然性极为重要,微小事件可能会产生影响重大的结果。

2. 关键节点理论

制度变迁的关键节点通常产生于经济、文化、意识形态或组织结构放松了对行为的结构性或制度性约束的薄弱时刻。关键节点是一个短于路径依赖的时间段;节点产生的影响持续越久,该节点就越关键。② 关键节点时期行为者的政治选择、最终决定等偶然性因素对制度变迁产生重大影响。其影响力的大小,受制于其发生时的情境或制度环境的约束③,也受到过去制度路径的限制。关键节点导致的制度变迁不一定是旧制度被废除和被取代,也可能是制度功能的改变,或旧制度被整体或部分地校准调整。④ 尤其是在关键节点前后产生的资源转型或权力模式的重要调整,很可能会诱发长期稳定的路径依赖。⑤

3. 渐进转型理论

渐进转型理论将制度形式、环境、结果的变化都视为制度变迁。西伦(Thelen)、马洪尼(Mahoney)从制度变迁的过程和制度变迁的结果两个维度划分出更替、层叠、漂移和转换四种渐进性制度变迁类型。⑥ 学界普遍认为,渐进转型理论囊括了内生、演化、渐

---

① 王保星:《历史制度主义与我国教育政策史研究的方法论思考》,《河南大学学报》2017年第1期。
② [英]乔瓦尼·卡波奇、[美]R. 丹尼尔·凯莱曼:《关键节点研究:历史制度主义中的理论、叙事和反事实分析》,彭号阳、刘义强译,《国外理论动态》2017年第2期。
③ 马得勇:《历史制度主义的渐进性制度变迁理论——兼论其在中国的适用性》,《经济社会体制比较》2018年第5期。
④ 李月军:《反思与进展:新制度主义政治学的制度变迁理论》,《公共管理学报》2008年第3期。
⑤ 段宇波、侯芮:《作为制度变迁模式的路径依赖研究》,《经济问题》2016年第2期。
⑥ 马得勇:《历史制度主义的渐进性制度变迁理论——兼论其在中国的适用性》,《经济社会体制比较》2018年第5期。

进等变迁形态,较之断裂均衡理论具有更强的包容性和解释力。①

显然,历史制度主义的上述三种代表性理论既非逻辑一致,也非完美互补。它们大致上都是有关制度变迁过程的假设,但有的重视制度变迁的抉择或变化(如路径依赖理论),有的强调制度变迁的时机或诱因(如关键节点理论),渐进转型理论描述的则是制度变迁的过程形态。

当前,历史制度主义成为当代政治学研究特别是新制度主义理论的主流范式,学者结合政治经济实践,在制度范式、理论视角分析和实践应用等方面持续进行着广泛探索。马洪尼②、李月军③、乔万尼·卡波齐亚(Giovanni Capoccia)④、丹尼尔·凯莱曼(R. Daniel Keleman)⑤、赵怡⑥、马得勇⑦等学者关注了制度内生动力因素的作用。马雪松对政治制度的层次性和结构性特征进行了理论审视,提出平衡概念分析和理论构建的理论取向。⑧ 段宇波、侯芮提出结构性替代模型⑨,吴勇锋建构了制度变迁的解释性框架。⑩ 吕永红、许晓龙、李里峰等学者近几年在国家视角、政权

---

① 段宇波:《制度变迁分析的新发展:渐进转型模式》,《比较政治学研究》2017年第1期。
② James Mahoney, *The Legacies of Liberalism: Path Dependence and Political Regimes in Central America*, Maryland: Johns Hopkins University Press, 2001, pp.5-42.
③ 李月军:《反思与进展:新制度主义政治学的制度变迁理论》,《公共管理学报》2008年第3期。
④ [英]乔万尼·卡波齐亚:《制度何时大显身手:历史制度主义与制度变迁的政治分析》,马雪松译,《国外理论动态》2020年第2期。
⑤ [英]乔瓦尼·卡波奇、[美]R.丹尼尔·凯莱曼:《关键节点研究:历史制度主义中的理论、叙事和反事实分析》,彭号阳、刘义强译,《国外理论动态》2017年第2期。
⑥ 段宇波、赵怡:《制度变迁中的关键节点研究》,《国外理论动态》2016年第7期。
⑦ 马得勇:《历史制度主义的渐进性制度变迁理论——兼论其在中国的适用性》,《经济社会体制比较》2018年第5期。
⑧ 马雪松:《政治世界的制度逻辑:新制度主义政治学理论研究》,光明日报出版社2013年版,第90—96页;马雪松:《新制度主义政治学的内在张力与理论取向》,《上海行政学院学报》2011年第1期。
⑨ 段宇波、侯芮:《作为制度变迁模式的路径依赖研究》,《经济问题》2016年第2期。
⑩ 吴勇锋:《从分歧到整合:制度变迁解释性研究的演进》,《东南学术》2019年第5期。

建设、边疆治理等层面,拓展了新制度主义政治学在中国的研究实践。①

以历史制度主义视角研究教育制度变迁的成果较多,主要聚焦高等教育、高校教师、职业教育等方面。牛凤蕊、魏峰、孙家明等学者在论述教育制度变迁历程的同时,从政治经济体制变革、社会文化观念等宏观维度,路径依赖和关键节点,以及利益主体博弈等角度,分析了教育制度变迁的逻辑和诸多动力因素。②

但是,学界对西藏教育的制度变迁的研究文献极少。关于西藏教育制度的研究主要聚焦于内地办学、中等职业教育、高等教育等方面,在历史分析中突出了民主改革、民族区域自治制度、党中央等要素,探讨的广度与深度仍然不够,基于历史制度主义视角探讨的少之又少。

历史制度主义主要将制度视为政体组织结构中的正式或非正式的规则、规范、程序及实施机制。③ 教育制度一般被定义为包含学校教育制度和教育行政机构体系在内的广义概念④,是按国家

---

① 吕永红:《历史制度主义视角下再思民族区域自治制度的形成》,《新疆大学学报》2014年第1期;许晓龙、李里峰:《"五年计划"的变与常:一项历史制度主义的考察》,《浙江学刊》2017年第3期。

② 牛凤蕊:《我国高校教师职称制度的结构与历史变迁——基于历史制度主义的分析》,《中国高教研究》2012年第10期;魏峰:《历史制度主义视野下的教育政策研究——以"转制学校"的变迁为例》,《教育科学研究》2015年第7期;孙家明、廖益、李寒梅:《历史制度主义视角下中国政府与高校治理结构变迁的发展逻辑》,《高教探索》2021年第8期;徐书业、郭裕湘:《新中国民族教育政策演变的制度分析——基于历史制度主义的分析范式》,《教育研究与实验》2013年第1期;李瑞华:《新中国少数民族语言教育政策的历史变迁与转型逻辑——基于历史制度主义视角》,《民族教育研究》2020年第5期;武永超、周永华:《百年以来党的少数民族教育制度的嬗变逻辑——基于历史制度主义的透视》,《广西民族研究》2021年第2期;周光礼、吴越:《我国高校专业设置政策六十年回顾与反思——基于历史制度主义的分析》,《高等工程教育研究》2009年第5期;许传军:《民族地区义务教育财政制度变迁路径依赖与破解》,《教育学术月刊》2011年第1期。

③ Peter Hall, "Political Science and the Three New Institutionalisms", *Political Studies* (1996), XLIV, pp.936-957.

④ 顾明远:《教育大辞典(增订合编本)》,上海教育出版社1998年版,第798页。

性质确立的教育目的、方针和设施的总称。① 现代教育学将由于社会生活需要而自然产生并固定下来的社会惯习等一并纳入教育制度的范畴。② 制度变迁一般被描述为维持制度均衡的动态调整过程。③ 历史制度主义在历时性的时间维度与环境背景等空间维度,区别了制度的功能变化、制度的演进和制度的断裂④,将制度变迁视为量变与质变交替进行的历史进程。⑤ 本文基于历史制度主义的视角,重点研究西藏地域内实施的教育制度的制度替代、制度演变与制度创新等过程。重点围绕四个方面展开论述:一是基于关键节点理论对西藏教育的制度变迁历程进行历史分期;二是基于渐进转型理论论述制度变迁的过程形态;三是基于关键节点和路径依赖理论分析制度变迁的动力因素;四是在提炼总结规律的基础上,对制度发展进行前瞻。

三、西藏教育制度变迁的历程

西藏现代教育体制是中国共产党治藏方略的重要组成部分,内嵌于和平解放、民主改革、改革开放、现代化建设等历史进程,其演进逻辑和价值追求在本质上与中国共产党的治藏方略是有机统一的,是中国共产党西藏工作的历史缩影和现实体现。据此,本文以1951年、1978年、2000年和2012年为节点,将西藏教育制度变

---

① 中国大百科全书总编辑委员会:《中国大百科全书(社会学)》,中国大百科全书出版社1991年版,第119页。
② 筑波大学教育学研究会编:《现代教育学基础》,钟启泉译,上海教育出版社2003年版,第176页。
③ 彭德琳:《新制度经济学》,湖北人民出版社2002年版,第16页。
④ 参见何俊志:《结构、历史与行为》,复旦大学政治学理论专业博士学位论文,2003年。
⑤ 田玉麒、薛洪生:《制度变迁的运作机制:基于历史制度主义的理论考察》,《黑龙江社会科学》2016年第4期。

迁的历史进程分成四个阶段,重点从空间格局、工作方针、管理体制等方面的变化趋势论述西藏教育的制度变迁历程、特征及意义。

(一) 慎重稳进方针下的制度生成阶段(1951—1978年)

和平解放前,西藏经济社会的停滞与教育的停滞并存,垄断文明传承和文化传播话语权且具有鲜明阶级性和宗教色彩的寺庙教育已日暮途穷,不仅学校数量少、规模小,教育体系、教育观念和教育内容也远远落后于时代,全区仅有不足2%的适龄儿童入学,95%以上的人口是文盲。和平解放为西藏全面发展现代教育提供了合法性基础。在正式签订《中央人民政府和西藏地方政府关于和平解放西藏办法的协议》(简称"十七条协议")的当天下午,毛泽东作出"一切工作必须慎重稳进"的指示。兴办学校作为"争取群众","逐步使政教分离",以"达到不流血地在多年内逐步地改革西藏经济、政治的目的"的"恰当方法"①,受到高度重视。"慎重稳进"的方针贯穿西藏教育制度生成阶段制度变迁的全过程。

1. 主要发展历程

(1) 空间格局。随着各路部队进驻边防要地的步伐,拉萨市、江孜县、波密县等地陆续办起一批小学②,成为中国人民解放军经营西藏的据点和现代文明的发散地。1959年以后,西藏实行开门办学政策,采取公办与民办相结合的灵活办学体制,鼓励群众自筹经费创办民办学校,科教卫文等社会事业以星火燎原之势展开,为人民政权的巩固和农牧区社会转型奠定了基础。

(2) 工作方针。第一、二次全国民族教育工作会议明确了民

---

① 中共中央文献研究室、中共西藏自治区委员会编:《西藏工作文献选编(1949—2005年)》,中央文献出版社2005年版,第68—70页。

② 周润年:《略论西藏教育的发展历程及其经验》,《民族教育研究》2009年第2期。

族教育的新民主主义性质。西藏在普及小学教育确保适龄儿童入学的同时,集中力量开展干部教育培训和农牧民扫盲教育。1958年印发的《中共中央、国务院关于教育工作的指示》确定了教育"与生产劳动相结合""为无产阶级政治服务"的性质,西藏各中小学普遍开设了毛泽东思想教育和农牧业基础知识等课程。"文化大革命"时转向"左"的阶级教育,中学和中专一度陷入停办状态,西藏民族学院、西藏自治区师范学校被撤销。1971年在全国"大干快上""全面跃进"的口号下,西藏自治区革委会提出在"四五"期间普及小学教育的目标,办学规模快速扩张(表1)。

(3) 管理体制。此阶段管理体制出现多次震荡反复。1950年代早期,西藏行政管理机构不健全,仅成立了统一战线性质的过渡性政权机构。1956年,西藏自治区筹委会成立,下设文教处管理拉萨市中小学校。1965年成立自治区文教厅,形成区、地、县三级教育行政管理系统。1968年以后,区、地、县三级分别建立了革委会,各级教育行政管理机构先后瘫痪或撤销。1971年,自治区革委会恢复设置文教局及其内设机构,至1976年革委会文教局进一步分设为自治区教育局和自治区文化局。

2. 主要发展特征

西藏现代教育体制是在极端艰难复杂的背景下诞生的。1951—1959年,西藏曾出现旧西藏地方政权和人民民主政权两种政权并立,以及寺庙教育、现代民族教育两种教育体制并存的特殊局面,在创办学校、发展教育的问题上斗争异常尖锐复杂,使"慎重稳进"方针具有了很强的现实意义。通过发展爱国统一战线,争取最大限度的支持,此阶段初步搭建了现代民族教育的基本框架(表2)。但教育制度设施内部结构单一、功能不完善,行政管理体系不完备,教学计划、教学大纲等几乎是一片空白,保障能力薄弱,经费绝大多数由国家援助解决。学校教育以扫盲教育和普及小学教育为主,教育水平和质量层次较低。当时,农牧区大多数学校过于分

表 1 1959—1978 年西藏教育发展基本情况

年份	学校数量(所)					学生数量(人)					教职工数量(人)				
	合计	高等学校	中等专业学校	普通中学	小学	合计	高等学校	中等专业学校	普通中学	小学	合计	高等学校	中等专业学校	普通中学	小学
1959	465	/	1	2	462	18 032	/	1 390	342	16 300	396	/	396	/	/
1960	1 273	/	1	4	1 268	45 203	/	3 045	627	41 531	2 161	/	524	66	1 571
1961	1 542	/	1	5	1 536	56 945	/	2 926	675	53 344	2 650	/	513	78	2 059
1962	1 422	/	1	6	1 415	56 200	/	2 478	670	53 052	2 438	/	519	87	1 832
1963	1 547	/	1	6	1 540	56 148	/	2 308	733	53 107	2 599	/	496	98	2 005
1964	1 691	/	1	7	1 683	62 239	/	2 400	769	59 070	3 244	/	659	119	2 466
1965	1 828	1	1	4	1 822	70 546	2 251	455	1 059	66 781	3 410	703	110	122	2 475
1966	2 042	1	1	5	2 035	79 475	2 448	665	1 333	75 029	3 766	705	110	158	2 793
1967	1 912	1	停	5	1 906	75 182	2 353	665	1 213	70 951	3 666	700	110	163	2 693
1968	1 608	1	停	5	1 602	67 272	1 931	625	1 081	63 635	3 384	696	110	159	2 419
1969	1 485	1	停	5	1 479	60 421	878	停	445	59 098	3 220	689	5	163	2 363

(续表)

年份	学校数量（所）					学生数量（人）					教职工数量（人）			
	合计	高等学校	中等专业学校	普通中学	小学	合计	高等学校	中等专业学校	普通中学	小学	合计	高等学校	中等专业学校	普通中学	小学
1970	1 713	1	停	5	1 707	70 354	停	停	909	69 445	3 355	599	25	179	2 552
1971	1 966	1	1	6	1 958	86 084	417	315	1 448	83 904	3 689	606	74	205	2 804
1972	2 660	1	4	9	2 646	127 611	892	706	2 463	123 550	5 425	708	113	264	4 340
1973	3 053	1	5	16	3 031	151 842	984	1 038	3 600	146 220	6 138	734	163	238	5 003
1974	3 610	1	9	30	3 570	193 960	1 356	1 330	6 828	184 446	8 269	726	338	601	6 604
1975	5 056	2	23	37	4 994	224 357	1 964	2 508	9 520	210 365	10 673	1 005	338	765	8 565
1976	6 341	4	22	43	6 272	246 426	2 494	3 639	13 494	226 799	12 423	1 212	718	1 167	9 326
1977	6 482	4	22	46	6 410	256 934	2 233	4 382	14 447	235 872	13 879	1 477	824	1 169	10 409
1978	6 911	4	28	60	6 819	287 011	2 081	4 640	17 679	262 611	16 146	1 399	978	1 600	12 169

摘编自《西藏统计年鉴 2001》总第 13 期，第 288—293 页，1951—1959 年的数据不详。

散,多数学校的学生不足 30 人。①

表 2　西藏早期学校建设

第一所小学	1951 年 3 月成立的昌都小学
最早的幼儿园	1953 年成立的昌都小学幼儿班
最早的干部培训学校	1952 年 2 月成立的西藏军区干部学校
最早的成人教育机构	1952 年 6 月十八军在隆子县开办的文化夜校
第一所中学	1956 年 9 月成立的拉萨中学
第一所中等师范学校	1961 年成立的拉萨市师范学校
第一所高等院校	1965 年 7 月由西藏公学改建成的西藏民族学院

3. 制度变迁的意义

复杂的政治背景决定了西藏教育制度生成阶段的政治底色。西藏在"慎重稳进"方针的指导下,通过发展现代教育,稳步推进了统战工作和政治革命,推动了旧有生产关系的瓦解,动摇了"政教合一"的统治基础,为社会主义制度和人民民主政权的稳固创造了条件、扫清了障碍,确保西藏政治经济社会以稳定有序的方式步入社会主义发展轨道。现代教育的发展使农牧民的文化地位发生根本性转变,实现了文化启蒙、改造社会的目的。为发展科教文卫事业而构建的现代行政体系,也为民族区域自治奠定了基础。

(二)深化改革背景下的调整规范阶段(1978—2000 年)

改革开放后,中央提出"建设团结、富裕、文明的新西藏"的目标。② 先后于 1980 年、1984 年召开第一、二次西藏工作座谈会,对

---

① 西藏自治区地方志编纂委员会编:《西藏自治区志·教育志》,中国藏学出版社 2005 年版,第 11 页。
② 中共中央文献研究室、中共西藏自治区委员会编:《西藏工作文献选编(1949—2005 年)》,中央文献出版社 2005 年版,第 359 页。

拨乱反正、启动改革开放进程进行部署,并启动了全国支援西藏教育工作。1989年的中央政治局常务委员会会议以及1994年、2001年的第三、四次西藏工作座谈会,成为西藏工作的"一个转折点"及"两个里程碑",西藏进行了与全国"框架一致,体制衔接"的体制改革,步入改革发展稳定同步向前的轨道。

1. 主要发展历程

(1) 空间格局。中央第二次西藏工作座谈会后,在内地19个省市创办了3所西藏中学和16个西藏初中班,全国支援西藏教育的模式开始形成。随着1996年"东西部扶贫协作"重大决策的实施,沿海地区开始对口支援贫困地区的教育,全国教育援藏机制内嵌在国家发展战略中得以深化。西藏借鉴内地经验,逐步对学校布局、规模和教育结构进行调整,集中资源办好重点学校。

(2) 工作方针。1979年年底,西藏颁发《关于国民经济三年调整有关问题的要点》,确立了"五为主"(以藏族、中小学、公办、藏文、助学金为主)的办学方针,着力恢复教育教学秩序。1987年,西藏第三次全区教育工作会议明确了到20世纪末西藏教育发展的四个重点任务:基础教育重点加强、师范教育优先发展、职业技术教育和成人教育积极发展、高等教育巩固提高。但适龄儿童入学率及巩固率低的问题仍未得到有效的解决(图1)。1992年第四次全国民族教育工作会议之后,国家和西藏层面出台了一系列法律规定(表3),西藏开始从法治化轨道推行宗教与教育分离,逐步将教育工作的重点转移到抓改革、抓质量、抓德育、抓效益上。截至2000年年底,西藏基本实现了"两有(县县有中学、乡乡有小学)、八零(适龄儿童入学率达到80%以上)、三、六、九(牧区基本普及3年义务教育、农区基本普及6年义务教育、主要城镇普及9年义务教育)"的发展目标。

(3) 管理体制。1978年以后,全区教育行政管理机构逐渐恢复。1993年西藏出台《关于改革和发展西藏教育的决定》,明确实行"地方负责、分级办学、分级管理"和以政府办学为主体、社会各级共

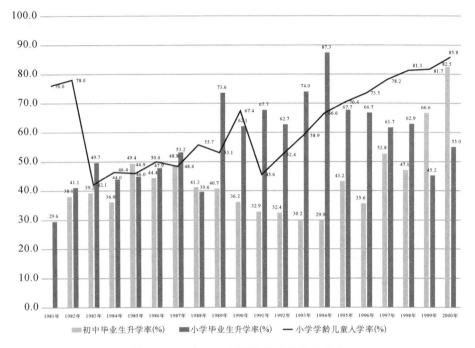

图1　1981—2000年西藏基础教育升学率

来源：摘编自《西藏统计年鉴2001》总第13期，第288—293页，1981年之前的升学率不详。

同办学的管理体制。1994年第三次西藏工作座谈会确定了发展和稳定两大主题，提出了"框架一致，体制衔接"的体制改革思路。

表3　1990年代出台的主要政策法规

	时间	政策法规	备注
国家	1993年10月31日	《中华人民共和国教师法》	在法制化轨道上推动教育发展
	1995年3月18日	《中华人民共和国教育法》	
	1996年5月15日	《中华人民共和国职业教育法》	
	1998年8月29日	《中华人民共和国高等教育法》	

(续表)

	时间	政策法规	备注
西藏	1993年3月	《改革和发展西藏教育的基本思路》及实施意见	针对突出问题，推动教育改革，抓基础、抓质量
	1994年	《西藏自治区实施〈中华人民共和国义务教育法〉办法》	
	1994年	《关于严格禁止13周岁以下适龄儿童及学前儿童当喇嘛尼姑的通知》	
	1994年10月	《西藏自治区关于〈中国教育改革和发展纲要〉的实施意见》	
	1994年10月	《关于进一步加强和改进学校德育工作的意见》	
	1996年	《西藏自治区中小学办学条件标准》	

2. 主要发展特征

西藏教育步入以改革体制、优化结构、规范办学、提升质量为重心的发展阶段，初步形成了从学前教育到高等教育、成人教育在内的多层次、多形式、学科门类基本齐全的民族教育体系。政策关注的重点转向西藏教育的具体实践，把全国支援和自力更生结合起来，实行简政放权和分级办学的管理机制，与全国保持框架一致、体制衔接，为促进资源合理配置和援受机制有效对接奠定了基础。

3. 制度变迁的意义

在改革开放的背景下，西藏义务教育和扫盲教育步入法制化轨道，削弱了宗教权威对教育的影响与表达，推进了民族教育法治化和民族问题去敏感化。"两有、八零，三、六、九"目标的实现，提高了社会整体的人口素质，支撑了社会主义市场经济的建立和发展，促进了现代化因素的培育。现代教育的发展加速了西藏社会的发展和开放进程，推动了优秀民族文化的健康发展和传承创新。

"知识体系和价值观念逐渐趋于一致,为少数民族人才走向全国就业奠定了基础。"①

(三) 科教兴藏战略下的跨越式发展阶段(2000—2012年)

在西部大开发的战略背景下,国家制定了面向 21 世纪的全国教育以及西部地区教育发展规划。2001 年中央第四次西藏工作座谈会提出"科教兴藏"战略和教育优先发展的基本原则,西藏教育从民族地区社会事务上升到"科教兴藏"的战略高度。在"两基"(基本普及九年义务教育、基本扫除青壮年文盲)攻坚工程收官后,2010 年中央第五次西藏工作座谈会将教育发展结构的重点由基础教育调整为普及高中阶段教育。至 2012 年年底,高等学校、中等专业学校、普通中学、小学和幼儿园在校生人数分别比 2000 年提高了 5.11 倍、1.78 倍、2.22 倍、-0.07 倍、12.69 倍,充分体现了此阶段跨越式发展的特点。

1. 主要发展历程

(1) 空间格局。《国务院关于深化改革加快发展民族教育的决定》(国发〔2002〕14 号)明确提出,民族地区的教育发展重点要向农牧区、高寒山区、边境地区及人口较少民族聚居地区倾斜。西藏制定了教育"十五"规划,召开了全区农牧区教育工作会议和边境县教育工作座谈会,统筹推进农牧区教育综合改革。2010 年中央第五次西藏工作座谈会将四川、云南、甘肃、青海四省藏区教育工作进行了一体部署,标志着将五省的发展稳定作为一个联动的整体,从标本兼治的更高维度进行战略布局的思路。

(2) 工作方针。教育发展思想从注重效率和速度,转向以促

---

① 资料来源:对教育科学研究者的访谈,2022 年 8 月 1 日。

进公平、提升质量为核心,从推进基本公共服务均等化的角度布局教育事业。自2005年起,西藏全面推进素质教育,义务教育阶段启用新课程新教材,标志着教育观、教学观、人才观等转向以学生为主体,促进学生全面发展,实施素质教育成为西藏教育思想现代化的突破口。①

(3) 管理体制。西藏实行了由地方政府负责、分级管理、以县为主的义务教育管理体制。随着西藏高等教育学科体系的建立,2002年以后,西藏逐步增设了多个高等教育相关的教育管理机构及内设机构,教育的重心开始向中等教育和高等教育转移。

2. 主要发展特征

得益于西部大开发的以区域为地理单元,对经济、资源、生态以及文化等因素的统筹调适,西藏教育进一步成为国家政策扶持的重心。在中央统筹和全国教育援藏的机制下,西藏形成了以区内办学为主、内地办学为补充的"有中国特色、西藏特点"的现代教育体系。教育经费总额由2000年的7.68亿元增加到2012年的82.61亿元,年均增幅逾22.79%(表4),并着力向农牧区、边境地区倾斜,保障和促进了各教育类型健康协调发展,教育质量获得整体性提升。

3. 制度变迁的意义

教育发展与对外交流开放的环境相辅相成,带来社会观念的转变和人整体素质的提升,促进了价值观念与发展目标的全国性同构和各民族共有精神家园建设,推动更多人积极地投入市场竞争,追求财富积累,为西藏由"输血型"发展向"造血型"发展奠定了基础。

(四) 依法治藏战略下的现代治理阶段(2012年至今)

随着对西藏工作的深入认识,中央第六次、第七次西藏工作座

---

① 杨小峻:《对西藏教育现代化的思考》,《西藏研究》2002年第4期。

谈会进一步确立了"治国必治边、治边先稳藏"的思想,将教育视为"强区"的基础性、先导性、全局性工程,上升到"优先发展"的核心位序。自2012年以来,教育经费投入年均增长率达到15.57%①,内部结构进一步优化,教师队伍紧缺的问题得到极大的缓解,具有高等学历和专业技能的学生在每万人口中的比例显著提升(表5)。西藏教育摆脱了长期落后的局面,进入高质量发展的新阶段。

1. 主要发展历程

(1) 空间格局。西藏位于南亚大通道、孟中印缅经济走廊和环喜马拉雅经济合作带,这样的区位优势使西藏教育从边境落后教育转变为跨境前沿教育。② 自2012年年底开始,西藏将义务教育发展的重点转向县域内均衡发展,对农牧区、边境地区和贫困地区学校给予更多的资源和政策支持。2016年,教育部等6部委出台《教育脱贫攻坚"十三五"规划》(教发〔2016〕18号),政策对象由区域转向个人,政策导向更注重人的价值和人的自主性。西藏作为唯一的省级集中连片特困地区又一次迎来"超常规"政策倾斜。

(2) 工作方针。党的十八大以来,教育观转变为"全人类通过教育共创美好未来"的崇高目标③,由强调教育为政治和经济社会发展服务,转变为对教育促进人的全面发展的价值肯定,坚持"立德树人"的教育方针和德智体美劳"五育并举"的工作任务更加凸显。2016年,西藏印发《关于加快教育事业改革发展的实施意见》(藏党发〔2016〕17号),明确依法治教的原则,教育治理理念由政策化转向法治化。

---

① 《西藏举行和平解放70年来教育事业发展成就和"十四五"开局起步情况新闻发布会》(2021年6月24日),中华人民共和国国务院新闻办公室官网,http://www.scio.gov.cn/xwfbh/gssxwfbh/xwfbh/xizang/Document/1707567/1707567.htm,最后浏览日期:2023年7月20日。
② 陈时见、王远:《从"边境"到"跨境":"一带一路"背景下跨境民族教育的转型发展》,《华东师范大学学报》2020年第4期。
③ 袁梅、张良、田联刚:《民族基础教育政策变迁历程、逻辑与展望》,《西南民族大学学报》2020年第5期。

表 4　2000—2012 年西藏教育经费总收入（万元）

年度	2000年	2001年	2002年	2003年	2004年	2005年	2006年	2007年	2008年	2009年	2010年	2011年	2012年
总收入	76 981.0	81 549.8	103 044.9	141 177.9	187 466.8	234 499.5	301 722.1	276 921.3	420 561.9	494 122.3	597 447.7	662 292.6	826 101.6
递增率	/	5.93%	26.36%	37.01%	32.79%	25.09%	28.67%	-8.22%	51.87%	17.49%	20.91%	10.85%	24.73%
合计	4 403 889.4												

摘编自《中国教育经费统计年鉴》2000—2012年"分地区教育经费总收入"统计数据。

表 5　2012—2020 年西藏各级各类学校生师比及升学率等情况

年度	一般公共预算中教育经费支出（万元）	生师比						升学率（%）				平均每万人口中在校学生数（人）				大中小学生占学生总数（%）			
		高等学校	中等职业学校	普通中学	小学	幼儿园	特殊教育学校	初中毕业生升学率	小学毕业生升学率	小学适龄儿童入学率		大学生	中专生	中学生	小学生	大学生	中专生	中学生	小学生
2012	944 843	14.12	28.94	14.09	15.49	38.60	4.57	51.6	91.4	99.4		109.0	60.0	579.0	949.0	6.4	3.5	34.1	56.0
2013	1 071 776	13.58	26.82	13.68	15.78	35.11	3.96	54.1	92.0	99.6		108.0	56.0	574.0	944.0	6.4	3.3	34.1	56.1
2014	1 420 833	13.42	16.84	12.76	14.70	30.88	4.49	60.0	92.2	99.6		110.0	53.0	567.0	929.0	6.6	3.2	34.2	56.0
2015	1 672 653	13.06	13.83	12.02	14.13	27.63	4.11	61.9	84.9	99.7		106.0	49.0	542.0	902.0	6.6	3.1	33.9	56.4

■ 大都市圈治理：战略协同与共荣发展

（续表）

年度	一般公共预算中教育经费支出(万元)	生师比						升学率(%)			平均每万人口中在校学生数(人)				大中小学生占学生总数(%)			
		高等学校	中等职业学校	普通中学	小学	幼儿园	特殊教育学校	初中毕业生升学率	小学毕业生升学率	小学学龄儿童入学率	大学生	中专生	中学生	小学生	大学生	中专生	中学生	小学生
2016	1 696 431	14.20		11.56	14.56	25.99	3.94	71.6	91.0	99.2	106.0	55.0	536.0	916.0	6.6	3.4	33.2	56.8
2017	2 271 970	15.08	12.70	11.82	15.64	25.00	4.10	73.7	92.0	99.5	111.0	57.0	544.0	935.0	6.7	3.5	33.0	56.8
2018	2 321 456	14.92	13.01	11.60	14.54	21.80	3.70	77.3	95.5	99.5	113.0	68.0	567.0	968.0	6.5	3.9	33.1	56.5
2019	2 632 593	14.82	13.59	11.61	14.72	22.21	3.57	92.1	99.9	99.7	111.0	73.0	591.0	982.0	6.3	4.2	33.6	55.9
2020	2 946 046	15.37	12.63	11.59	14.62	19.14	3.54	95.10	99.9	99.9	114.0	88.0	597.0	967.0	6.5	5.0	33.8	54.7

摘编自《西藏统计年鉴 2021》总第 33 期，第 250—261 页。

(3) 管理体制。随着对社会这一生命体的认识和国家治理观念的转变,西藏在转变政府职能框架内,开展了教育管、办、评分离的体制改革,推动政府、学校、社会三个主体之间的良性互动。

2. 主要发展特征

教育的制度结构、政策体系及能力建设迎来全方位的调整优化,步入制度转型与内涵提升的全新阶段,走上良法善治、依法治教的现代化教育治理之路。根据2016年国家出台的《关于加快中西部教育发展的指导意见》(国办发〔2016〕37号)和《推进共建"一带一路"教育行动》,西藏教育的改革创新和对外开放进入新阶段,由"外援式"和"外延式"向"内生式"和"内涵式"发展的政策导向日趋明显,教育结构转向以高等教育发展为龙头。至2020年年底,西藏长期存在的义务教育辍学问题得到历史性解决,高中阶段教育普及攻坚任务如期完成,主要教育指标达到或者超过全国平均水平。

3. 制度变迁的意义

西藏各族人民的文化素质和知识水平得到大幅提升。对比全国人口普查数据发现,2021年西藏每10万人中拥有大学、高中、初中文化程度的人口,比2010年分别提高了100.1%、61.57%、22.62%,达到11 019人、7 051人、15 757人。[①] 教育发展培育了各族人民的公民意识和社会主义价值取向,提升了政治参与意识和参与能力,为提升中国共产党的执政韧性奠定了基础。在当前"五期叠加"的形势下,教育在稳藏安民和兴藏富民中发挥着不可替代的作用。"越来越多的牧民意识到,不能让子女跟着他们过放牧的生活了,要上学,要到城市里面去。"[②]

---

① 《西藏自治区第七次全国人口普查主要数据公报》(2021年5月20日),西藏自治区人民政府官网,http://www.xizang.gov.cn/zwgk/zfsj/ndtjgb/202105/t20210520_202889.html,最后浏览日期:2023年7月20日。

② 资料来源:对教育管理者的访谈,2022年6月14日。

（五）小结

回顾西藏教育制度变迁的历程,在空间格局上呈现由点到面、由表入里,由边缘向核心、由核心到前沿的发展轨迹。在发展目标上呈现出从单一维度的数量要求向多维度质量提升的转变。在管理体制上呈现出由集中统一领导向政府主导、分级管理再向政府、学校、社会多元治理的变化轨迹。制度变迁过程是随着中央治边稳藏战略方针的发展变化而逐渐深化的,是随着西藏从区域治理上升到国家战略的核心位序而一步步生成的。西藏教育在执政合法性的维护、储备人力资源、培育现代文明、服务国家事业全局和区域经济社会发展、推进民族团结进步与国家长治久安等方面发挥了重要作用,加速了现代化因素的培育,在政治参与扩大化和政治生活制度化之间充当了调适均衡的角色,使西藏各族人民的发展权利和发展能力得到全面释放,推动了西藏的现代化建设进程。

四、西藏教育制度变迁的渐进转型模式

学界对历史制度主义制度变迁模式主要有渐进转型(gradual transformation)和断裂均衡(punctuated equilibrium)两种观点。[①] 克拉斯纳(Krasner)最早将古生物学的断裂均衡概念引入历史制度主义的制度变迁分析,认为由于外部危机和环境变化等因素,政治制度常常呈现出周期性的间断变迁。[②] 断裂均衡理论把制度看

[①] 段宇波、侯芮:《作为制度变迁模式的路径依赖研究》,《经济问题》2016年第2期。

[②] Krasner S., Eric Nordlinger, and C. Geertz et al., "Approaches to the State: Alternative Conceptions and Historical Dynamics", *Comparative Politics*, 1984, 16(2), p.223.

成制度断裂和制度稳定交替的过程。以关键节点区分旧制度的断裂和新制度的创立,将均衡视作制度的稳定时期,是路径依赖长期演化的结果。由于断裂均衡模式的解释力不足,在随后的发展中逐渐被囊括了路径依赖和关键节点理论、内生性和外生性制度变迁的渐进性制度变迁模式所取代。① 马得勇介绍了西伦、马洪尼关于渐进转型理论的更替、层叠、漂移和转换的四种形式(表6)。② 该模式关注了外在环境、内在演化、行动者选择、制度运行结果等影响因素,对西藏教育制度变迁的过程形态具有较好的解释力。

表6 渐进转型理论的四种形式

	变迁的内在阻力高	变迁的内在阻力低
对现有政治环境的偏离度高	层叠(layering)指新规则与旧规则的叠加状态,通常在旧体制依然强有力存在,但行动者中有主导权的一方难以从旧体制中受益并开始建立新制度的情境下产生	转换(conversion)指制度自身没变,但行动者对制度的解释出现歪曲或者延伸,或利用制度的模糊性以变通的方式执行制度所导致的运行结果的变化
对现有政治环境的偏离度低	漂移(drift)指制度自身未变,但制度执行的情境发生改变,制度不适应制度环境的发展变化所导致的运行结果出现偏差	更替(replacement)指新制度替代旧制度的制度突变,常伴随剧烈的政治变动或革命、战争发生

资料来源:摘编自相关材料。

---

① 段宇波:《制度变迁分析的新发展:渐进转型模式》,《比较政治学研究》2017年第1期。
② 马得勇:《历史制度主义的渐进性制度变迁理论——兼论其在中国的适用性》,《经济社会体制比较》2018年第5期。

（一）现代教育制度对寺庙教育制度的更替

在和平解放前，西藏现代意义上的正规教育尚未起步。① 服务于专制统治的寺庙教育是主要的教育形式。此外，仅有极少量规模很小的僧俗官学和私塾学堂。在课程设置中，近代自然科学几乎是空白的。1951年"十七条协议"的签订为西藏现代教育的发展奠定了基础。西藏现代教育对寺庙教育的更替，是伴随着西藏和平解放、开启社会制度变革历史进程的剧烈政治变动而产生的。和平解放是人民民主政权的巨大胜利，发展现代教育是稳定边疆、巩固政权、发展社会事业的首要工作。因此，这种更替是在人民民主政权的内在阻力相对较低、对现有政治环境偏离度较低的状态下实现的。

（二）现代教育制度与寺庙教育制度的层叠

现代教育制度创立之初，尽管人民的文化主体地位已经发生质的改变，但寺庙教育中的念经课、宗教课仍被保留下来，呈现出现代教育制度与寺庙教育制度的层叠状态。1957年5月，在西藏发布的《关于转发〈关于小学校历的规定〉希望遵照执行的通知》中，宗教课与语言、算术等应用性知识和自然、地理等自然科学一并列入学校课程的范围。地方党委领导与上层僧俗贵族一并组成学校董事会，领导学校行政工作（表7）。这种状态源于两种政治体制的复杂并立，是在特殊政治环境中发展现代教育的一种"慎重稳进"策略，是基于对社会观念和社会发展基础考量下的应对旧体制内在阻力的一种适当妥协。因此，该层叠状态是一种内部阻力较高但对当时的政治环境偏离度较低的状态。

---

① 吴德刚：《西藏教育50年回顾与新世纪的展望（一）》，《中国民族教育》2001年第2期。

表7 拉萨小学、江孜小学董事会组成人员

成立时的董事会		拉萨小学(1952年成立)	江孜小学(1953年成立)
董事会	董事长	中共西藏工委第一副书记、西藏军区司令张国华	中共江孜分工委书记梁选贤
	主要成员	赤江·洛桑益西活佛(校长)	班禅堪布会议厅札萨计晋美
		噶厦噶伦、藏军总司令、西藏军区副司令绕噶·朋措绕杰	班禅堪布会议厅札萨拉敏·益西楚臣
		噶厦噶伦、西藏军区第一副司令员阿沛·阿旺晋美(名誉校长)	日喀则总管堪穷·洛桑坚参
		中共西藏工委委员、编审委员会主任平措旺杰等	西藏地方政府驻日喀则总管年嘉代本等
校长		赤江·洛桑益西、绕噶厦·彭措绕杰、堪仲·土登旦达	嘉雅活佛
副校长		江乐金·索南加布、李安宅、陆一涵	刘江霞(常务副校长)

(三) 现代教育制度中教育观念的漂移

民主改革废除了"政教合一"的农奴制度,但宗教的消极因素仍对群众的思维方式和认知结构有着很深的影响,重寺庙、轻学校的现象在一些较落后的地区持续存在。由于拨乱反正中对民族宗教问题的突出强调,在一定程度上延长了宗教对教育消极干预的时间,义务教育阶段控辍保学的压力极大。1992年第四次全国民族教育工作会议首次确定坚持社会主义办学方向、坚持宗教与教育分离的基本原则,以及1994年《西藏自治区实施〈中华人民共和国义务教育法〉办法》和《关于严格禁止13周岁以下适龄儿童及学前儿童当喇嘛尼姑的通知》的出台,为推进宗教与教育分离和宗教为社会主义建设服务创造了条件。此阶段的教育制度相对于制度环境的发展变化出现时滞现象,导致制度运行结果未取得理想预期。这种教育观念的漂移是在内在阻力较大且对现有政治环境偏离度较高的状态下的消极回应。

(四)现代教育制度观念内涵的转换

基于对国际国内形势的判断,中央将优先发展教育事业和依法管理宗教事务作为西藏工作的两个重要内容,在主动治理、强基固本的治边稳藏目标方向上进行了整合,在责任主体上进行了分离。将教育领域的反分裂斗争引申为以爱国主义、民族团结等为核心的德育和法治宣传教育;将做好宗教领域反分裂斗争引申为坚持宗教中国化方向,团结藏传佛教界人士建立爱国统一战线的工作。虽然宗教界在支持办好国民教育、抵御分裂思想向教育领域渗透的工作中仍有动员和支持的责任,但寺庙教育和宗教已经被完全排除在国民教育之外了。此阶段,推进宗教与教育分离的制度核心内涵未发生改变,但行动者立足时代发展和社会进步的内在需求,对制度的解释进行了延伸。这是制度变迁内在阻力较低且对现有政治环境偏离度较低的一种模式。

西藏教育的制度变迁并不是现代化要素发育完善后在制度内部自然生发的,而是为了摆脱落后状态、消除外部威胁,在外部条件的刺激影响下由制度设计主导的渐进性制度变迁,是逐渐将"政教合一"的特权教育转变为社会主义的现代教育的过程,具有重要的政治意义和社会意义。

关于渐进转型理论,仍需要回答四种变迁模式是否具有明确的时间上的承继衍化关系。西藏教育的制度变迁作为个案解释力有限,但该问题仍值得在理论层面进行进一步分析。

五、西藏教育制度变迁的动因

学界一般认为历史制度主义既从中观的制度层面描述或建构制度变迁[1],也从微观的行动者层面解释制度的内生性变迁[2],还关注国家、经济和社会等宏观结构层面的变迁,具有宏观方法论属性。[3] 周光礼、吴越认为,历史制度主义继承和整合了理性制度主义与社会学制度主义关于行动者和结构化背景的理论,形成"宏观结构—中观制度—微观行动者"的理论体系和分析框架。[4] 以下将从宏观、中观、微观三个层面,分析西藏教育制度变迁的动因。

(一)结构约束与制度变迁

历史制度主义的结构观着重分析利益、观念、制度与行为之间的相互关系[5],认为政治制度会与宏观制度背景、政治经济、利益和意识形态等要素发生深层次的结构性互动,政治变量之间的互动方式会诱致制度变迁。[6]

1. 宏观制度背景决定西藏教育的制度设定

(1)国际国内形势背景对西藏教育体制的约束。西藏现代教

---

[1] 庄德水:《论历史制度主义对政策研究的三重意义》,《理论探讨》2008年第5期。
[2] [英]乔万尼·卡波齐亚:《制度何时大显身手:历史制度主义与制度变迁的政治分析》,马雪松译,《国外理论动态》2020年第2期。
[3] 杨光斌、高卫民:《历史唯物主义与历史制度主义:范式比较》,《马克思主义与现实》2011年第2期。
[4] 周光礼、吴越:《我国高校专业设置政策六十年回顾与反思——基于历史制度主义的分析》,《高等工程教育研究》2009年第5期。
[5] 何俊志:《结构、历史与行为——历史制度主义的分析范式》,《国外社会科学》2002年第5期。
[6] 武永超、周永华:《百年以来党的少数民族教育制度的嬗变逻辑——基于历史制度主义的透视》,《广西民族研究》2021年第2期。

育体制自诞生之初就面临着复杂的国际国内环境。西藏和平解放前,西方列强就对藏传播族裔民族主义思想,煽动西藏独立。① 争取群众支持、打破封闭状态、传播现代文明、促进民族发展等历史任务催生了西藏现代教育体制的确立,并决定了西藏教育自诞生之初就具有的政治属性。随着全球化发展的深化,青藏高原成为实现全球再平衡和改善中国地缘政治环境的重要屏障。② 新时代的西藏教育不仅需要塑造国家认同和中华民族共同体意识,"还需要在辐射中华文化的影响和与世界文化的交往交流中发挥更大的作用"。③

(2) 政治经济结构对西藏教育的塑造。1951—1959年,西藏形成中共西藏工委、昌都地区人民解放委员会和噶厦政府、班禅堪布会议厅"三面四方"政权并存的政治格局。在西藏旧有利益集团怀有对立情绪、人民政权还未完全建立且在群众中缺乏足够影响力的前提下,这种特殊局面为西藏现代教育的萌芽和生长提供了良好条件。从和平解放到1965年西藏自治区成立是西藏的新民主主义革命时期④,受前苏联模式的影响,中国实行高度集中的社会主义政治体制。西藏发展稳定重大事项均由中央统筹,教育制度建设需要服务于革命斗争和统战工作。改革开放后,西藏同全国一道开展了经济体制改革并逐步深化到政治体制改革,由对内的改革逐步深化到对外的开放,市场在资源配置上起到决定性作用,对现代化建设专业人才的需求激增,教育法治化进程和体制改革进程显著加快。

---

① 柳欢、徐万发:《论西藏和平解放时期中国共产党在西藏事务处理中的中央决策机制》,《西藏研究》2020年第2期。
② 张文木:《青藏高原与中国整体安全——兼谈青藏高原对"一带一路"关键线路的安全保障作用》,《太平洋学报》2017年第6期。
③ 资料来源:对民族文化研究者的访谈,2022年9月10日。
④ 狄芳耀、何宗英:《西藏百年经济史》,厦门大学出版社2020年版,第107—109页。

(3) 文化心理结构对西藏教育的影响。教育作为社会意识形态的塑造力量既属于上层建筑,又是生产力因素。西藏的民族文化、典章礼仪、生活习俗都带有浓厚的宗教色彩,藏传佛教"在相当程度上建构了这个民族共同体的心理特征和群体人格"①,但其轻视现世生活、注重来世幸福的思想,成为一种持久的内隐性阻滞力量,使群众在认知和惯习方面对现代教育的积极性不足。"主要是家长观念,对教育不重视的这个环境。当时早期西藏班,好多家长都不愿意把孩子送出去。"②其"上师崇拜"的特点,也给达赖集团长期利用宗教信仰进行颠覆渗透提供了土壤。发展教育事业具有凝聚社会共识、巩固扩大爱国统一战线、培育现代化因素、彰显社会主义制度的优越性等一系列政治价值,故而成为治藏方略关注的核心和优惠政策的重点倾斜领域。

2. 政治变量决定西藏教育的制度选择

教育制度初创时刻,各方政治主体在权力结构、利益诉求、观念等方面的博弈(表8),直接影响了西藏教育的制度底色、组成要素和发展模式。

表8　影响西藏现代教育体制创立的相关政治变量

政治主体	权力结构	利益诉求	观念	博弈焦点	结果	影响
帝国主义势力	殖民势力	殖民掠夺,世界霸权等	煽动"西藏独立",遏制中国,抵制共产主义	殖民利益	被驱逐出西藏	反华反共
中国共产党及解放军	执政党正义之师	建立人民政权,巩固国防,民族团结	慎重稳进,建立统一战线,发展科教文卫事业,开启民智,赢得拥护	推进政教分离,建立社会主义制度	取得胜利,建立人民民主政权	国家政策扶持,全国支援西藏

---

① 杨文法:《论藏传佛教信仰对藏族社会心理与行为的影响》,《西南民族大学学报》2011年第2期。
② 资料来源:对教育受益者的访谈,2022年9月12日。

（续表）

政治主体	权力结构	利益诉求	观念	博弈焦点	结果	影响
统治阶层(僧俗上层贵族)	政教合一的统治基础	维护封建统治利益	"文武策略":寻求国际支持及军事援助;武装对抗;在办学上造谣生事	政教合一的封建农奴制	失败后流亡国外	长期渗透颠覆
百万农牧	民心向背	生产生活资料及人身权利	通过接受教育摆脱被奴役的现状	平等权利	当家作主	对社会主义制度的认同感

和平解放前,帝国主义势力与西藏上层反动集团相互勾结攫取利益,对百万农奴进行残酷剥削。"如何经营西藏关系到国家稳定问题,说到底是民心向背问题。"[①]新中国成立初期,内忧外困、政局动荡,中央制定了和平解放西藏的方针,建立广泛的爱国统一战线,发展民族科教文卫事业,"慎重稳进"地推进"十七条协议"的落实。现代教育的迅速发展,激发了百万农奴通过教育摆脱被奴役命运的渴望,但也让噶厦政府上层反动集团感到恐慌。他们以耽误生产、喇嘛来源受影响为由,公开反对创办学校。1959年3月28日,西藏"政教合一"的农奴制度土崩瓦解,百万农奴翻身得解放,成为国家和社会的主人,此后,社会主义的现代教育制度在西藏得到迅速发展。

推动农奴制度解体的改革在一定程度上讲是不彻底的。为了顺利推进民主改革,中共中央并未将民众被剥削的根源直接指向"政教合一"的利益集团,未促成利益集团与普通民众的分割,给"政教合一"的旧体制以喘息之机,并嵌入文化风俗和宗教仪轨中留存下来,以特殊的"民族性""特殊性"对西藏教育的制度变迁产生潜在影响。西藏教育发展一直严重依赖国家政策扶持,内生性

---

① 资料来源:对教育管理者的访谈,2022年9月14日。

发展受阻。西藏建立了"国家为主、省级统筹"的教育经费保障机制,形成了 15 年公费教育体系,1951—2020 年的教育投入达 2 573.78 亿元。① 其间,西藏 GDP 由 1.29 亿元增长到 1 902.74 亿元②,但中央财政补助平均占西藏总财政收入的 94%,而且在不断增加。③

(二)历史传承与制度变迁

历史制度主义的历史观是历史制度主义重要的分析范式之一,主张通过对关键节点和路径依赖的分析,呈现政治制度变迁的过程和结果。④

1. 制度生成与关键节点

(1)"慎重稳进"方针下西藏教育制度生成阶段的关键节点。"十七条协议"的签订揭开了西藏发展现代教育的历史序幕。1952 年 8 月,和平解放后第一所公办的现代教育学校——拉萨小学成立,并设立了具有统一战线性质的学校董事会⑤,推进了"十七条协议"的落地。因此,本文将 1951—1952 年视为制度生成阶段的关键节点,将 1953—1978 年视为路径依赖时期。

此阶段的关键节点生成的背后具有高度偶然性。新中国成立初期,美、印等国不断插手中国西藏事务,噶厦政府上层反动集团

---

① 《西藏举行和平解放 70 年来教育事业发展成就和"十四五"开局起步情况新闻发布会》(2021 年 6 月 24 日),中华人民共和国国务院新闻办公室官网,http://www.scio.gov.cn/xwfbh/gssxwfbh/xwfbh/xizang/Document/1707567/1707567.htm,最后浏览日期:2023 年 7 月 20 日。
② 扎洛、杨涛:《和平解放 70 年西藏经济发展的历程、成就与经验》,《中国藏学》2021 年第 2 期。
③ 吕翠苹、徐邵蕊:《转移支付对西藏经济发展的影响效应研究》,《西藏大学学报》2021 年第 1 期。
④ 武永超、周永华:《百年以来党的少数民族教育制度的嬗变逻辑——基于历史制度主义的透视》,《广西民族研究》2021 年第 2 期。
⑤ 多杰才旦:《拉萨小学的建立及对西藏现代教育的影响——纪念拉萨小学成立 37 周年》,《中国藏学》1989 年第 4 期。

制造了"七八事件"和"亲善使团"等一系列分裂祖国的行动,使和平解放西藏、维护祖国统一变得刻不容缓。1950年,毛泽东指出"少数民族地区的社会改革须谨慎对待"①,使"慎重稳进"方针成为指导西藏民族和宗教工作的指导思想。1952年3—4月,噶厦政府上层反动集团导演"伪人民会议"事件,强烈反对开办学校。拉萨小学采用由"上层人物出面办理的形式",既团结了上层爱国人士,也消除了办学阻力,营造了有利于现代教育发展的政治和社会环境。

1951—1952年的关键节点产生于"政教合一"的封建农奴制的结构性约束的薄弱时刻,是因外部突发事件冲击形成的。在中共中央的集中统筹下,发展现代教育作为一种柔性管理手段,在社会整体变革中发挥了重要的基础性、先导性作用。

(2) 深化改革背景下西藏教育调整规范阶段的关键节点。十一届三中全会后,随着国家建设和社会发展工作中心的转移,西藏根据中央"调整、改革、整顿、提高"八字方针,提出"五为主"办学方针,自1979年年底至1983年对教育进行恢复调整。1980年第一次西藏工作座谈会全面启动了西藏的改革开放进程。时任西藏自治区党委书记的胡锦涛1990年在谈到西藏问题时指出:"1980年以来,在西藏历史上掀开了新时代的一页。"②因此,本文将1978—1980年作为调整规范阶段的关键节点,1981—2000年为路径依赖时期。

此阶段的关键节点是在内外矛盾交织的背景下生成的。历经"文化大革命"时期的混乱发展,西藏教育内部出现诸多问题。达

---

① 中共中央文献研究室编著:《建国以来毛泽东文稿(第1册)》,中央文献出版社1987年版,第398—400页;张皓:《毛泽东与西藏和平解放的前前后后(1949—1952)》,《党的文献》2020年第2期。
② 王小彬:《经略西藏——新中国西藏工作60年》,人民出版社2009年版,第235页。

赖集团的分裂渗透也愈演愈烈。特别是1980年代以来,达赖集团在中印边界线外办起"福利学校",以包吃、包住、包穿和给困难家庭发布施等手法,引诱西藏少年儿童入学,培植后备分裂力量。①在政策调整和外部环境的冲击下,教育体制改革变得尤为迫切。中央的"八字方针"为西藏教育体制改革指明了方向。

1978—1980年的关键节点主要是由于国家发展战略的调整而产生的。第一次西藏工作座谈会在发展思想和方法途径上已转向体制改革和开放创新,第二次、三次西藏工作座谈会对此进行了延伸。教育分级管理体制、资助政策体系的确立及全国援藏局面的形成,将西藏教育纳入全国统一的体制框架,为西藏更好地融入全国市场奠定了基础。

(3) 科教兴藏战略下西藏教育跨越式发展阶段的关键节点。西部大开发战略标志着中国区域政策重心的第三次转移。对西藏而言,首先需要集中精力解决基础设施和科技教育等重大问题。国发〔2002〕14号文件确立了"十五"期间至2010年民族教育改革任务,以及"坚持规模、结构、质量和效益相统一"的原则,奠定了西藏教育制度变迁的总基调。因此,本文将2000—2002年作为跨越式发展阶段的关键节点,2003—2012年为路径依赖时期。

此阶段的关键节点是在国际国内形势发生巨大变化的背景下生成的。亚洲金融危机的爆发倒逼中国进行税制改革、产业升级,千方百计扩大内需,西部大开发战略应运而生。2001年中央第四次西藏工作座谈会提出巩固边疆、巩固国防、巩固民族大团结的根本在于加快发展、富民兴藏,确立了科教兴藏战略。

2000—2002年的关键节点主要是因为国家发展战略的调整而形成的。此阶段,西藏教育在空间格局上发生重大调整,教育优先发展以及整体协调推进、注重公平和质量的导向主导了西藏教

---

① 贺能坤:《西藏稳定对西藏教育的诉求》,《黑龙江民族丛刊》2011年第1期。

育体制的深度改革,助力和支撑了西藏区域经济的全面振兴,在民族团结进步与国家长治久安中持续发挥着重要作用。

(4)依法治藏战略下西藏教育现代治理阶段的关键节点。党的十八大之后,西藏同全国一道进入推进教育治理体系和教育治理能力现代化建设的新时代。2013年,中共中央形成《关于全面深化改革若干重大问题的决定》,教育领域综合改革进一步加速。这和"改变西藏地区面貌,根本上要靠教育"的定位,一同为2012年以来西藏教育发展奠定了主基调。因此,本文将2012—2013年作为现代治理阶段的关键节点,2014年至今为路径依赖时期。

此阶段关键节点的生成也受到内外部环境因素的影响。十四世达赖喇嘛迎合国际社会潮流,提出"中间道路"的渐进"藏独"主张,开始为"后达赖时代"作出安排。2011年,达赖集团策划自焚事件12起、2012年达到86起,"藏独"活动走向极端化。① 党的十八大报告指出,当前世情国情党情继续发生深刻变化,"加强社会建设是社会和谐稳定的重要保证",而教育是"民族振兴和社会进步的基石"。通过教育"改变西藏地区面貌"成为共识。

2012—2013年的关键节点也是随着国家发展战略的调整而形成的。随着全球化的发展,西藏教育成为跨境前沿教育。立德树人、依法治教、凝聚中华民族共同体意识以及开放式高质量发展是此阶段,也是基本实现教育现代化后的新发展阶段的工作任务。

2. 制度持续与路径依赖

(1)路径依赖的表现。1951—1959年现代教育制度漫长的确立过程,说明了寺庙教育制度的强大黏性。这使得西藏教育工作不仅仅是社会事业范畴的事务,还被赋予更多的民族工作属性,成为反分裂斗争最前沿、最激烈的阵地。1983年,邓小平提出"三个

---

① 参见薛丹:《达赖集团策动"西藏问题"国际化研究(1959—2012)》,东北师范大学世界史专业博士学位论文,2017年。

面向"的教育方针,标志着中国从"以阶级斗争为纲"的教育转向以"经济建设为中心"的教育。① 西藏根据1985年《中共中央关于教育体制改革的决定》,在条件并不具备的情况下,简单地照搬内地经验推行简政放权、分级管理。由于政治和政策方面的路径依赖,1986年西藏国民经济出现全局性的负增长②,学校教育也受到影响。1987—1991年中高等学校学生人数增速放缓,各学段学生入学率和巩固率的波动也非常大(表9)。对此,中央提出"两条腿走路"的方针,纠正盲目照搬内地经验的做法,结合实际推行教育立法,调整优化教育结构。据此可以看到,在路径依赖的成本效应、协同效应等多重因素影响下,先进的教育方针与薄弱的发展基础之间的冲突。

表9 1978—2000年度西藏中高等学校学生人数递增率

年度	高校学生数(人)	高校学生递增率(%)	中专学生数(人)	中专学生递增率(%)	中学学生数(人)	中学学生递增率(%)
1978	2 081		4 640		17 679	
1979	1 476	−29.07	5 061	9.07	19 788	11.93
1980	1 494	1.22	3 489	−31.06	18 797	−5.01
1981	1 522	1.87	2 327	−33.30	16 917	−10.00
1982	1 214	−20.24	1 573	−32.40	16 767	−0.89
1983	1 326	9.23	1 403	−10.81	18 158	8.30
1984	1 370	3.32	1 826	30.15	18 887	4.01
1985	1 577	15.11	2 249	23.17	20 422	8.13
1986	1 850	17.31	3 062	36.15	21 949	7.48

① 范国睿:《教育制度变革的当下史:1978—2018——基于国家视野的教育政策与法律文本分析》,《华东师范大学学报》2018年第5期。
② 狄方耀、何宗英:《西藏百年经济史》,厦门大学出版社2020年版,第162—186页。

(续表)

年度	高校学生数(人)	高校学生递增率(%)	中专学生数(人)	中专学生递增率(%)	中学学生数(人)	中学学生递增率(%)
1987	1 801	−2.65	3 231	5.52	23 881	8.80
1988	1 736	−3.61	3 465	7.24	23 439	−1.85
1989	1 973	13.65	3 960	14.29	23 226	−0.91
1990	2 025	2.64	4 175	5.43	21 303	−8.28
1991	1 961	−3.16	4 385	5.03	21 802	2.34
1992	2 239	14.18	4 713	7.48	23 251	6.65
1993	2 813	25.64	4 948	4.99	25 693	10.50
1994	3 280	16.60	5 190	4.89	28 725	11.80
1995	3 878	18.23	5 575	7.42	32 711	13.88
1996	3 412	−12.02	5 383	−3.44	34 957	6.87
1997	3 200	−6.21	5 730	6.45	38 413	9.89
1998	3 447	7.72	5 579	−2.64	39 838	3.71
1999	4 021	16.65	5 672	1.67	44 207	10.97
2000	5 475	36.16	6 585	16.10	55 232	24.94

摘编自《西藏统计年鉴2001》总第13期,第293页。

由于历史、自然条件和经济发展水平的限制,教育在西藏农牧区的吸引力较弱,适龄儿童入学率和巩固率低的问题长期难以改观:时至2000年,西藏青壮年文盲率仍高达39%;直至2010年年底实现"两基"目标,才将青壮年文盲率控制到1.2%。这显示了制度演变的历史继承性,以及制度自我维持、自我强化现象的普遍性。党的十八大以后,西藏教育工作方针再次发生重大转向,从强调教育为政治和经济社会发展服务,转变为对促进人的全面发展的价值的肯定。西藏教育随着外部环境的变化,在制度内部进行着适应性调适也是制度黏性的重要体现。

(2) 西藏教育的路径依赖的生成逻辑。路径依赖理论将回报递增、多重均衡和外部偶然性等因素作为引发复杂的自我强化机制的主要因素。① 西藏教育在制度变迁上具有明显的政府主导的制度供给特征,与民族、宗教制度等形成广泛而深入的互相嵌入,形成特殊的路径依赖。西藏教育在空间结构、工作方针和管理体制等方面构成系统性的、多重均衡的制度矩阵,制度的各要素和内部结构之间具有复杂的互补性和联动性,蕴含着中国共产党治藏方略的发展演化轨迹,也蕴含着举全国之力支援西藏发展的实践创新,是一种包含协同效应、学习效应、回报递增效应等在内的正向循环反馈机制。

(3) 路径依赖对西藏教育制度变迁的影响。由于历史的原因,宗教与文化难以做明确切割,因此,寺庙教育传统衍生出一种非正式制度,在农牧民群众精神世界里持续发挥作用。西藏教育除了要随着时代发展和治边稳藏的需要而重新调整或设计制度矩阵之外,还要克服已经退出历史舞台但仍变换形式存在的寺庙教育制度的阻碍和牵制。因此,西藏教育的制度变迁过程呈现双重路径依赖,使其前进的每一步都要面临与寺庙教育制度的博弈,这决定了西藏教育制度渐进转型的必要性和科学性。

(三) 行为主体能动性与制度变迁

在微观层面,历史制度主义强调制度本身作为自变量对社会互动和政治互动的塑造。乔万尼·卡波齐亚提出整合式内生制度发展理论,认为除了强势精英的"颠覆政策"(policy subversion)之外,较为弱势的行动者有意图与之前斗争中的失利者组成联盟,通过修改或重释规则改变其在资源和利益分配中的不利地位;而强

---

① 段宇波、侯芮:《作为制度变迁模式的路径依赖研究》,《经济问题》2016年第2期。

势行动者可通过文化范畴(cultural categories)的制度化以及对改革时机的控制,阻碍、引导或搁置社会联盟对制度变革的主张,保持制度稳定。① 以下将以西藏义务教育发展历程为时间轴(图2),分析行为主体能动性引发的内生制度变迁。

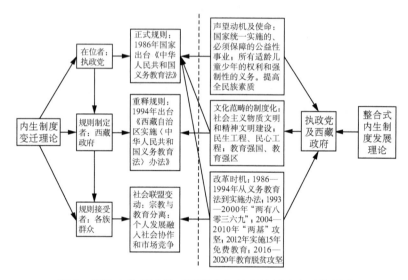

图 2　行为主体能动性对西藏义务教育的制度变迁的影响

1. 执政党的声望动机和执政使命

1980年代,中国在保持政治和社会稳定的同时,为发展经济文化,采取了"渐进改革"和"增量改革"的途径。② 中国共产党作为领导国家发展的核心力量,需要不断提升执政能力和社会管理水平,融入全球化进程,满足人民的物质和精神需求。③ 在西藏教育的制度变迁史中,中国共产党领导下的关于西藏工作的特殊决

---

①　[英]乔万尼·卡波齐亚:《制度何时大显身手:历史制度主义与制度变迁的政治分析》,马雪松译,《国外理论动态》2020年第2期。
②　杨光斌:《制度范式:一种研究中国政治变迁的途径》,《中国人民大学学报》2003年第3期。
③　俞可平:《中华人民共和国六十年政治发展的逻辑》,《马克思主义与现实》2010年第1期。

策机制发挥了举足轻重的作用。由中央西藏工作座谈会、全国民族教育工作会议、全国教育援藏工作会议等构成的相互衔接嵌套的政策性话语体系,推动着西藏教育制度内涵的更迭。

2. 西藏各级政府的能动性

(1) 调适和执行。1986 年,国家出台《中华人民共和国义务教育法》(简称《义务教育法》)。西藏于 1994 年出台《西藏自治区实施〈中华人民共和国义务教育法〉办法》(简称《实施办法》),将《义务教育法》以人为本、执政为民的理念简化为教育对经济和文化的作用,提出西藏要分阶段、有步骤地推行九年义务教育,但未体现实施素质教育的要求。此外,《实施办法》还出台了一些特殊规定,如:牧区可先普及三年初等义务教育,学生入学年龄可适当推迟;实施义务教育下沉到乡镇一级,以及对边境、高寒及乡村工作教师的特殊照顾等。《实施办法》基于当时的教育发展水平,对《义务教育法》的部分规定进行了重释或调整。

(2) 影响社会联盟变动。周雪光认为,政治集权的特性和组织制度对人的约束会诱导"非预期"集体行为。[①] 1975 年年底,西藏基本上完成了农牧业的社会主义改造,推进了"和祖国政治一体化的历史进程";1984 年,根据中央"一个解放,两个转变"的经济思路,西藏经济发展模式从封闭式转为开放式、从供给型转为经营型。[②] 土地牲畜的私有让农牧民对劳动力的需求激增,宗教信仰与农牧区的自然经济状态和社会性需要紧密地联系在一起,形成劳动力需求和宗教信仰对义务教育的联合争夺。直至教育脱贫攻坚全面打赢之后,西藏义务教育控辍保学才实现历史性清零。这一漫长的发展历程显示了推动社会联盟变动是一项复杂的任务。

---

① 周雪光:《西方社会学关于中国组织与制度变迁研究状况述评》,《社会学研究》1999 年第 4 期。
② 王小彬:《和平解放以来中国共产党西藏工作的历史进程、重大成就和实践经验》,《中国藏学》2021 年第 2 期。

3. 制度目标的实现

(1) 文化范畴的制度化。社会观念对于行动者的影响极为深远,仅通过制度对价值观念进行修改通常非常困难。"主要制约控辍保学的因素是家庭教育观念的制约和宗教因素,这些都是短时间内难以改变的。"① 由于制度目标的设计与西藏传统文化的兼容性问题,使义务教育的实施更多地依赖各级政府的行政动员和优惠政策吸引,而农牧民群众的行为主体能动性在很长一段时间内并未被真正调动起来。

(2) 控制改革时机。图3展示了1994、2000、2009年基础教育升学率的三个顶点。回到历史进程,可以发现这三个节点的出现并非偶然。

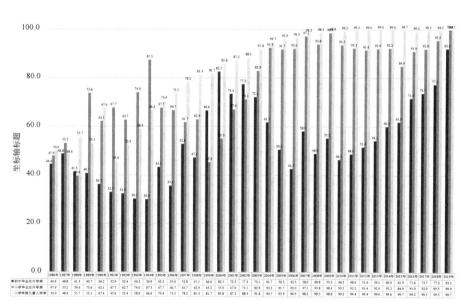

图3 1986—2019年西藏基础教育升学率(%)

摘编自《西藏统计年鉴2021》总第33期,第250—261页。

---

① 资料来源:对教育政策研究者的访谈,2022年6月10日。

1993年西藏自治区第四次教育工作会议提出,到2000年实现"两有、八零、三、六、九"的目标。1994年,西藏出台《实施办法》和《关于严格禁止13周岁以下适龄儿童及学前儿童当喇嘛尼姑的通知》,推行宗教与教育分离政策,影响社会联盟形成。2000年,西藏实现"两有、八零、三、六、九"的目标,但出现小学学龄儿童入学率和初中毕业生升学率"两高"和小学毕业生升学率"一低"的现象,且此节点后初中毕业生升学率再次持续大幅下跌。从侧面反映了消极的教育观念的阻滞作用。

　　国发〔2002〕14号重申了"两基"在民族教育中的地位,同时要求"鼓励宗教界爱国人士在信教群众中宣传党的教育方针和科教兴国战略,动员适龄儿童入学",从政策上引导社会联盟的变动。2004年,西藏制定实施规划,提出到2007年全区基本实现、到2010年全面实现"两基"目标任务的计划,自此西藏小学毕业生升学率一直在高位运行,2009年达到一个顶点。2012年,西藏全面实行15年公费教育,进一步降低了教育成本。2016年,西藏实施教育脱贫攻坚行动,使个人在社会协作和市场竞争中获得更大回报,教育的人文价值和经济价值进一步彰显。终于"2021年全区义务教育控辍保学实现动态清零,并向常态清零转变"。①

　　可见,由于制度目标的设计与西藏传统文化的兼容性,文化范畴的制度化在制度目标的实现上发挥作用有限,但通过控制改革时机,引导社会联盟变动,最终推动了制度目标的实现。

六、西藏教育制度变迁的逻辑与展望

　　西藏教育经历了复杂的矛盾交织的发展历程,各种内外影响

---

① 资料来源:对教育管理者的访谈,2022年7月2日。

因素自始至终深入嵌入、紧密伴随,使西藏教育的制度变迁呈现出一定的规律性。

(一)西藏教育的制度变迁逻辑

由于独特的地缘政治环境,在西藏形成了国家发展和安全的需求与达赖集团的分裂渗透颠覆之间的特殊矛盾。中国共产党基于声望动机、执政使命和多元一体的民族观,形成将教育作为西藏工作核心、将西藏作为国家战略核心的发展局面。教育领域成为与分裂势力争夺青少年、争夺下一代的主战场,是中国共产党不断丰富和发展西藏工作方针,主导西藏教育制度变迁的最重要诱因(图4)。

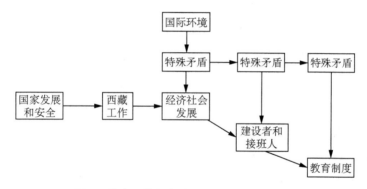

图4 影响西藏教育的制度变迁的关键因素

通过各关键要素的互动,西藏教育制度变迁呈现出宏观、中观、微观三层叠加的形态。在宏观层面,为应对特殊矛盾和教育成本十分高昂的制度环境,在迅速提升城市化和教育水平的同时促进政治整合,教育制度变迁内嵌于国家战略之中。在中观层面,推进全国教育资源对西藏教育的针对性补充,最大限度地消除各种外部不稳定因素,使西藏教育的制度设施形成较为稳定的结构,支撑了"教育强区"建设。在微观层面,围绕教育现代化的建设目标,通过控制改革时机来影响社会联盟的形成,打破宗教消极影响对发展观念的阻滞作用,使教育发展水平的提升速度与经济社会的发展速度大体一致(表10)。

表10 西藏教育的制度变迁的宏观、中观、微观影响因素

	制度目标	推动因素	阻滞因素	行动主体的能动性
宏观	国家安全与发展	地缘政治环境	自然环境及特殊矛盾	西藏工作方针
中观	教育强区	全国教育援藏	寺庙教育传统	教育制度供给
微观	教育现代化	政治认同	落后的教育观和发展观	制定或重释规则

由此可见,始终代表人民的根本利益、主动适应发展变化的外部环境、立足实际标本兼治是中国共产党治藏方略和西藏教育发展实践取得成功的关键。西藏教育走出了一条由非均衡向高水平、高质量的均衡发展的路径,逐步使西藏各族人民参与国家改革发展成果的创造和分配,是一种符合经济增长规律的稳妥渐进的改革道路。

(二)新时期西藏教育制度发展前瞻

根据国家兴衰大周期的历史周期律①,结合国家对教育现代化的政策布局可以预见,在长期稳定优先发展的基础上,西藏教育多方位、多维度、深层次的制度改革将成为重心。

一是西藏教育的制度设计将更加关注人的全面发展。在向更高层次的现代化迈进的过程中,教育制度设计需要适度超前,与人民的现实利益相衔接。西藏教育需要打造政府、学校、社会多方参与的共治体系,依托教育信息化建设,探索解决资源均衡和机会平等问题的有效途径,以同西藏经济社会发展稳定相适应的速度和效率,推动各级各类教育向更高质量均衡迈进。

---

① [美]瑞·达利欧:《原则:应对变化中的世界秩序》,崔苹苹、刘波译,中信出版集团2022年版,第39—50页。

二是教育对外开放将与西藏的地缘政治优势互相强化。教育的国际性和开放性关系到国家的生存和发展①,传统文化中的"天下体系"可以"协和万邦"、塑造关系理性。② 西藏需要更深地融入"一带一路"、孟中印缅经济走廊和环喜马拉雅经济合作带等国家战略,与沿边国家的教育机构和社会组织建立深层次的交流合作,形成民族教育的发展经验,为中国参与国际教育规则、标准、评价体系的研究制定贡献力量。

三是摆脱宗教对教育的内隐性阻滞作用将是一个长期复杂的过程。宗教始终强烈地影响着西藏教育的发展和变革③,但安定团结符合西藏各族群众的切身利益。西藏需要实现更高水平的教育现代化,建设与时代发展同步调、与国家建设要求相协调的融合共生的多元文化格局,推动社会结构的深刻变革,应对分裂势力的渗透颠覆和各种极端主义思潮的侵袭,为现代化建设过程中的各种不稳定因素提供温和持久的解决方案。

---

① 顾明远:《关于教育现代化的几个问题》,《中国教育学刊》1997年第3期。
② 赵汀阳:《天下的当代性:世界秩序的实践与想象》,中信出版集团2015年版,第24—32页。
③ 吴德刚:《西藏教育改革发展特点的思考》,《中国民族教育》1997年第6期。

从城市意象到城市文态：
中国新城新区城市文态规划设计理论的构建

张 兵*

[内容摘要] 凯文·林奇的城市意象理论在适用于当代中国新城新区城市规划设计时，面临多重挑战：第一，凯文·林奇并没有强调城市意象的文化内涵，而文化传承是非西方国家新城新区规划设计的核心议题之一；第二，凯文·林奇没有考虑到图像和媒介的影响，这与当下媒介对城市规划设计的深刻影响不匹配；第三，城市意象理论无法回应后现代以来人与物关系的重大变迁。为了能更好地衔接既有城市规划设计体系，本文拟从上述维度对城市意象理论进行推进，将之跃迁入城市文态研究领域，并尝试提出包含三大层次、九大要素的建构性理论。中国新城新区城市文态规划设计理论构建分为功能、图像、具身三大层次，包括基本型公共文化服务设施、非基本型公共文化服务设施、底图和结构、文态斑块、表征景观、轴线、地标、文化核与文化场、触点与触点网络九大要素。本研究属于广义城市文化研究中的规范性而非批判性的城市文态研究。城市文态规划设计具有生发于中国新城新区的特殊性，它更多的是从本土居民需求出发的城市规划设计的文化途径，其领域是城市规划设计领域内的物质文化范畴。

[关键词] 新城新区；城市意象；城市文态

---

* 张兵，江西师范大学新闻与传播学院讲师，硕士生导师。

对于人如何感知城市环境的研究虽然并非始于凯文·林奇(Kevin Lynch),但学界普遍认为《城市意象》一书的出版是人与城市环境关系研究的里程碑。在对波士顿、泽西城、洛杉矶进行访谈调研后,凯文·林奇提出了著名的城市意象五要素说,即道路、边界、区域、节点和标志物,对人们感知城市环境形成城市意象具有关键作用。在相关访谈调研中,凯文·林奇受制于当时的媒介和技术环境,主要采用人工访谈、定性与定量相结合的方法,研究未受技术装置嵌入的人与城市环境之间的关系。这一假设在以移动互联网为代表的媒介化社会中已经发生了重大的变化,今天我们已经很难离开图像、移动短视频、GPS定位、地图导航等媒介手段认知城市环境。也就是说,从人和城市环境两个方面,我们都不再能像凯文·林奇调研时那样单纯地面对彼此。此外,城市意象理论在中国还面临文化领域的意识形态凸显的挑战,以及在中国特有的面积巨大的新城新区进行实践时的适应性问题。本文回应城市意象理论面临的上述挑战,结合中国新城新区城市文态理论与实践探索,试图提出适用于中国新城新区的城市文态规划设计理论。

一、城市意象理论面临的多重挑战:文化、媒介、人与物关系变迁

1960年代凯文·林奇提出城市意象理论时,电视已经在美国普及,他应该已经看到图像时代到来的曙光。即便如此,他可能无法想象在媒介技术的加持下,以手机为代表的位置媒介对人与城市关系带来的深刻影响,原本作为客体的城市逐渐获得了形塑人类的可能性。与此同时,以建筑为核心的欧美现代主义城市文化在全球扩张的语境下,凯文·林奇完全忽视了不同文化背景下城

市文化触目皆是、无可回避的意识形态内涵。上述多方面的影响,虽然在中心城区和新城新区均有体现,但相比于中心城区历史积淀带来的稳定性,中国新城新区在城市规划设计和城市建设方面几乎完全放弃了中国传统城市规划设计和建设的智慧,接受来自西方[特别是以柯布西耶(Le Corbusier)为代表的现代主义]的理论和实践指南,使城市意象理论面临的多重挑战更为触目惊心。

首先,城市意象理论忽略了不同文化背景的建筑和城市文化的意识形态内涵,将之简化为具有普遍性的方位、差异、适应等因素。城市意象关注"公众意象":"它应该是大多数城市居民信众拥有的共同印象,即在单个物质客体、一个共同的文化背景以及一种基本生理特征三者的相互作用过程中,希望可能达成一致的领域。"①凯文·林奇虽然强调了文化背景等文化因素在城市意象中的重要地位,但其实际论述中主要强调方向性、定位性、适应性、结构性、领域性因素对人在城市中感知和行为的影响。需要指出的是,相比于中文"意象"一词的丰富内涵,凯文·林奇的城市意象研究关注的只是中文"意象"一词基础的部分,也难以回应一个非西方人在面对文化来源多元、杂糅的建筑等地标时的意识形态敏感带来的一系列问题。诚然,城市意象理论将城市诸多面向进行简化,使其具有可操作性,但对居民或游客来说,城市从来不是以理想化图式出现的,它们与人遭遇时必然携带着复杂多元而具体的信息偏向。例如,对西方人来说不成问题的不同文化来源的建筑风格问题,对具有被殖民历史的国家地区民众来说首先是意识形态和民族文化认同问题。而大部分中国城市研究者或公众提到"城市意象"一词时有意无意地带有美学色彩,它甚至显得比一般意义上的"城市形象"更为实然,也更有审美意味。已有研究者指

---

① [美]凯文·林奇:《城市意象》,方益萍、何晓军译,华夏出版社2001年版,第5页。

出凯文·林奇的城市意象研究的不足:"作为图式结构的抽象已经与城市本身的文化相脱离,而仅存方向指认的效果。……但是作为城市意象的真正价值是城市文化认知中差异性的内容。这种差异性就是我们通常所指的城市特色。"①汪原从行为理论入手指出其静态特征和心智图模式的局限性:由于城市意象作为意识形态的一部分必然有社会因素,其中的文化差异可能来自不同人群,也可能来自不同的政治、文化背景,例如,香港汇丰银行和中国银行作为特殊的社会语境产物,需要注意其背后的空间生产和意识形态内涵。② 在中国新城新区研究领域内,城市意象原本应该包含的复杂的后发国家文化植入、文化均衡、文化竞争、文化安全、文化融合、文明互鉴、传统文化的现代转化等议题,没有出现在凯文·林奇的视野内。③ 因此,完整意义上的城市意象,或者更像是建立在凯文·林奇所谓城市意象基础上那些竖向的可见物(建筑、景观、空间)之物象,以及它们被"陶铸整构"所形成的物象周边的"灵韵",乃至包含城市的形象、事件的综合及创造,如中国诗歌般一言难尽。④ 就本文的研究范围来说,对本雅明(Walter Benjamin)所谓"灵韵"的研究尚难以把握,形象、事件等隶属于文化但不属于物质文化的部分则不属于本研究这一阶段的研究内容。本研究更为关注的是凯文·林奇城市意象基础性研究之上的"物象"层面,严格限定在"可见性"范畴内讨论城市物质文化。

其次,凯文·林奇提出城市意象理论的 1960 年代,以互联网为代表的媒介技术对人类生活的影响远没有今天如此深刻,因此,他没有考虑到图像时代(特别是媒介技术)对城市意象的影响。

---

① 沈益人:《城市特色与城市意象》,《城市问题》2004 年第 3 期。
② 汪原:《凯文·林奇〈城市意象〉之批判》,《新建筑》2003 年第 3 期。
③ 参见梁思成:《梁思成全集》,中国建筑工业出版社 2001 年版;[英]碧法兰:《模仿性竞争:以中俄边境城市的建筑演化为例》,李佩译,《俄罗斯研究》2016 年第 3 期。
④ [法]瓦尔特·本雅明:《艺术社会学三论》,王涌译,南京大学出版社 2017 年版,第 49—52 页。

海德格尔(Martin Heidegger)在《世界图像的时代》中已经预言了世界图像时代的到来。① 托马斯·米歇尔(W. J. T. Mitchell)等人从元图像、图像学、图像理论等角度重新认识图文关系。伴随着摄影等图像技术的迅猛发展,图像超越文字形成以图像为本体的世界图式,这就是图像时代的到来。② 在城市相关领域,图像时代到来最直接的表现是居伊·德波(Guy Debord)提出的景观社会成为活生生的现实,并直接影响到本文讨论的城市意象塑造的方方面面。③ 即便凯文·林奇在出版《城市意象》的时代能感受到图像时代到来的趋势,以手机为典型的位置媒介的兴起以及它对城市意象的影响则是他完全无法预料的。斯科特·麦奎尔(Scott Mcquire)认为:"网络数字媒介在城市空间中的扩张构成了21世纪城市体验与早先城市居住模式之间最为主要的差异。……地理媒介的概念由四个彼此关联的维度交叉构成:融合,无处不在,位置感知和实时反馈。"④城市意象五要素中,有关位置的因素在位置媒介普及的情况下,已经发生重大变化,即,人对城市方位的自然感知逐渐被位置媒介的定位和导航功能取代,它必然会影响到人对城市的感知所关注主要方面的变化。这一变化结合图像时代图像的泛滥和人们对图像的关注,城市意象五要素中作为竖向城市意象要素的地位明显提升,乃至成为超越位置感知的主要方面。

最后,城市意象理论无法回应后现代以来人与物关系的重大变迁。在后人类视野下,自然人与技术的深度嵌入已经使主体成

---

① [德]马丁·海德格尔:《林中路(修订版)》,孙周兴译,译文出版社2004年版,第77—97页。
② See W. J. T. Mitchell, *What Do Pictures Want?: The Lives and Loves of Images*, Chicago: The University of Chicago Press, 2005.
③ 参见[法]居伊·德波:《景观社会》,张新木译,南京大学出版社2017年版。
④ [澳]斯科特·麦奎尔:《地理媒介:网络化城市与公共空间的未来》,潘霁译,复旦大学出版社2019年版,第1页。

为"赛博人"。① "赛博人"与地理媒介的深度融合使人与城市的关系在主体和对象两个方面发生了质变,更加靠近梅洛-庞蒂(Maurice Merleau-Ponty)意义上的具身性,远离对象性。凯文·林奇曾指出,通过对人的教育可以起到加深城市意象的作用,这种将城市意象局限在心理层面的背景即是后现代之前人对物的主导性地位、物作为客体的被动地位、人与物关系相对静止的反映论。②从人与物之关系的角度,主体和对象的质变服从的是后现代以来客体的主动性不断加强的趋势。行动者网络理论和后现象学重新发掘原本作为客体的物的能动性,强调人与物之相互形塑关系。③这种基于后现象学意义上人与物之间更为内在的原初性直观,超越了一切象征、符号、功能等物体系的中介,使人和物以完全感性的方式赤裸裸地相遇,进入人与物相互规训、解放、再规训、再解放的形塑螺旋。④ 它最直接的表现是在现代城市中,以摩天大楼为代表的巨型物、以手机等智能设备为代表的技术物对人的笼罩、统摄、规训,远远超过现代社会之前人对物的把握、统摄、规训。从反映到形塑,城市意象理论需要回应上述后现象学意义上的物的崛起在城市研究领域内的要求。

上述多重挑战,既与凯文·林奇所处的文化背景有关,也和其所处的时代有关。某种意义上,在中国新城新区领域内,凯文·林奇的城市意象理论需要进行重要修正,才能适应中国新城新区城

---

① [美]凯瑟琳·海勒:《我们何以成为后人类:文学、信息科学和控制论中的虚拟身体》,刘宇清译,北京大学出版社2017年版,第33—65页;孙玮:《赛博人:后人类时代的媒介融合》,《新闻记者》2018年第6期。

② [美]凯文·林奇:《城市意象》,方益萍、何晓军译,华夏出版社2001版,第89页。

③ 参见[法]布鲁诺·拉图尔:《科学在行动》,刘文旋、郑开译,东方出版社2005年版;See Peter-Paul Verbeek, *What Things Do: Philosophical Reflections on Echnology*, *Agency and Design*, Pennsylvania: The Pennsylvania State University Press, 2005。

④ 吴兴明:《人与物居间性展开的几个维度——简论设计研究的哲学基础》,《文艺理论研究》2014年第5期。

市规划设计和城市建设的需要。

二、规范性视野下城市文态理论对城市意象理论的超越

基于上述讨论,要在城市意象理论的基础上前行,有两条路径可以选择:其一是在城市意象理论的基础上进行补充修正;其二是从城市意象理论出发但越出其边界,使之进入新的与城市意象有联系但并不完全等同的新的理论脉络。一方面,城市意象理论作为凯文·林奇提出的经典理论已经得到全世界范围的公认;另一方面,上文提到的城市意象理论面临的诸多挑战具有具体的文化背景和时代背景特征,已经溢出了凯文·林奇关注问题的范围。更重要的是,城市意象概念在翻译过程中存在的中西方文化语境差异,使城市意象概念在中文语境中存在诸多问题尚待澄清。The Image of The City 最早由项秉仁于1990年翻译为《城市印象》,旅游学界认为应翻译为"形象",文学界又提出应翻译为"语象",此外,还有"映象、心象"等说法。《城市意象》一书中 Image 一词由"印象"到"意象"的变化,最终以"意象"之名影响遍及中国规划设计界和普通民众,微妙的中英文词汇差异值得特别讨论。① 根据对凯文·林奇著作的整体理解,Image 及与之相关的"可意象性""可读性"概念,显然与中文的"意象"并不完全对等。基于以上原因,本文认为需要选择第二种路径,以区别于凯文·林奇的经典城市意象理论。在与城市意象有关的城市文化相关理论中,城市文脉、城市风貌、城市文态是最接近的三个概念,其中,城市文脉、城

---

① 参见[美]凯文·林奇:《城市印象》,项秉仁译,中国建筑工业出版社1990年版;庄志民:《论旅游意象属性及其构成》,《旅游科学》2007年第3期;蒋寅:《语象·物象·意象·意境》,《文学评论》2002年第3期。

市风貌相对成熟,也无法回应城市意象面临的挑战,只有城市文态概念作为中国原创的城市文化概念,涵盖了城市意象理论的基本内容,涉及城市文脉和城市风貌,具有巨大的发展空间。在对城市意象理论面临的多重挑战有明确认知的情况下,城市文态作为一个具有中国特色的概念,能否提炼出可以回应上述挑战的基本内核,是其能否完成超越城市意象理论之跃迁的关键。本文首先通过对城市文态概念的界定,寻求其与城市意象理论的内在关联,进而寻求可能的超越。目前可查在城市文化领域最早使用"文态"一词的文献发表于1993年,将文态作为城市建设的重要内容进行论述,并逐渐成为城市研究领域一个重要概念肇始于郑孝燮于1994年发表的《我国城市文态环境保护问题八则》:"什么是城市的文态环境?简而言之,就是以建筑整体布局形象为主导而形成的贯穿着'美的秩序'的城市环境文明。文态环境保护的主旨,在于维护与发扬这种文明。这个问题具有很高的综合性,涉及生态环境、国家经济、对外开放、城市环境风貌、文物与历史地区(段)保护以及自然风景保护等一系列问题。"①郑孝燮在文章中系统地阐明了"文态环境"这一概念在城市诸领域内的地位、与其他概念的关系、基本内涵和法律法规等问题。应该说,郑孝燮所谓的文态环境,主要是指历史文化在建筑、城市等领域的表现。在与城市其他领域的关系上,郑孝燮认为文态环境既是物质的,也是精神的,通过物质性的"形象的视感"来体现,并且认为"文态环境"和"文态环境的风貌"是基本等同的概念。"文态环境的风貌不仅要重视美好的外在物质形象,而且要深入体现内在精神的文化气质,达到形神兼备,外象与内涵并重。"②这里的问题是,文态环境、文态环境的风貌以及物质性呈现背后引发人的感性体验的泛文化内容边界模

---

① 孙鹏程:《桂林市郊区政府大楼设计》,《建筑学报》1993年第9期;郑孝燮:《我国城市文态环境保护问题八则》,《城市规划》1994年第6期。
② 郑孝燮:《我国城市文态环境保护问题八则》,《城市规划》1994年第6期。

糊,引发了后来持续的对文态这一概念的不同界定。随后,吴良镛提到的文态环境与生态环境相对应,泛指"'社会的人'在社会文化环境中需要的条件的满足"。① 陈大卫认为,"城市的文态环境,除了文物古迹、山川形胜之外,还应包括今人今世的创造和建树"。② 于华、白静、任致远等人比较了城市空间物态和城市空间文态的差异。③ 应该说,吴良镛等人的文态概念已经溢出历史文化的范围,开始关注当下乃至面向未来的可能性,于华等人的城市空间物态概念与城市意象的关系极为接近,同时又考虑了凯文·林奇忽视的意识形态等方面的文化内涵,而其所谓的文态反而倾向于表达非物质的文化内容。

2011年11月20日,四川省相关领导在成都天府新区调研时强调,天府新区是现代产业、现代生活、现代都市"三位一体"的国际化现代新城区,是高端化的城市业态、田园化的城市生态、特色化的城市文态、现代化的城市形态有机耦合的城市综合体。此后,"四态合一"成为包罗城市建设各种因素的理想化理论框架。随后,以天府新区城市文态规划为起点,成都市在全国率先开展城市文态规划及建设,文态、文态规划等概念日渐成为社会各界关注的焦点,相关研究论文日渐增多。成都市社科院组织编写的《成都市城市文态内涵解析》指出:"基于整个城市建设(包括物质文明建设和精神文明建设)层面的'城市文态'是一个全新的概念,不能简单地用'文态环境'和'文化生态'、'文化状态'去解读,也没有现成的教条和概念,其核心要义在于把彰显文化个性作为城市建设的核心理念。……文态是植根于历史的一个动态的、历时的概念。文

---

① 吴良镛:《芒福德的学术思想及其对人居环境学建设的启示》,《城市规划》1996年第1期。
② 陈大卫:《城市文态环境的保护与开发》,《中外建筑》1998年第3期。
③ 于华、白静:《迈向21世纪的城市公共活动空间——探索城市空间物态与文态相适应的可持续发展之路》,《时代建筑》1999年第2期;任致远:《试论我国城市的文脉与文态》,《城市》2013年第9期。

态包含形、神两个层面,城市特有的自然环境、空间格局、建筑街坊、文物遗迹等物质形态是其基础,是'文态'之形。在城市历史发展中积淀和传承的艺术、宗教、习俗、风土等形而上的精神文化,由于其直接或间接地影响着城市的文化物质形态,是'文态'之神。"①这一概念对成都市(包含天府新区成都直管区)城市文态规划方案编制产生了重要影响:"从技术的角度将城市文态界定为特定城市在其市域范围内以其历史文化为基础,与生态、形态、业态有机融合,并体现城市历史文化发展脉络和特色的城市文化体系。"②冯斌指出城市文态有"地域性、系统性、动态性、多样性、创新性"的特点,并就城市更新与城市文态建设的耦合"目标(内容和路径)、动力、实现"等进行了阐述,其结论认为从"四态合一"的角度清理其结构,城市文态规划是城市规划的子系统。张耘等人从操作的角度提出了文态规划的边界问题,认为文态规划的特征在于"前瞻性"。③ 罗文静等人以武汉市东湖国家自主创新试验区为例进行的城市文态建设策略研究,实际上已经将主要精力放在物质空间规划上,同时强调了形象的重要性。④ 由此,以新城新区的产业驱动为基础,城市文态体现了在城市竞争语境下决策者对城市形象的关切,它超越了城市意象、城市文脉和城市风貌等传统城市文化相关理论范围,希望从城市规划设计入手凸显城市形象以服务于城市竞争。与此同时,一个被暂时遮蔽但始终在场的问题决定了城市文态研究的核心特质,即,中国新城新区城市文态最初的关切与产城融合一脉相承,在于如何满足新城新区居民多元文

---

① 成都市社会科学院编:《成都市城市文态内涵解析》(报告),2012年。
② 冯斌:《城市更新背景下的城市文态——成都开创性实践的经验与启示》,《城市发展研究》2013年第9期。
③ 张耘、万磊、张兵:《城市文态规划研究与实践》,《建筑与文化》2013年第1期。
④ 罗文静、陆涵、罗芳:《新型城镇化视角下的新城文态建设策略研究——以东湖国家自主创新示范区为例》,载中国城市科学研究会:《2014(第九届)城市发展与规划大会论文集——S01新型城镇化与中国生态城市建设》,2014年9月,第312—316页。

化需求,在于如何通过居民和游客对城市物质文化的感知提升美誉度、认同感和自豪感。① 在这里,从本土居民的本土视角和包含游客、投资者在内的外部视角对城市形象的要求必然需要返回到人对城市环境的整体感知。这一整体感知与城市意象的不同之处在于,它主要从文化的视角出发,对以物质环境为核心的城市进行从功能、图像到超越图像的多层次递进、相互渗透性审视,并暗含了对城市建筑、空间等物质因素对人的形塑功能的认可。由此,这一看起来与城市意象、城市文脉、城市风貌关联密切的导向,结合城市文态在中国新城新区发展的特殊性,最终决定了城市文态可能成为与城市意象相向而行的新的理论构建,成为自城市意象走向城市文态研究的根本依据。总体来说,以上有关城市文态的概念界定呈现以下特点:(1)城市文态包含以城市规划设计为主的物质文化层面,及以政策计划为主的非物质文化层面,但在实际操作中,非物质文化层面更多是政治正确的点缀。(2)城市文态规划试图与历史文化名城保护规划等既有规划划清界限,其基本特征是突出城市竞争语境下的城市特色形象,以本地居民为中心及以当下、未来为导向。仔细分析上述特点,在城市意象理论和城市文态理论对照之下,有以下差异值得关注。

第一,城市文态从一个概念走向实践,成都市天府新区的城市文态规划实践起着承上启下的节点作用。其中的关键转变在于,城市文态从原本以物质文化为核心、适用于所有类型城市的城市文化整体观走向了以城市特色凸显为主旨之一(另一主旨是产城融合)、以中国快速城镇化过程中出现的新城新区现象为主要实践领域的独特研究类型。这一重大转变使城市文态和城市意象都将关注焦点转向人(居民、游客和投资者、决策者等相关群体)对城市

---

① 张兵:《基于共同体认同的雄安新区城市文态建设模式探索——以新文脉主义和新城市主义、芝加哥学派"场景理论"为中心》,载《雄安新区发展研究报告(第4卷)》,知识产权出版社2017年版,第247—257页。

的感知层面。以可意象性为核心,凯文·林奇明确指出城市意象是一种"视觉规划",设计者的基本目标在于创造出新的"清晰"的城市意象,以帮助人们在城市(特别是大城市)里更简便、更节约精力地生存、生活,"整个大都市地区清晰而且全面的意象是未来城市的基本要求"。① 而在城市文态规划设计实践中,中国特色的大尺度新城新区在结构上的可意向性几乎是不言而喻的(几乎所有的中国新城新区采用的都是典型的现代主义城市规划体系),城市文态研究目标转变为全球化城市竞争中的城市特色凸显问题。媒介和图像时代,承担这一任务的主要是地标性建筑(下文详述),这一地标性建筑与城市意象五要素的地标并不完全相同。如果说城市意象五要素的地标要素主要是指示功能,那么,城市文态理论中凸显城市特色的地标建筑承担的主要是象征功能。就像凯文·林奇强调城市意象五要素的互动关系一样,城市文态理论各要素之间的动态关系最终推动其发展出以全球化、图像和媒介时代为基本语境的城市文态理论要素。就本文的论述线索来说,城市意象五要素作为视觉规划,对应的是城市文态理论中的图像维度,是城市文态诸多维度中的一维。

第二,一方面,城市文态强调了城市视觉因素的重要性,并试图顺应图像时代的要求,实现中国新城新区对城市形象的追求;另一方面,在全球化背景下,作为现代性的典型症候,中国新城新区普遍的现代主义倾向导致的形象单一化(所谓国际化、现代化)是造成"千城一面"困境的重要原因。对比新城新区与中心城区就会发现,新城新区缺乏的所谓生活气息,既不是图像,也不是功能,而是一种基于图像和功能的感性力量,即具身性。这种具身性来自诺伯特·舒尔茨(Christian Norberg-Schulz)、梅洛-庞蒂、卒姆托

---

① [美]凯文·林奇:《城市意象》,方益萍、何晓军译,华夏出版社2001年版,第90页。

(Peter Zumthor)等人发展出的建筑现象学,它强调人与物(建筑、空间等)之间更为内在、超越认知的感性直观。① 这种超越视觉的具身性层面,成为城市文态在承认图像时代合法性基础上进行超越的可能路径。对中国新城新区来说,它直接对应的是如何调节新城新区大量同质化现代主义建筑带来的感性匮乏问题,努力从地域、历史、民族等方面寻求在地化的应对之道,形成城市文态理论超越主要作为视觉规划的城市意象理论的具身层研究。

第三,上文提到,城市文态在从概念走向实践过程中的关键转变在于,它与中国新城新区产城融合融为一体,使城市意象理论没有关注的功能维度被纳入城市文态理论。产城融合视角下的功能完善和提升包含诸多层次,但它服从于新城新区整体的功能主义导向,符号性象征、物感性感知等意义层面的内涵是作为满足功能的附带性结果出现的。② 实际上,功能主义对功能的单一强调,使新城新区在生活、文化等非产业需求方面配套不足,整个新城新区建筑、景观、空间等方面又呈现出功能之外图像和具身层面的匮乏,需要城市文态理论的图像层和具身层对之进行校正。由此,城市文态理论将由诸多建筑、景观、空间等组成的城市整体看作实用物,对之进行功能、图像、具身等层面的侧重分析,使之分别承担起完善中国新城新区功能、提升形象、促进感性生发等不同维度的任务,共同推动新城新区成为人与物最终相互解放的理想栖居场所。

就本文论述的逻辑来说,城市意象理论对应的是城市文态理论的图像层,两者的关系有如下层次:第一个层次是凯文·林奇的经典城市意象理论,这一层次不涉及文化、媒介等因素,已经在文

---

① 参见[法]莫里斯·梅洛-庞蒂:《知觉现象学》,姜志辉译,商务印书馆2005年版;[挪威]诺伯格·舒尔兹:《存在·空间·建筑》,尹培桐译,中国建筑工业出版社1990年版;Peter Zumthor, *Thinking Architecture*, Baden: Lars Muller, 1998。

② 张兵:《重建具有中国式现代性品质的物质生活世界——以后乡土中国乡村精品民宿设计中的物感凸显为中心》,《中国文化产业评论》2017年第2期。

章中提到过;第二个层次是中国人及其他非西方国家民众对城市意象理论的接受中暗含的意识形态内涵、媒介变迁、后人类影响,即强调其地理物象之外的文化、媒介、技术等内涵;第三个层次是城市文态理论的图像层试图实现对作为视觉规划的城市意象理论的超越;第四个层次是城市文态图像层作为城市文态三层次的核心,除了媒介因素等影响,还需要具身层和功能层对之进行调整(图1)。

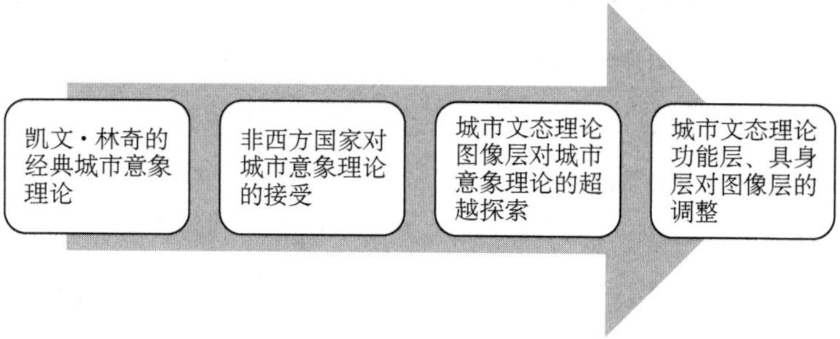

```
凯文·林奇的     非西方国家对     城市文态理论     城市文态理论
经典城市意象    城市意象理论    图像层对城市    功能层、具身
理论             的接受          意象理论的超     层对图像层的
                                 越探索          调整
```

图1　城市意象理论与城市文态理论图像层、城市文态理论的对应关系

应该说,城市文态概念最初面对的是所有城市类型,但落实在城市规划设计领域,首先是在中国新城新区发现其必要性和可能性,这是本文讨论城市意象理论向城市文态理论跃迁的基本语境。城市文态理论作为一个普适性理论在中心城区和新城新区实践的差异性暂时不在本文的讨论范围内,留待后续研究推进。因此,在不加特别说明的情况下,本文所说的城市文态理论主要是指适用于中国新城新区的城市文态理论。本文认为,城市文态理论作为承认现有城市规划设计体系前提下的城市物质文化规划子体系,回应了城市意象面临的媒介、文化、人与物关系变迁的多重挑战,形成了属于城市文态的独特范围和特征。城市文态研究属于广义城市文化研究中的规范性而非批判性研究,它强调与现有城市规划设计体系的衔接性和可操作性,而不强调其批判性。广义的城

市文态就是从本土居民需求出发,包含城市文化风貌在内的城市文化价值在城市规划设计层面的综合凸显。就本研究所关注的中国新城新区城市文态规划设计来说,狭义的城市文态更多的是从本土居民需求出发的城市规划设计的文化途径,其领域是城市规划设计领域内的物质文化范畴。狭义的城市文态关涉到文化规划中的政策、品牌、活动等非物质内容,但并不以之为中心,而是研究上述非物质文化内容对城市规划设计提出的物质空间、设施、审美等方面的文化要求。为了更加清晰地界定城市文态研究边界,本研究暂时将狭义的城市文态概念集中在物质文化载体上,即城市物质文化载体的文化功能满足和文化内涵研究。这样的简化当然使城市文态的话语范围缩小了,但从实践的角度看,恰恰是这样的简化使城市文态规划设计更具操作性。通过这样的简化,城市文态规划设计就可以将纷繁复杂的非物质性内容暂时放在一边,或者只有当非物质性内容通过物质方式出现时才成为城市文态研究的对象。由此,城市文态规划设计可以集中在物质文化载体功能满足和文化内涵研究上,结合已有的产城融合、公共文化服务设施等规划对功能的强调,城市文态规划设计的焦点就成为在功能满足基础上物质文化载体的文化内涵研究。

三、中国新城新区城市文态规划设计理论构建

在中国新城新区领域内,城市文态这一概念包含功能、图像、媒介、具身、全球、地方、传承创新等多重因素,糅合了决策者对城市风貌、城市形象、城市传播、城市业态、城市意象、历史传承、特色营造等在内的多元诉求。人在面对一件实用物时,总是将之区分为"功能-图像-具身"三维,其中,功能是实用物的基础,图像是图像时代对实用物的要求,具身则是人与物相互形塑意义上现象学

的展开,即"物感"。① 城市文态规划设计将城市看作综合实用物,策略性地将之分门别类地放在城市层面的"功能-图像-具身"维度进行研究,有利于我们对之进行分层界定,梳理其研究方向。城市文态规划设计的功能维度并不研究所有的功能,而是聚焦与城市文态有关的基础性和非基础性服务设施、文化服务设施,它最直接的基础是中国现有成体系的现代公共文化服务设施规划。本研究着重讨论的图像化时代对建筑及城市文态的特殊要求中媒介的重要性毋庸置疑,与此同时,为了对过度图像化进行现代性融合,本研究指出具身性作为对图像化的矫正应在建筑和城市层面获得彰显。由此,城市文态规划设计有关的物质载体都得以纳入"功能-图像-具身"的分析框架中,可以大致分为以下三个层次:依托现代公共文化服务设施规划的功能层、依托现代媒介技术的图像层、依托真实感知的具身层。

（一）功能层

城市意象理论不涉及功能,城市文态理论则将功能作为其基础,关注作为实用物的城市对功能的认知、优化和提升,包含了建筑、交通、能源、信息、服务等满足不同人群需要并使人免于匮乏、障碍以便捷、舒适地在城市生活工作的各个方面。现阶段从可行性角度,城市文态理论功能层将之区分为基本型和非基本型公共文化服务设施两个类型。

1. 基本型公共文化服务设施

中国新城新区城市文态研究的立足点是本土居民当下的日常文化生活需求,因此,公共文化服务设施层次体系的功能和可达性是城市文态的基础。对中国新城新区来说,城市文态要求一种针

---

① 吴兴明:《反省"中国风"——论中国式现代性品质的设计基础》,《文艺研究》2012年第10期。

对本土居民当下文化需求和面向未来的现代公共文化服务设施层次体系。针对中国新城新区基础设施导向开发的现状，包括城市级、城区级的图书馆、博物馆、美术馆、文化馆等作为新城新区的形象工程普遍得到重视，服务基层的社区级文化中心在布局、用地、设计、内容充实和运营上均存在不同程度的被忽视倾向。① 从城市文态角度来看，这些步行或非机动车可达的社区级文化中心的重要性不亚于城区及城市级宏大的公共文化服务设施。②

2. 非基本型公共文化服务设施

对中国新城新区城市文态来说，产城融合的要求涵盖的是基础功能，要达成对城市文态的提升，需要非基础功能形成超越基础功能的功能层。这种基于功能又超越功能的特性，与芝加哥学派的场景理论有诸多共通之处。③ 芝加哥学派的场景理论集中讨论文化艺术、创新创意类型的场景，对其他类型的场景讨论不多，成都公园城市场景概念则包含多种类型的场景。④ 本研究认为针对中国新城新区以产业为主导、生活为辅助的分区现状，至少可以将其分为三个大类：产业场景、生活场景、混合场景。与此同时，导视体系和城市家具也被认为是景观规划设计的一部分，从属于景观规划设计范畴。对城市文态的功能层来说，更值得重视的是基本功能从设计角度（人性化、实用性、适用性、可持续性而非表面的美学风格）的优化提升，使之进入非基本型公共文化服务设施层面。这种看似并无显性文化风格标榜的公共服务设施的功能优化和提升的细致程度，表现了一个城市最根本的文明高度。例如，公共厕

---

① 张兵：《新城新区城市文态中的美术馆——以成都市高新区、天府新区为例》，《设计艺术》（山东工艺美术学院学报）2017年第4期。
② 陈波、张洁娴：《城市社区公共文化空间的建设现实与未来设计——基于全国17省46社区的考察》，《山东大学学报》（哲学社会科学版）2017年第6期。
③ 参见［加］丹尼尔·亚伦·西尔、［美］特里·尼科尔斯·克拉克：《场景：空间品质如何塑造社会生活》，祁述裕、吴军译，社会科学文献出版社2019年版。
④ 杨潇：《成都市美丽宜居公园城市规划》（2019年7月31日），光明网，http://topics.gmw.cn/2019-07/31/content_33044303.htm，最后浏览日期：2023年3月20日。

所作为城市必不可少的公共服务设施,可达、方便、卫生是最根本的需求,美学风格是其次;无障碍设施的通达程度,如盲道是否真的符合盲人的出行需求,是城市文明程度的标志之一。对中国新城新区来说,除了设计上的不断优化,还需要强调较大尺度下城市家具的人性化布局,这与产城融合对新城新区单一产业功能的调整一脉相承。

(二)图像层

图像时代和媒介变迁对城市意象理论的挑战要求城市意象理论不能简单地考虑自然人在城市里的感知因素,而应从人与技术的融合角度,从使用工具的人和作为对象的图像两个方面对之进行审视。城市意象理论面临的非西方国家城市建设中意识形态内涵凸显的挑战,同样主要是以图像的形式出现的。城市文态理论提出的图像层五要素分别为:底图和结构、文态斑块、表征景观、轴线、地标,与城市意象理论五要素(道路、边界、区域、节点、标志物)既有联系,更有区别。城市意象五要素中的道路、边界与城市文态理论图像层的底图和结构对应,区域与文态斑块对应,标志物、节点与表征景观、地标对应。表征景观和地标主要强调城市物质环境的文化内涵,底图和结构、文态斑块、轴线则强调了媒介技术的影响(图2)。

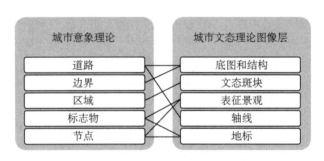

图2 城市意象理论和城市文态理论图像层的基本对应关系

1. 底图和结构

无论是舆图还是城市意象,由道路和边界塑造的城市形态结构都是人对城市的基本认知,这一思维惯性和认知规律在城市文态系统中仍然有效。① 城市文态系统作为城市子系统,依托的是现有的城市规划设计框架,作为城市结构的道路系统基本上与城市规划框架重合,但其重要性次序会发生变化,原本重要的道路可能在城市文态上乏善可陈,原本属于社区级的街巷却可能因为商业文化、建筑景观、空间特色等原因成为重要的城市文态核心干道。道路与结构有关,诸多主要道路构成了整个城市的基本结构,边界则构成了底图的基本形态。前者与城市意象差别不大,但在中国新城新区,城市意象的边界要素已经无法亲自丈量或到达,它更多是作为一种依托媒介的图像存在。当作为图像的底图没有适合传播的形象化比喻、象征时,这一底图的意义几乎和省级地图、国家地图在国人心目中的意义一样。底图和结构并非城市文态核心组成部分,它们往往像背景一样出现在城市文态研究中,但极少被刻意关注。

2. 文态斑块

在城市文态规划设计中,中国新城新区中的产业分区或以产业特色为基础的行政分区,总是以不同色彩(对应不同的产业)斑块的形式出现在作为底图的总图上,因此将之命名为文态斑块。对城市文态来说,原有城市规划设计的行政分区边界不再清晰,代之以边界模糊、具有简化倾向的文态斑块,并根据人的记忆习惯忽略或加重某一特色,成为与城市行政分区有关但并不完全重叠的城市文态斑块。对中国新城新区来说,产业差异巨大的不同分区完全可能形成差异巨大的区域特色,例如,天府新区以汽车制造、

---

① 成一农:《中国古代地方城市形态研究现状评述》,《中国史研究》2010 年第 1 期。

物流仓储为特色的龙泉驿经开区和以互联网、高科技产业为特色的高新南区、CBD的差异。除了基础的厂房、写字楼等工作场地建筑自然形成的特点,产业文化通过景观、空间等影响文态斑块特色需要从艺术而非实用物的角度出发进行研究。

3. 表征景观

地标是城市意象五要素中唯一的竖向因素,但它在城市意象中的地位并不突出,更多是定位功能,强调差异性,忽视了地标具有的文化内涵。如前所述,城市文态关注包括印刷、电影、电视、网络、虚拟现实(VR)、增强现实(AR)等在内的现代媒介技术体系对城市传播和人们对城市感知的重要影响。今天,人们对中国新城新区的把握更多地通过媒介以图像形式进行,因此,以天际线或第五立面等令人震撼的视觉图像为典型的城市宏观界面(或城市封面),不仅是人们对中国新城新区的首要印象,也是城市主导者展示中国新城新区形象的主要载体,是城市文态首先要处理的问题。一方面,这一代表中国新城新区形象的图像确实是某一新城新区区域或建筑的图像(往往是摄影照片);另一方面,从鲍德里亚(Jean Baudrillard)的拟像与仿真理论、居伊·德波的景观社会理论来看,这些图像又脱离了实体,成为超越实体的拟像和景观,具有强烈的表征特性。① 这些标志性图像是以真实的名义展开的城市景观和表征,以激发外界和自身对城市的想象和认同,城市文态理论将之界定为表征景观。某种意义上,图像时代的一切建筑(特别是地标)都有表征属性,都可以成为表征景观,但城市文态理论的表征景观主要是指能代表一座城市的核心表征景观,具有排他性。表征景观作为从城市意象走向城市文态的核心要素,承载了图像时代城市主导者对城市形象、城市特色的期望。对中国新城新区来说,能够成为代表该新城新区的具有排他性的表征景观包含以下几

---

① 参见[法]让·鲍德里亚:《象征交换与死亡》,车槿山译,译林出版社2006年版。

类:CBD(Central Business District)天际线、中央公园、城市形态、超级地标(图3)。篇幅所限,下文仅以超级地标为例对之进行简述。

图 3　表征景观主要类型:CBD 天际线、中央公园、城市形态、超级地标

注:①杭州市钱江新城天际线;②河南省许昌市中央公园;③河南省郑州市郑东新区城市形态;④超级地标:中国台北 101 大厦、北京市中央商务区中信大厦中国尊、上海市浦东新区东方明珠塔、苏州市工业园区东方之门、杭州市钱江新城日月同辉建筑群。
资料来源:网络。

一座地标要成为一座城市的表征景观,需要具备以下特征:真实性与平面性、差异性与排他性、选择性与合法性、能指化与时间感。

(1) 真实性与平面性

如果说天际线和第五立面等摄影大片是城市宏观界面(表征景观)的典型代表,城市符号的拼贴图像则好像是中国古代城市舆图的承续。从城市理论角度对中国古代城市舆图的研究,一般将之纳入城市形态研究领域,但一个清晰的事实是,如果淡化中国古代城市舆图中的政治、宗教等属性,其总体关切和城市意象极为类似。相比之下,以天际线和第五立面为代表的表征景观最主要的特征就是在将舆图从鸟瞰视角转化为正面对视视角时,通过摄影这一媒介技术,最大限度地保留了真实性,对观者(特别是初次及从未到达此地的观者)有着毫无争议的说服力。和舆图相比,现代城市宏观界面的最大特征是真实性和平面性,真实性依赖摄影术中的平面性。也就是说,表面上看真实性是第一位的,但它是建立在以平面为基础的摄影术基础上的,平面性才是第一性的。① 这就是现代媒介技术对现代城市宏观界面的深刻影响,它不仅通过内容(真实性的城市),更通过技术本身的特性影响了内容的呈现方式。

(2) 差异性与排他性

对中国新城新区来说,表征景观在城市传播竞争中极为重要。对政府、企业等城市主导者来说,它决定了新城新区的形象和招商引资的能力。由于媒介技术的特性,城市传播中的竞争使得不同层面的城市竞争出现不同的图像要求,但全球城市竞争序列中每一个城市所能获得的展示机会是极其有限的。它最极端的情况就是在全球化加剧的今天,一个城市拥有一张"面孔"本身已经是很困难的事情,而排他性成为核心要求。例如,当郑州市郑东新区的"大玉米"(绿地中心·千玺广场)采用"嵩岳寺塔"造型获得文化合法性,并通过高度成为郑州市新的表征景观后,二七纪念塔沦落为"老郑州"象征,曝光率和认可度快速下滑,失去了表征郑州市的地位。

(3) 选择性与合法性

对中国新城新区来说,文化来源的合法性也成为超级地标能否持续获得从民众心理认同到政府政治许可的重要方面。以上海市浦东新区为例,在诸多形态各异的建筑中,东方明珠塔并不是最高建筑(1995年,468米),但即便后来的金茂大厦(1999年,420.5米)、环球金融中心(2008年,492米)、上海中心(2016年,632米)等建筑在形态和高度上不输东方明珠塔,东方明珠塔仍然牢牢占据上海市浦东新区地标建筑的第一位,成为最具辨识度的表征景观。其中,有历史原因,有形态原因,有传播原因,也有文化原因。东方明珠塔之所以成功,跟其创作过程中对方案文化内涵的发掘关系重大。"评审专家组中的建筑规划组组长冯纪忠在一次评审

---

① [美]克莱门特·格林伯格:《现代主义绘画》,周宪译,《世界美术》1992年第3期。

会议中说出了自己的感受:'这不是大珠小珠落玉盘么!'当时任该项目建筑专家组副组长的吴良镛先生也以此话作为该作品的点评语。……冯纪中和吴良镛引用的这句话,则起到了一锤定音的作用。"①白居易的《琵琶行》因为入选中学课本,"嘈嘈切切错杂弹,大珠小珠落玉盘"作为必须背诵的名句是大多数中国人的青春记忆。因此,当原本从结构出发逐渐优化为现在形态的东方明珠塔造型获得了"大珠小珠落玉盘"的文化内涵注入,瞬间使包含陆家嘴在内的上海市浦东新区获得了中国文化的合法性,与后发民族国家现代化过程中的文化敏感互为表里。② 与之类似的还有中国台北101大厦从塔取意的文化内涵、北京市中国尊与中央电视台新大楼("大裤衩")之争背后的文化合法性问题、杭州市钱江新区日月同辉的东方文化意象、苏州市苏州工业园区东方之门的文化象征等。从认知和感知层次的角度,城市文态认为图像化的城市表征景观是本地居民和游客认知和感知城市的基础,我们总是在此基础上附加我们切身、具身认知、感知到的城市场所。城市文态并不排斥这一现象,而是将之看作图像、信息时代中,一种普遍的认知和感知城市的方式加以肯定。无论是出于政府、企业营销传播的需要,还是作为图像、信息时代我们认知和感知城市的基础,以表征景观形式出现的天际线、地标、CBD等效果图、渲染图、艺术摄影,均是城市设计的重要内容。

(4) 能指化与时间感

除CBD、天际线、中央公园之外,建设一座在高度或形态上具有领先性、唯一性的超高层,往往是中国新城新区采取的最直接有效占领舆论制高点的方法。曾经的巴黎最高建筑埃菲尔铁塔之所

---

① 陈青、李明星:《上海"东方明珠"电视塔设计方案创作始末——总设计师江欢成院士访谈记》,《设计》2017年第7期。
② 孙苏、官正梅:《一个院士的"天空城镇"之梦——访江欢成院士》,《重庆建筑》2017年第11期。

以能代表巴黎,除了罗兰·巴尔特(Roland Barthes)所谓的能指属性,还在于它代表一个全新的时代,在于它具有空间和时间的双重维度,特别需要注意的是时间维度。① 从城市文态的角度看,埃菲尔铁塔的时间感到底是什么样的?如果单纯从高度看,埃菲尔铁塔并非一枝独秀。与工业文明之前的建筑与城市之关系相比,埃菲尔铁塔有着明确的野心和目的,它几乎是现代世界第一个真正能代表城市的建筑地标,不仅在材料、技术、形体和精神上刷新了巴黎的形象,巴黎也借此得时代风气,它以偶然的形式演绎了城市地标几乎全部的"标出性"特征和风险。② 在埃菲尔铁塔一例中,埃菲尔铁塔代表的工业文明原本是异质文化、亚文化的,但它代表了人类发展浩浩汤汤的趋势,必将成为社会的共识和主流——这就是埃菲尔铁塔面向未来的时间感!对中国新城新区来说,它们和中心城区相比承担着差异化的面向未来的时间指向,因此,任何一个想成为表征景观的地标建筑都需要具有超前的时间感,以指明城市发展的时间维度,标明城市现阶段在全球城市竞争中的时间刻度。

4. 轴线

除了早期以深圳市等经济特区为典型的独立新城,中国大部分新城新区往往与老城位置毗邻,两者往往通过一条贯穿性的中轴线实现地理和心理上的联系。几乎所有的中国新城新区无论其地貌条件如何,都用一条笔直的超宽车道和两边林立的高楼象征城市从古代走向现代、走向未来、走向辉煌。但从城市文态的角度看,这种轴线既不是象征体系所谓辉煌的象征,也不是好大喜功的城市发展态势展示,它从根植于中国人对城市必然包含轴线的认知观念中,生长出来的是一种具有中国特征的文化长卷。这种文

---

① [法]罗兰·巴尔特:《罗兰·巴尔特文集:埃菲尔铁塔》,李幼蒸译,中国人民大学出版社 2008 年版,第 3、4、11 页。
② 赵毅衡:《符号学:原理与推演(修订本)》,南京大学出版社 2016 年版,第 283 页。

化长卷和笔直的中轴线的差异在于,它不要求直线,同时不是纯粹焦点透视(摄影)意义上的,而是一种类似卷轴中国画一样的散点透视、徐徐展开的文化长卷。这意味着,对城市文态来说,它可能偏离取直的轴线,也并不要求或鼓励城市从焦点透视的角度将原有的丘陵、湖泊等特色地貌铲平取直,它完全可以是根据地貌特征形成的具有特色的地域性城市文化长卷。① 目前,中国新城新区中比较典型的轴线有成都市天府新区成都南延线、贵阳市贵安新区数博大道、上海市浦东新区世纪大道等(图4)。

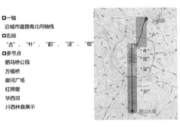

图4 成都市城市文态规划中轴线规划

资料来源:《成都天府新区文态规划——西蜀文明走向世界》(成都市城市文态建设规划第二卷)(报告)。

5. 地标

前文在讨论表征景观时指出,超级地标有可能成为城市的表征景观,与此同时,根据高度、体量、形态、位置及文化内涵,超级地标以下至少还包含区域级、区划级、社区级地标等不同等级的地标。城市文态中的地标在识别性之外,更关注其独有的文化内涵。对城市文态来说,作为表征景观的地标固然重要,作为日常认知和感知的地标则更为重要。城市意象理论的地标要素在地理定位功能之外,虽然也强调其色彩、对比等方面的差异性,但由于

---

① 参见朱剑飞:《中国空间策略:帝都北京(1420—1911)》,诸葛净译,生活·读书·新知三联书店2017年版。

凯文·林奇和段义孚(Yi-Fu Tuan)关注的主要是作为地理空间定位的地标,地标的文化内涵和文化来源一直没有被正面清理。①

需要指出的是,成为地理意义上地标的类型除了建筑,还有以广场形式出现的空间。对广场的研究,政治属性是其最受关注的维度,例如天安门广场、天府广场等城市中心广场的政治属性。②曾经有一个时期,中国城市兴起广场热,面积巨大的广场结合恢宏的政府公建成为展示地区形象的基本组合。从城市文态的角度来看,中国新城新区的城市广场已经基本上丧失了人的尺度,丧失了承担城市文态文化指向的能力,成为一种相对中性的地理性空间。在图像化时代,广场往往被压缩为透明的建筑群前景,已经丧失了作为地标的文化内涵(即便有,也是靠周围的建筑承担)。但由于中国新城新区普遍的大广场和超大广场的繁荣,它们往往联系周边建筑形成重要的地理节点,需要联系两者进行分析。

(三) 具身层

相比图像层更多是宏观、宏大的城市层面议题,具身层则落实到具体的个人和新城新区的日常生活质感。中国新城新区在产城融合环节强调的功能满足之外的文化内涵,除了漂浮在城市层面的图像,更多需要在社区层面提出解决方案。从文化来源不同及影响强度出发,结合城市文态研究关注的焦点,本研究提出文化核与文化场、触点与触点网络两组概念进行对照研究,以初步呈现城市文态规划设计具身层的特点。

1. 文化核与文化场

城市文态文化核强调对某一特定、相对单一的文化内涵,以物

---

① 参见[美]段义孚:《空间与地方:经验的视角》,王志标译,中国人民大学出版社2017年版。
② See Meyer, Jeffrey F., *The Dragons of Tiananmen: Beijing as a Sacred City*, Columbia: Uiversity of South Carolina Press, 1991.

质性的符号、物感等方式进行选择、传承、创新,它既包含各种文化资源中的物质文化,也包含物质化的非物质文化。城市文态文化核往往以点状的形式,以类似基因遗传的方式弥漫在城市的各个地方。根据复杂适应系统理论(Complex Adaptive System,简称CAS),不同文化核之间会展开竞争、影响、融合、再生,最终形成具有家族相似性的特征、相互衔接而不是割裂、对抗的城市文态文化核网络。① 这一文化核组成的网络影响整个城市文态基本的文化表现、走向,其呈现出的整体性不再是不同文化核的简单加减,而是一种文化"涌现"。文化场是与文化核对应的概念。相比于文化核的单一文化特质,文化场在场所或空间规模上、文化来源上都大于文化核。一个文化场可以以某一文化核为中心,同时必然包含了文化核之外的其他文化来源和构成。文化场可能是以一个文化核为中心,也可能是以多个不同文化来源、风格差异的文化核共同为中心,形成一个多元、共生的文化场域,并拥有向周围扩散的能力。从CAS理论的角度来看,文化场即是以不同文化背景的文化核为标志的文化超主体或多层次超主体(meta-agents 或 meta-meta-agents,或译为介主体、介介主体),以标识、内部模型、积木为机制,具有聚集、非线性、流、多样性的特性,最终实现的是涌现。② 文化场往往与文态斑块关系密切,一个文态斑块的特色往往是由几个相互关联的文化场形成的网络凸显出来的。

  文化场内不同文化的竞争和融合在服从复杂适应系统理论的前提下,需要一定的平衡。对中国新城新区来说,大量以"洋气"名义进入社区的欧美各时期建筑景观风格,是当下文化场竞争失衡的重要表现。从人与物相互形塑的角度来看,这一失衡现象涉及

---

  ① 仇保兴:《城市规划学新理性主义思想初探——复杂自适应系统(CAS)视角》,《城市发展研究》2017年第1期。
  ② 参见[美]约翰·H.霍兰:《隐秩序:适应性造就复杂性》,周晓牧、韩晖译,上海科教出版社2011年版。

居民感知层面的文化安全、文化认同,也涉及中国新城新区在社区层面的特色营造。

城市文态文化场概念强调多元文化的共同在场。天府新区铁像寺水街在传统寺院和现代商业街区的互动中形成了两个层次的文化场:第一个层次的文化场是指铁像寺水街本身,第二个层次的文化场是指以铁像寺水街为中心的周边街区。按照一般惯例,国际化街区很容易形成与之匹配的所谓国际化文化风貌,其文化来源多为外来文化(西方文化)和现代文化。铁像寺水街对面为涉外的天府国际社区以及基督教光音堂,教堂前有专门设计的具有地标性质的钟楼,附近则是大量具有当代艺术特征的中高端精品酒店、美术馆、中日会馆等。光音堂由芬兰设计师设计,典型的北欧简约风格,钟楼则经过现代化处理,形似一颗巨大的花生,被成都本地人称为"大花生"。钟楼作为来自西方的基督教文化的地标和作为中国文化象征的回澜塔隔路相望,两者都具有强烈的文化扩张意图和可能,两相对照,既有文化竞争的意味,也有文化对话、沟通、融合的可能(图5)。

图5 铁像寺水街文化核对照

注:左侧为铁像寺水街回澜塔,右侧为基督教光音堂教堂钟楼

可以假设,如果没有铁像寺水街,这一片区理所当然地会以教堂和钟楼为核心和文化核,以酒店、国际会馆、国际化社区为载体不断地向外延伸、荡漾,最终形成中国新城新区司空见惯的所谓国

际化文化场。这一可能性在铁像寺水街开街之后有了重大逆转。随着铁像寺水街开街,周边数个街区形成了与水街既有差异又联系的本土化特色街区。峰度天下小区靠近铁像寺水街一侧形成了纯正川西风格的仿古街区,铁像寺水街二期一侧汇锦广场则从装饰上呈现了与水街相呼应的仿古风情。由此,以铁像寺为文化核,以铁像寺水街为第一层次文化场,以峰度天下、汇锦广场等为第二层次的文化场,形成如石子投入湖心般不断向外延展、荡漾的文化场效应,成为中国新城新区城市文态规划设计中传统文化在外来文化、现代文化海洋中重新唤起本土城市文化记忆的典范案例(图6)。

图6　铁像寺水街周边的文化场效应

注:①汇锦街原设计为现代风格;②汇锦街内部改造为新中式风情;③汇锦街内部新中式建筑;④峰云街的仿古和新中式掺杂的装饰;⑤附近现代社区底商的欧陆风情。

2. 触点与触点网络

在某种意义上,城市中任何一个物质文化载体都会在与人的照面中产生类似接触一样的"触点",它既包含视觉意义上的接触,也包含身体沉浸式接触中的直观,所有的触点会形成一个触点网络,共同形成城市文态在人的感知层面的总体资料库。但我们目光所及总是倾向于"抓住"那些具有差异性的触点,这是我们长期形成的认识事物和处理信息的方法,否则,我们将面对过多的信息且无所适从。由此,我们总是对那些具有普遍性特征的触点一笔带过,而将注意力放在具有标出性特征的触点上。因此,城市文态将所有物质文化载体分为触点和弱触点,但这些触点与弱触点的关系并非一定的,而是可以相互转换的,是跟不同的人、同一个人的不同状态密切相关。来自地标、文化核和文化场的触点往往具有强烈的差异性、标出性,同时,一个普通的弱触点,比如上述地标、文化核和文化场附近那些相对同质化的物质文化载体,完全有可能因为某些原因获得单一或整体的标出性。例如,欧美和中国都有的古城古镇屋顶,原本因为同质化是被忽略的,但站在高处俯瞰就成为壮观的城市风貌主体。与此类似,一个同质化的高楼林立的现代化城区(如 CBD 或住宅区),每一栋建筑本身是弱触点,但它们连片则形成整体的现代化城区印象,因此又成为弱触点网络。从城市文态的角度来看,这些原本处于弱触点的触点在形成网络后,因为同质化反而获得某种标出性,是触点和弱触点相互翻转的典型案例。其中的关键在于,弱触点通过形成网络获得了标出性,它是通过形成弱触点网络整体作为一个触点进入城市文态系统的。这些有关触点的讨论虽然以视觉为主要依据,但实际上,在社区乃至更微观的室内层面,触点包含的人与物的相互形塑内涵包含了人的所有认知和感知可能性。例如,前文提及的现代城市中的庞然大物对人的整体的统摄感并非单纯地依靠视觉,而是包含了人在物面前时从体块到空间的整体感觉。

　　提出触点及触点网络概念并非将触点简单地泛化为资料库,而是强调作为触点的物质文化载体在个体、群体、时代、情境中文化内涵的具体性差异。"触点及触点网络"的字面意思令人联想到城市设计中的触媒(Catalyst)理论。实际上,触媒强调的是某一建筑、政策等多元"缘起"对周边环境及后来事件的影响,而触点网络中的触点更强调的是某一建筑、景观或空间等物质文化载体与人遇见时发生的相互形塑、解放。① 此外,触点及触点网络的这种特征与德勒兹(Gilles Deleuze)、瓜塔里(Pierre-Fé Lix Guattari)等人提出的"根茎"理论类似,也与黑川纪章(Kisho Kurokawa)和新陈代谢派提出的"半格构"结构类似。与"根茎"理论和半格构结构的整体性相比,城市文态是以现实的城市总体规划设计体系为基础的,并不承担(至少暂时难以承担)从根本上对当下中国新城新区规划设计体系进行革命性反思的重任,而是在承认其现实影响的基础上,讨论从文化角度如何应对包括千城一面在内的现代性、主体性危机。因此,城市文态提出的触点网络并不否定既有城市规划设计体系的基础性影响,而是在"根茎"和半格构结构的基础上,强调城市在具体的人的认知和感知中呈现出的城市文化意象、内涵、意义等。② 一方面,城市文态强调的是具体的人与具体的环境之间发生的类似化学反应一样的现代性融合意义的"相互生发";另一方面,城市文态致力于通过对不同人群的调研推动触点网络落实为具有实际意义的城市文态发展建议。

以全国最大的棚改项目贵阳花果园为例。除了位于中心区的"白宫"和商场、广场外,花果园完全同质化的超高层建筑在视觉上引起的是识记困难,在人与物之关系上引发的是迷茫、压抑、焦虑等典型的现代性症候。从城市文态的角度来看,这些同质化的建筑和地标相比,属于弱触点,但弱触点相互连接形成的整体感受则类似于平遥古城等连片的屋顶效应,即均质化建筑和空间形成的库哈斯(Rem Koolhaas)所谓的普通建筑和空间决定了整个片区的整体感知基础。就像库哈斯对普通城市的看法一样,这些普通建

---

① See Wayne Attoe and Donn Logan, *American Urban Architecture: Catalysts in the Design of Cities*, Reprint Edition, London: University of California Press, 1989.
② 参见[法]德勒兹、加塔利:《资本主义与精神分裂:千高原(第2卷)》,姜宇辉译,上海书店出版社 2010 年版;郑时龄、薛密编译:《黑川纪章》,中国建筑工业出版社 1997 年版。

筑没有历史的深度和内涵,完全与历史、地方割裂,仅仅围绕人最基本的生存需求展开,它们共同形成的是历时上有差异的时间感场所。① 例如,平遥古城的屋顶和花果园的航拍画面,对照产生出的古代和现代的时间感差异。这些弱触点网络抛弃了地域和历史,抛弃了国际和世界,仅携带本土人群对当下和未来的现实需求,具有深切的本土性和当代性。在某种意义上,从建筑、景观、空间到文化,贵阳花果园表现了本时期最基础、最真实的"贵阳性",它们以非自觉的形式展示了这一地区这一阶段整体的社会发展水平。从城市文态的角度看,上述普通建筑和空间构成的弱触点网络首先要求建筑和空间尽可能地体现出多样性,以方便识别;其次,城市文态对普通建筑和空间提出了品质要求。这种品质要求意味着,普通建筑和空间表征了本地区本时段的整体发展水准,也包含了相关人群对文化的态度。实际上,在这些普通空间和建筑与新中式、欧美式空间和建筑的对照中,依然暗含着本土文化、传统文化现代转化的需求,而居住在花果园的人们同样有权力进入目前仅被少数人从新中式建筑和空间中感受到的那些复杂而深沉的有关地域、民族、国家、生命等层面的内涵(图7)。

图7 贵阳花果园、未来方舟及北京世纪城等地现代住宅建筑群

资料来源:网络

---

① See Rem Koolhaas and Bruce Mau, *S, M, L, XL*, New York: Monacelli Press, 1995.

四、余论

中国新城新区城市文态规划设计理论始终将城市作为实用物体系进行文化角度的考量,通过对作为理性层面的功能和作为感性层面的图像、具身进行有机结合,努力对两者接合的部分进行有效渗透、关联研究。这一特征与中国新城新区从产城融合到城市文态的发展历程有关,可以说,抛开中国新城新区城市文态发展过程中产城融合这一关键环节谈城市文态是不可行的。中国新城新区城市文态研究始终是对作为实用物体系的城市进行的文化视角的讨论,它对应的是城市文态规划设计理论基本型公共文化服务设施、非基本型公共文化服务设施构成的功能层要素。中国新城新区城市文态规划设计理论特别强调图像和媒介在现代城市规划设计中的重要影响,它对应的是城市文态规划设计理论中以表征景观为主,包含底图与结构、文态斑块、轴线、地标等要素的图像层。城市意象五要素和城市文态图像层五要素有着千丝万缕的联系,两者既有关联更有差异,这是本文论述逻辑的基本依据。在承认图像时代媒介重要影响的同时,从应对由此而来的千城一面等现代性危机的角度看,中国新城新区城市文态规划设计理论强调了对居民来说更为根本的真切感知,它们总是从现代性融合角度实现对图像单一视角的破解而走向具身,它对应的是由文化核与文化场、触点与触点网络构成的具身层要素(图8)。关于中国新城新区城市文态规划设计理论对具身层的重视,本文还从后现代以来人与物关系变迁的角度,承认物对人的主动性,试图超越城市意象理论的静态反映特征,走向人与物相互形塑的动态互动阶段。正是在功能和具身两个维度,城市文态彻底溢出了城市意象可能的范围,成为与城市意象有联系但具有自身独特性的理论。

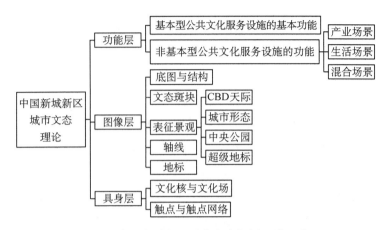

图 8 中国新城新区城市文态规划设计理论

从城市意象到城市文态,城市意象五要素延展为城市文态三层次九要素,从人对城市感知的静态反映研究转换为人与城市之间相互形塑的动态互动研究。除了本文对城市意象和城市文态之间关系的简要清理,城市文态与城市文脉、城市风貌、场景理论等理论体系的关系同样值得深入研究。这意味着,城市文态理论是在现有城市规划设计体系下具有规范性视野的操作性理论体系,具有作为决策研究的复杂性特征,造就了它在不同语境下的不稳定性。在未来的研究中,首先要进行的是对上述理论的量化验证,确认其合理性,并根据量化研究的成果进行必要的调整。例如,城市意象理论采用的是对受访者来说难度较大的回忆、绘制、引导等方法,而在城市文态理论图像层中的图像显然难以通过受访者自身的主动性参与完成对图像的完形,它更适合的方法是由访谈者提供尽可能多且有效的选项,以降低受访者的参与难度。其次,基于人与物关系变迁的城市文态理论,承认人与物相互形塑的新型关系,尚需要对之进行人类学意义上的实证验证。例如,不同文化主题的场景对长期居住其中的人造成的内在影响,如何直接或间接传递到诸如社区、地域、民族、国家等共同体认同领域。[①] 再次,基于将城市看作实用物体系的中国新城新区城市文态研究,策略性地采取了将原本基于某一物的"功能-图像-具身"三层次分散到城市中不同的建筑、景观、空间等载体上,使之可与现有城市规划和城市设计有效衔接。它最终要求作为实用物的城市尽可能地减少冗余,实现"功能-图像-具身"在城市不同层次的整体性统一而不是割裂,这显然需要相当长期的努力而且永无止境。从次,迄今为止,中国新城新区城市文态研究都是从城市规划设计实践的可行性出发,并承认政府和企业等决策者群体对中国新城新区之经济属性关注的合理性,但上述问题可能会涉及的阶层(如非创意阶层)、群体(如农民工等低收入群体)等问题,必然以空间正义等议题持续出现,需要对之进行回应。最后,由于本研究从中国新城新区具体实践逐渐走向理论化的特殊性,城市文态理论要成为对中心城区以及整个城市具有普适性的理论体系尚有相当的距离,有待后续深入研究。

总之,基于中国特色新城新区实践而诞生的中国新城新区城市文态规划设计理论,尚处于初步探索阶段,有待未来更多实践和研究对之进行充实、批判、优化和完善。

[本文系国家哲学社会科学基金艺术学项目青年课题"当代城市公共宣传图像的接受与交往研究——以成都公共宣传图像为例"(项目编号:19CH194)的阶段性研究成果]

注:谨以此文深切缅怀恩师吴兴明先生!

---

① 参见[美]本尼迪克特·安德森:《想象的共同体:民族主义的起源与散布(增订本)》,吴叡人译,上海人民出版社2016年版。

当代中国城市治理研究的诠释性研究路径*

王　翔**

[**内容摘要**]　近年来,中国城市治理研究越来越重视方法的应用和发展,但还需进一步拓展范式视角,为此,我们建议重新审视城市治理研究的认识论、方法论乃至研究设计与写作风格。第一,应当重视诠释性研究路径在当代中国城市治理研究中的前景。城市治理研究的重点可以从测量和求证拓展到理解和阐释,从单纯的因果解释拓展到更加丰富的意义诠释,从"浅释"转向"深描"。第二,意义阐释的主要方法是以参与式观察为主的民族志研究,特别是在线上与线下成为"孪生空间"的当代城市,线上线下相融合的民族志研究具有广阔的应用前景。第三,应当反思"洋八股"在学术写作中的主导地位。中国城市治理研究无论是实证的还是诠释的,都不应当只有一种研究方式。第四,建议学界重视"讲故事"的学术表达方式,它不仅是一种合作研究的路径,更提供了一种迈向协同治理的可能。第五,城市治理研究者应当顺应从"立法者"到"阐释者"的角色转变,促进城市中各个利益相关方的沟通,发挥好作为对话与合作的推动者的作用。

[**关键词**]　城市治理;诠释学;讲故事

＊　本文的写作受益于作者与陈水生、方洁、李春成、刘新萍、罗卫东、王法硕、应腾、张义修、竺乾威等老师的讨论,特此致谢。作者文责自负。

＊＊　王翔,浙江大学经济学院博士后,浙大城市学院城市大脑研究院青年领航学者。

一、引言

人类学家马林诺夫斯基(Malinowski)曾对他的学生费孝通说,能够作为中国人来研究中国社会是"令人嫉妒的"。城市是人类最伟大的文明成果,当前全球城市面临诸多共同的问题与挑战,中国城市更面对多重机遇与风险交织的复杂状况,能够作为中国人来研究中国城市在某种程度上也是"令人嫉妒的"。近年来,中国城市治理研究越来越重视方法的应用和发展,在深入的反思和讨论之后,一系列有现实与理论关怀、采用独特视角与方法的定性和定量研究作品陆续发表,对于中国学术界形成自己的概念和理论体系无疑具有重要的价值。然而,要讲好中国故事、建构中国理论,还需要采用更广阔的范式视角,与国际社会科学界的优秀成果对话,不断推进知识创新、理论创新、方法创新,才能为构建人类命运共同体作出中国学者的独特贡献。

在当今中国的社会科学研究中讨论本体论和认识论似乎多少有点不合时宜。很多学者已经放弃了这样的讨论,而将其看作已被解决的问题,在着手研究之前需要解决的仅仅是一个全面的研究框架以及严谨的研究设计而已。"实证主义被视为一件舒适的毛衣,需要的时候便可以穿上",然而,本体论和认识论立场是皮肤而不是毛衣。[①] 社会科学研究的范式包括实证主义(后实证主义[②])、批判理论、建构主义(诠释学)等主要流派[③](也有学者将批

---

① [美]大卫·马什、格里·斯托克:《政治科学的理论与方法》,景跃进、张小劲译,中国人民大学出版社 2006 版,第 159 页。
② 后实证主义是在批判实证主义的基础上产生的,在本体论、认识论和方法论层面上都是实证主义的继承、修正和发展,本文在讨论时不再对二者进行严格的区分。
③ [美]诺曼·K.邓津、伊冯娜·S.林肯:《定性研究(第 1 卷):方法论基础》,风笑天译,重庆大学出版社 2007 年版,第 177 页。

判与诠释作为一种类型来看待①）。解释性（或实证的）研究通过基于解释的预测尝试控制社会事件；诠释性研究寻求对社会事件和人为事件的理解，努力扩展我们生活的意义；批判性研究则质疑我们的信念和行为的效力，以促使我们自我发展，"没有任何单一的研究途径——即使被冠以科学这一高度实证的标签——对公共行政研究而言是足够的……公共行政的知识和理论发展应该以多种方式进行，包括假设检验、案例研究、行政和政策过程分析，以及对该领域的整体或部分的历史诠释、演绎论证、哲学批判和对行政经验的个人反思"。②

实证主义是基于这样一种假设，通过竭力离开我们自己的历史和文化构建的预设，我们能更好地认识世界，而近年来哲学家和社会科学家对实证主义的批评植根于这样一种理念：没有任何客观的真实"在那里"等着被发现，所有的"现实"都是社会构建。③涂尔干（Durkheim，又译为迪尔凯姆）认为，"一种社会事实的决定性原因，应该到先于它存在的社会事实之中去寻找，而不应到个人意识的状态之中去寻找"。④ 按照马克斯·韦伯（Max Weber）的观点，主观意义的理解是社会科学知识的根本特质。"把各种社会现象还原为可以理解的个体行动是社会学的首要任务。而要理解个体行动就要深入到行动者的意义世界里去，通过把握行动者在行动时赋予行动之上的主观意义来达到对行动的理解。"⑤社会科学的认识论基础并非建立在对客观事物的认知能力基础之上，而是

---

① 孔繁斌：《中国行政哲学研究：主要议题析论》，《理论与改革》2012 年第 2 期。
② [美]怀特、亚当斯：《公共行政研究：对理论与实践的反思》，刘亚平、高洁译，清华大学出版社 2005 年版，第 16 页。
③ Marisa Kelly and Steven Maynard-Moody, "Policy Analysis in the Post-Positivist Era: Engaging Stakeholders in Evaluating the Economic Development Districts Program", *Public Administration Review*, 1993, 53(2), pp.135-142.
④ [法]迪尔凯姆：《社会学方法的准则》，狄玉明译，商务印书馆 1995 年版，第 125 页。
⑤ 谢立中：《实证性量化研究和诠释性质化研究的联结：来自韦伯的启示》，《武汉大学学报》（哲学社会科学版），2018 年第 5 期。

建立在人与人之间的"主体间性"的基础之上的。① "不管我们处理的是外在的或心理的过程,也无论这种过程的规律性在精确估算下的几率有多高,只要是缺乏意义的妥当性,它就仍然是个不可理解的统计几率而已。"②除了像数学计算或者逻辑推理这样的以理性可以清晰确证的人类行为可以进行确证式的理解之外,人类行为的"目标"和"价值",则需要通过"拟情式的体验"③来理解。

涂尔干和韦伯的立场分野代表了社会科学的两条主要研究路径。实证主义曾一度占据主流,但也遭遇了不少批评。实证主义方法"主要从自然科学哲学借鉴而来,并对之做了些权宜性的修正","它最具决定性的结果是造成了方法论的抑制","科学方法严格限定了人们所选择研究的问题和表述问题的方式。简言之,方法论似乎决定了问题"。④ 研究者以旁观者的心态来观察,缺乏当事人的实践紧迫感,以研究者"逻辑的实践"代替了研究对象"实践的逻辑"。理论和实践的脱离并非偶然,它是一种特殊选择和刻意信奉那种知识获取途径的特殊方法的结果。⑤

城市是人类聚落的高级形态,城市治理研究面对的是已经诠释自我以及周遭的人。以 2022 年发生的郑州市富士康员工"大迁徙"事件为例,工人们在一个高度组织化的园区中工作和生活,它既是一种制度或结构,同时也是一种个人经验。这种经验影响着工人对制度的理解以及对实践的反思,从而进一步影响工人的行动。如果把工人和研究者本身直接能够体验和感受到的经验,变

---

① 项飙:《跨越边界的社区:北京"浙江村"的生活史》,生活·读书·新知三联书店 2000 年版,第 515 页。
② [德]韦伯:《社会学的基本概念》,顾忠华译,广西师范大学出版社 2005 版,第 15 页。
③ 同上书,第 6 页。
④ [美]米尔斯:《社会学的想像力》,陈强、张永强译,生活·读书·新知三联书店 2001 版,第 61 页。
⑤ [美]登哈特:《公共组织理论》,扶松茂、丁力译,中国人民大学出版社 2003 版,第 179 页。

成必须通过测量工具才能获得的数据或者资料,则可能如鲍德里亚所言:"越是精美的唱片,音乐就越是趋于消失;越是严密的实验,科学的目标就趋于消失"。① 实验的情况控制得越严密,行为从背景中抽离得越严格,所得的结果就越精确,也越微不足道,实证研究有可能成为一种越来越精密但离现实越来越远的模拟。就像扎根理论的创始人之一格拉泽(Glaser)对那些试图把扎根理论程序化的研究者的批评:研究者不会失败,但同样也不会有真正的成功。② 例如,我们都用过各种各样的量表,无论是作为研究者还是参与者。研究者很难顾及参与者内心的感受,只是程序性地获得一个答案或者数字。参与者也按照自己对研究意图的理解,非常配合地给出简明扼要的答案。研究者在将体验转化为数字的时候,可能导致体验的系统性丢失。同时,在竞争激烈的学术场域,漂亮的统计检验日益成为研究者炫耀自己精湛技艺的手段。而科学知识社会学对于实验室里和科学论文当中的科学知识的社会建构的研究,已经宣告了所谓的科学方法或者规范,其实从来没有被严格地遵循过。③

韦伯曾指出,"人是悬挂在他自己编织的意义之网上的动物",个人的意义和行动是建立在主观理解之上的。把经验客观化,就是剥夺那些能够使经验对我们有意义的特征和特性。如果"意义之网"已然不再,人们将何处安放自身?当社会实践要求理论更有意义、理论能解释一些对人类真正重要的问题的时候,那些主张个人对社会力量的反应模式就像台球和台球之间的撞击反应一样的人,是无法回答这些问题的。④ 简·雅各布斯(Jane Jacobs)批判过

---

① [美]瑞泽尔:《后现代社会理论》,谢立中译,华夏出版社 2003 版,第 150 页。
② See Glaser, *Basics of Grounded Theory Analysis: Emerging vs. Forcing*, Mill Valley: Sociology Press, 1992.
③ 成伯清:《科学中的理论选择》,《社会学与现代化》1992 年第 2 期。
④ [美]登哈特:《公共组织理论》,扶松茂、丁力译,中国人民大学出版社 2003 版,第 179 页。

的"多样性的自我毁灭",也许也会在城市治理研究中以另一种形态出现。城市生活"是无所不容、无穷无尽、错综复杂的",而"艺术则是武断的、象征的和抽象的","混淆艺术和生活的结果,既不是生活也不是艺术,而是一种标本而已"。① 当下的城市治理研究正面临着类似的风险,为此,重新审视城市治理研究的认识论、方法论乃至研究设计与写作风格,是当下中国城市治理研究者必须面对的紧迫任务。

二、把意义找回来:诠释路径的城市治理研究方法论

亚里士多德有一句众所周知的论断——"人天生是城邦的动物"。这当然不是说他对其他的人类聚落类型有歧视,而是说明人天生是社会性动物。"城邦"(polis)并非一个一成不变的空间或载体,而是身处其中的每一个人所建构出的"活着的社会",我们需要明白"人们通过城邦享受的生命活动是多么必要、有趣和令人激动"。② 城市是有机体、生命体,"当我们面对城市时,我们面对的是一种生命,一种最为复杂、最为旺盛的生命"③,城市中人们的"衣食住行需要的不仅是努力工作,还要用头脑思考,而不只是简简单单、互不关联的行为。因为更复杂、更深入的思考意味着更充实、更丰富的生活,意味着旺盛的生命。生活本身就是目的"。④ 遗憾的是,中国当下的城市治理研究中很少有人反思研究过程中人际互动对研究结果的影响,更少见预先将其纳入研究设计的考

---

① [美]简·雅各布斯:《美国大城市的死与生》,金衡山译,译林出版社 2006 年版,342 页。
② [英]基托:《希腊人》,徐卫翔、黄韬译,上海人民出版社 2006 年版,第 71 页。
③ [美]简·雅各布斯:《美国大城市的死与生》,金衡山译,译林出版社 2006 年版,第 340 页。
④ 同上书,第 1 页。

虑之中的做法。正如登哈特(Denhardt)所言:"社会科学家们之所以无法产生恰当、适用的知识,是因为他们对实证主义的信奉,这使他们把自己的学术活动局限在资料收集和统计处理上,从而只能得出经验主义取向的结论。"①

以问卷调查方法为例,尽管其要求尽可能地降低调查者的影响,但是调查者和被调查者都是人,调查行为本身就是人与人之间的一种互动,调查者与被调查者的身份之间的社会距离、调查者与被调查者的权力关系,乃至调查者的一颦一笑、一言一行,都会对被调查者产生影响,而被调查者的反应又会进一步影响调查者。访谈也类似,无论是从论文还是从访谈的记录文本,读者只能看到"数据",而无从了解访谈的情境、质量或者深度。这些东西似乎无须交代,因为所有的研究都是流水线上生产出来的,所有的影响因素都是在实验室里受到控制的,可是,研究者和研究对象都是人。人类学家奈吉尔·巴利(Nigel Barley)在他的田野笔记中写道,"多瓦悠人到底相信什么,不是直接问他们即可得之的。你必须每个阶段都参酌各种解释,才能忠实地反映他们的思想"。② 原始部落尚且如此,现代城市中的市民又当如何呢?

在研究中,要达成好的诠释,过程远比结果更重要。换言之,研究的成功与否很大程度上取决于它是怎么生产出来的。特别是,中国的特殊文化情境使得中国人很难对一个陌生的研究者敞开心扉,因此,好的研究应该建立在与研究对象融洽的关系的基础上,并在自然的情境中发生,才能实现移情式的理解和诠释。斯考切波(Skocpol)断言"革命是发生的而不是制造的"也许尚有争议,但好的研究恰恰应当是发生的而不是制造的。这是一个原则,而

---

① [美]登哈特:《公共组织理论》,扶松茂、丁力译,中国人民大学出版社2003年版,第119页。
② [英]奈吉尔·巴利:《天真的人类学家》,何颖怡译,上海人民出版社2003年版,第96页。

不是一个技巧①,因为研究的最终目的是合理的阐释②,一个生硬制造出来的情境很容易导致扭曲的阐释。如查尔斯·林德布洛姆(Charles E. Lindblom)所言,重要的是把研究理解为旨在达成主体间一致的情境重构,是去"探索,而不是证明"。③ 如果学者认为自己可以到研究对象那里去获得所谓的原始资料,恐怕是一种不切实际的想象。就像达尔(Dahl)在批判西蒙"行政人"观点时所说的,人类行为并不总是理性的,"行政人"只存在于公共行政的书本上而已。"社会科学是在参与精神世界",要想对"社会现象进行绝对'客观的'科学分析,这样的事情是不存在的"。④

当前中国城市治理研究中一些看似"科学"的研究未必能够推动知识的增长,甚至是用复杂方法研究细枝末节的问题。⑤ 本文不反对实证研究,但是要力避"数据化"的陷阱,即研究过程中过于强调研究技术的介入和定量数据的处理,导致选题严重受限,而实证调查缺乏质感和经验感受力。⑥ 如果把城市治理实践中的行动主体作为一个统计上的范畴,那么"主体"这个词的生命力也就宣告结束了。只有"在这个五彩斑斓的真实世界中寻找研究问题,并将其提炼成科学问题,我们才能找到真正最重要的研究问题,而只有研究这样的问题,才有可能真正推动知识的增长"。⑦

---

① 黄盈盈、潘绥铭:《我在现场:性社会学调查手记》,1908有限公司2016年版,第114页。

② 诠释与阐释的英文均为Interpretation,在本文中根据上下文语境选择不同的中文表述,例如,提到Interpretivism时,中文一般译为"诠释主义",本文采纳这一译法;而提到Interpreter时,因为有鲍曼的名著《立法者与阐释者》在先,本文采纳这一译法。

③ See Charles E. Lindblom, *Inquiry and Change: The Troubled Attempt to Understand and Change Society*, New Haven: Yale University Press, 1990.

④ 韦伯:《社会科学方法论文集》,阎克文、姚燕译,上海人民出版社2022年版,第37页。

⑤ 马骏:《公共行政学的想象力》,《中国社会科学评价》2015年第1期。

⑥ 文军:《中国社会学的得失及其反思》,《中国社会科学评价》2019年第3期。

⑦ 马骏:《公共行政学的想象力》,《中国社会科学评价》2015年第1期。

"历史不过是追求着自己目的的人的活动而已。"①人类行动是他们过去的生活体验、当下的情境压力和预期目标之间相互作用的产物。个体不是被制度化框架所控制的傀儡，而是处在竞争和战斗状态中活跃和主动的行动者。同样，社会结构也远非固化不变的统一体，而是一个始终被人际互动造就的联盟、合作和冲突所形塑的灵活实体。结构并不独立于行动者而存在，相反，它们是在话语中并通过话语共同构成的。②只有理解了城市治理实践中各种主体行为的动机和意义，我们才能够解释它们的行为，进而解释这些行为带来的现象或后果，包括其对于权力结构的影响。因此，诠释主义的城市治理研究，"关注的是如何理解社会行为的意义及调整这些行为的规范、规则和价值的意义"③，其目标就是"重建那些参与特定行动的行动者的自我理解"。④

城市是根据个体与组织的行动以及他们之间的互动来建构和再建构的，那些看起来"有效"的解释只有在一种特定建构的背景下才有效，并且它们不允许也不鼓励改变的可能性。⑤很多公共行政研究者跟当年的公共选择理论家一样，以一种高贵而且无懈可击的逻辑论证独角兽的存在。⑥而登哈特早已对"主流"的公共行政理论提出了三个方面的批评：片面的人类理性观点，对知识获取的不完整理解，以及理论和实践的脱节。登哈特引自戈尔姆比

---

① [德]马克思、恩格斯：《马克思恩格斯全集第二卷》，中共中央马克思恩格斯列宁斯大林著作编译局译，人民出版社 2005 年版，第 119 页。
② [美]大卫·马什、格里·斯托克：《政治科学的理论与方法》，景跃进、张小劲译，中国人民大学出版社 2006 版，第 174 页。
③ [美]怀特、亚当斯：《公共行政研究：对理论与实践的反思》，刘亚平、高洁译，清华大学出版社 2005 年版，第 39 页。
④ [美]诺曼·K.邓津、伊冯娜·S.林肯：《定性研究(第 1 卷)：方法论基础》，风笑天译，重庆大学出版社 2007 年版，第 209 页。
⑤ [美]登哈特：《公共组织理论》，扶松茂、丁力译，中国人民大学出版社 2003 版，第 222 页。
⑥ Golembiewski Robert T., "A Critique of Democratic Administration and Its Supporting Ideation", *The American Political Science Review*, 1977, 71(4), p.1488.

斯基(Golembiewski)的发问在今天看来依然振聋发聩——"为什么不能将感情、直觉、人性的每一面视为与理性同样重要呢"?①

"公共行政领域需要真正开放的探究。这种自由而开放的探究拒绝就什么是知识(及什么不是)进行霸权式的断言。自由而开放的探究不仅仅包括所谓的定性方法,也包括诠释和批判传统……继续忽视这些问题却一定会令我们陷入马克斯·韦伯早在年前就看到并惧怕的未来:没有灵魂的专家,没有情感的肉欲主义者;这种无效状态幻想着它已达到了某种前所未有的文明程度。"②主体间性是城市治理实践者和研究者都必备的意识和技能。当然,这并非易事,不过我们的美国同行早在20世纪90年代就已经开始这样的尝试。例如,一篇发表在 *Public Administration Review*(*PAR*)上的论文③展示了诠释性研究在城市公共机构改革问题上的应用。研究没有假设,没有因果命题,而是通过有意识的情境重构,让经济发展局(EDA)改革的所有利益相关者参与研究中,通过多次的"诠释论坛",让利益相关者分享他们的子叙事,并共同编织更大的诠释之网。

从出生那一刻起,人们就开始构建信仰、欲求和态度之网,尽管每个人的意义之网都不尽相同,但它正是自我和现实的基础。我们的网络允许我们解释世界,没有它们,有意义的现实不可能存在。④ 个体行动是以其特定意义为基础的,社会科学研究就是为了理解或诠释他人的意图,要理解这些意图,我们就不能停留在行

---

① [美]登哈特:《公共组织理论》,扶松茂、丁力译,中国人民大学出版社2003版,第156页。
② [美]怀特、亚当斯:《公共行政研究:对理论与实践的反思》,刘亚平、高洁译,清华大学出版社2005年版,第33页。
③ Marisa Kelly and Steven Maynard-Moody, "Policy Analysis in the Post-Positivist Era: Engaging Stakeholders in Evaluating the Economic Development Districts Program", *Public Administration Review* 1993, 53(2), p.135.
④ Rorty, *Objectivity, Relativism, and Truth*, Cambridge: Cambridge University Press, 1991, p.94.

为的描述,而要致力于诠释性的说明。"诠释使我们得以重构个体对世界的看法,理解一个人就是知道他赋予行动的意义。"① 理解对社会存在是如此重要,以至于似乎没有必要讨论它并考察通向理解的诠释过程。诠释比解释和预测更为普通也更为必要。② 一些社会科学理论把世界看成脱离我们的参与而存在的,因此将注意力集中到对现象的解释上。就像自然科学的重点是发现规律,而社会科学会告诉我们,也许没有那么强的规律存在,一切在于人们如何理解和行动。③

一言以蔽之,应当重视诠释主义路径在当代中国城市治理研究中的前景。城市治理研究的重点可以从测量和求证拓展到理解和阐释,从单纯的因果解释拓展到更加丰富的意义诠释,从"浅释"(thin explanation)转向"深描"(thick description)。这种诠释性理解的解释,相对于观察性的解释,不啻是一项额外的成就④,这是那些按照预先设计好的"研究框架"去寻找预想中的"因果机制"的研究所无法做到的。最终,"我们可以完成某些在自然科学中永远无法达成的东西,即对参与其中的个人能够'理解'其行动的主观意义"。⑤

三、孪生空间中的平行研究:线上线下融合的参与式观察

公共管理是一门交叉性很强的学科,学科性不强成就了其开

---

① [美]登哈特:《公共组织理论》,扶松茂、丁力译,中国人民大学出版社 2003 版,第 41 页。
② [美]怀特、亚当斯:《公共行政研究:对理论与实践的反思》,刘亚平、高洁译,清华大学出版社 2005 年版,第 39 页。
③ 项飙、吴琦:《把自己作为方法》,上海文艺出版社 2020 年版,第 136 页。
④ [德]韦伯:《社会学的基本概念》,顾忠华译,广西师范大学出版社 2005 版,第 20 页。
⑤ 同上。

放性,可以对各种理论、各种方法兼收并蓄①,而城市治理研究更是一个跨学科的研究领域。中国城市治理研究要自我解放,亟须打破学科界限、视角界限、方法界限,方能站稳脚跟并且有所创新。无论是什么学科的什么方法,只要能用来解释中国城市治理中的问题,都可以尝试。

如上文所述,社会世界是由行动者来阐释的,学者要做的便是阐释他们的阐释,也就是双重阐释,而意义阐释的主要方法就是以参与式观察为主的民族志方法。民族志(Ethnography,也称文化志)作为一种经典的研究方法,同时也是一种研究产品,最早用于人类学领域,因为拥有强大的阐释能力,现已走出了学科界限,被很多人文社会科学广泛应用,包括社会学、语言学、教育学、经济学、法学、政治学等。很多当代民族志作品反映的都是城市治理问题,却很少引起中国学者的注意。人类学的想象力如能为公共管理学科所用,前景十分可观。佩里(Perry)指出,"质性研究方法——观察性的、亲身体验的和人类学的研究——可以对揭示变量是如何集合在一起的作出很大的贡献"。② 马骏也认为,"鉴于中国公共行政学是在吸收西方公共行政学,尤其是美国公共行政学理论的基础上建构起来的,而所谓西方公共行政学本质上是由各个地方性的知识体系组成的,是各种特殊主义的知识体系,具备人类学的想象力就更加有必要"。③

知识是人们创造性参与并且正在形成中的东西,而不是某种既定的、普适的东西。所有知识本质上都是地方性知识,正确的认识途径是进入对象本身的意义体系之中,用对象本身的符号和话

---

① 李潇潇:《公共管理的自主性与开放性——张康之、周志忍、竺乾威、孔繁斌、何艳玲五人谈》,《中国社会科学评价》2015 年第 3 期。
② Perry J. L., "Bringing Society in: Toward a Theory of Public-Service Motivation", *Journal of Public Administration Research and Theory*, 2000, 10(2), p.471.
③ 马骏:《公共行政学的想象力》,《中国社会科学评价》2015 年第 1 期。

语系统去理解和阐释,而不是以外部观察者的"一般"思维和方法从外部去观察。① 参与式观察方法要求研究者在观察的同时尽可能地参与他所试图研究的社会活动,借助"在那里"(be there)以及积极参与互动拥有"局内人"的视角,从而更为贴近地体验和理解"局内人"的观点;同时,又要求研究者能够抽离足够的距离,站在"局外人"的眼光来观察,从而能够进行批判性的分析和反思。② 民族志作品看起来像是对日常生活的细碎描述,但是正是这些对日常生活的分析有助于从细节揭示人们在主体间性世界中对世界的理解和建构,从这些主观意义当中,我们能够了解人们的欲望和梦想,以及由此产生的行为驱动力。③ "人类对直接语境的敏感性——民族志——将有助于让研究重点离开那种以制度结构为研究对象却又在一定程度上受制于制度结构的视角。"④ 而长期的参与式观察与访谈的结合可以很好地规避这一缺陷,因为"在前一次谈话中撒谎的人,在以后的多次交谈中也许就会说实话"。⑤

当下中国城市治理研究尚待发掘的一个绝佳途径,就是近距离的参与式观察,其文本载体便是个人中心的民族志。个人中心的民族志主要有三个研究视角:强调个人主观经验的叙述,就研究对象的行为以及利害关系进行的参与观察,以及对深藏不露的生活体验所做的将心比心式的诠释。⑥ 研究既可以采用某一个视

---

① 参见[美]克利福德·吉尔兹:《地方性知识》,王海龙、张家宣译,中央编译出版社2000年版。
② [澳]林恩·休谟、简·穆拉克:《人类学家在田野:参与观察中的案例分析》,龙菲、徐大慰译,上海译文出版社2010年版,第1页。
③ 丁瑜:《她身之欲:珠三角流动人口社群特殊职业研究》,社会科学文献出版社2019年版,第61页。
④ [美]迈克尔·赫兹菲尔德:《冷漠的社会生成:寻找西方官僚制的象征根源》,连煦译,知识产权出版社2015年版,第15页。
⑤ 阎云翔:《私人生活的变革:一个中国村庄的爱情、家庭与亲密关系(1949—1999)》,龚小夏译,上海人民出版社2017版,第26页。
⑥ Hollan, D., "The Relevance of Person-Centered Ethnography to Cross-Cultural Psychiatry", *Transcultural Psychiatry*, 1997, 34(2), pp.219-234.

角,也可以采用三个视角的结合。

进一步地,随着互联网时代的到来,基于互联网的民族志发展成为一种非常前沿的研究方法。民族志研究正在从空间上定义的田野向网络和跨越多地的方法扩展,从物理空间向数字空间扩展。① 科兹内茨(Kozinets)于1997年最早提出了网络民族志(Netnography)的概念,其特点在于结合网络媒体的虚拟特点与民族志研究特定文化中人们的生活方式、行为模式和价值观,换言之,它是一种鼓励研究者将民族志研究拓展到网络场域中的研究方法。② 基于互联网的民族志有多种名称,如赛博民族志(Cyber-ethnography)、虚拟民族志(Virtual Ethnography)、网络民族志(Internet Ethnography)、在线民族志(Online Ethnography)等,本文统一使用"网络民族志"一词。琼斯(Jones)的《进行网络研究》(*Doing Internet Research*)开创性地探索了与网络研究有关的理论和实践问题。③ 曼恩(Mann)和斯图尔特(Stewart)的《网络沟通和定性研究》(*Internet Communication and Qualitative Research*)不仅将互联网作为研究田野,同时也将其作为定性研究的数据收集工具。④ 米勒(Miller)和斯莱特(Slater)的《互联网:一项民族志研究》(*The Internet: An Ethnographic Approach*)首次全面地展示了进行互联网民族志研究的整体图景。⑤ 海因(Hine)的《虚拟民族志》(*Virtual Ethnography*)则系统地阐述了对互联网进行民族志研究的

---

① Wittel A., "Ethnography on the Move: From Field to Net to Internet", *Forum Qualitative Sozialforschung*, 2001, 1(1), p.1.

② Kozinets R. V., "I Want To Believe: A Netnography of The X-Philes' Subculture of Consumption", *Advances in Consumer Research*, 1997, 24(1), p.470.

③ See Jones, Steve, *Doing Internet Research: Critical Issues and Methods for Examining the Net*, Thousand Oaks: Sage, 1999.

④ See Mann, Chris and Fiona Stewart, *Internet Communication and Qualitative Research: A Handbook for Researching Online*, London: Sage, 2000.

⑤ See Miller, Daniel and Don Slater, *The Internet: An Ethnographic Approach*, London: Routledge, 2000.

可能及方法论原则①。

对于文本的分析离不开情境。在"数字化生存"的时代,互联网已经不仅是一个沟通信息的工具,而是人们现实生活、工作和社交中不可缺少的一部分,也是形成和重塑文化之所在,也即一种文化情境。特别是随着人类从 PC 互联网时代走进移动互联网时代,互联网已经不再是一个人们需要坐到电脑前才能暂时进入的虚拟空间。正如何艳玲提出的"孪生空间,平行治理"的概念,"网络空间是与城市物理空间相耦合的新'流动空间'"②,现代市民已经在线上和线下同时构建了自己以及与他人的关系,研究方法也应当突破传统的基于单一现实地理空间的民族志研究,通过在线上和线下同时进行参与式观察,深入研究对象在两重空间自我呈现的过程,从而更加自然、深入、全面地融入市民的生活和意义世界。其实,在城市中,完全的"虚拟"民族志本就是不存在的,因为无论是在线上还是线下,民族志方法都是在对真实具体的人及其行为进行考察和诠释。参与线上社区的过程,本身就是社会体验当中常规和持续的部分。

值得注意的是,网络民族志方法让研究者只需打开手机或电脑就可轻松进入"田野",而不必奔赴遥远的异域,这可能让学者面临再次成为"摇椅上的人类学家"的风险,忽略了网络民族志作为一种发展中的方法,仍有其短板需要克服。第一,网络空间"弱关系"的特征导致很难找到田野中带我们进入社区的看门人。在网络空间,研究者不得不花费更多时间与每一个节点建立联系,他们"可能会发现自己像一个乞丐"。③ 第二,网络空间的虚拟特性导

---

① See Hine, Christine, *Virtual Ethnography*, London: Sage, 2000.
② 何艳玲、张雨睿:《孪生空间,平行治理:网络空间塑造中国城市治理新议程》,《中国人民大学学报》2022 年第 5 期。
③ Wittel A., "Ethnography on the Move: From Field to Net to Internet", *Forum Qualitative Sozialforschung*, 2001, 1(1), p.1.

致用户信息的有效性难以核实,更进一步地,与一个坐在你面前的活生生的人相比,以文本为主的在线交流方式不可避免地带来表情、动作、语气等大量的信息丢失。例如,格尔兹(Geertz)提到的经典案例——眨眼睛和挤眉弄眼的区别,可能在网络聊天中就难以观察到。第三,观察的对象从活生生的人变成一个虚拟的用户,对意义的理解和诠释可能面临挑战。网络民族志的潜在风险是,一个民族志的位置越多,单个节点所用的时间就会越少,深描可能变得又平又浅。①

因此,尽管网络民族志给传统民族志方法带来了新的机遇,但其"不能成为唯一的数据来源,因为它只提供了有限的图景,缺乏与现实世界的联系"。② 有学者就明确反对虚拟空间和现实空间的二分法,反对"虚拟民族志"这一说法,而是提出了"扩展民族志"方法。③ 例如,网络民族志概念的提出者科兹内茨(Kozinets)在对《星际迷航》粉丝文化进行研究的过程中,就综合采用了传统民族志和在线研究方法,包括面对面的访谈、虚拟社区中的观察与讨论、电子邮件访谈、在线实时访谈等。④ 即便是对于《星际迷航》粉丝这样高度依赖线上沟通的人群而言,线上世界与线下世界也是相互影响和相互建构的。"网络民族志研究者也必须在他们所在的线上社区和文化背景中努力了解这些互动所象征的意义,而不是将成员或他们的实践从背景和文化中抽离出来。"⑤将物理世界

---

① Wittel A., "Ethnography on the Move: From Field to Net to Internet", *Forum Qualitative Sozialforschung*, 2001, 1(1), p.1.
② Sade-Beck L., "Internet Ethnography: Online and Offline", *The International Journal of Qualitative Methods*, 2004, 3(2), p.45.
③ Beneito-Montagut, R. "Ethnography Goes Online: towards a User-Centred Methodology to Research Interpersonal Communication on the Internet", *Qualitative Research*, 2011, 11(6), pp.716-735.
④ Kozinets R. V., "Utopian Enterprise: Articulating the Meanings of Star Trek's Culture of Consumption", *Journal of Consumer Research*, 2001, 28(1), pp.67-88.
⑤ [美]罗伯特·库兹奈特:《如何研究网络人群和社区:网民民族志方法实践指导》,叶韦明译,重庆大学出版社2016年版,第114页。

完全排除在外将难以揭示情境和复杂性,纯粹基于虚拟世界的民族志方法即便不是完全不可取的,至少也是过于激进的。

四、反思"洋八股":构建一种新的城市治理学术写作风格

诠释主义路径的城市治理研究,必然要求一种与实证主义不同的学术写作方法,对"洋八股"的反思和超越是题中之义。"洋八股"是彭玉生给研究生授课的讲义①,对于学术新手而言,接受这样的规范性训练是十分必要的。对于中国社会科学研究的规范化、国际化,"洋八股"的贡献不容忽视。遗憾的是,一些研究者满足于"洋八股"带来的批量生产的优势,一些读者满足于"洋八股"带来的可以一目十行地获取信息的便利,表达方式上的不思进取日益普遍。研究中的探索与曲折消失了,想象力的发挥过程消失了,表述的风格和美妙也消失了。明明是归纳形成的研究,报告时却必须采用演绎的方式②,并且通过期刊和整个学术界的各种制度来迫使研究者去遵循,表面上严谨的形式逻辑取代了知识分子本该承担的道德责任。"洋八股"就像费孝通所批评的"语言的筛子",虽然有助于人和人之间的了解,但也导致了人和人之间的情意公式化,"我们永远在削足适履,使感觉敏锐的人怨恨语言的束缚"。③ "语言似乎只是为平均的、中庸的、可传达的东西发明的,说话者也以用语言使自己平庸化。"④

长此以往,即便学者发现了重要的问题,提出了好的解释,也

---

① 彭玉生:《"洋八股"与社会科学规范》,《社会学研究》2010 年第 2 期。
② 成伯清:《走出现代性》,社会科学文献出版社 2006 版,第 51 页。
③ 费孝通:《乡土中国・生育制度・乡土重建》,商务印书馆 2011 年版,第 17 页。
④ [德]尼采:《偶像的黄昏》,卫茂平译,华东师范大学出版社 2007 版,第 77 页。

被掩埋在"洋八股"这样厚厚的铠甲之下,成为一小部分圈内人的自娱自乐而无法引起公众的共鸣,学界有可能失去讲故事的能力。尽管学者的研究一直不断地取得进展,但是这些研究要么被束之高阁,成为学者履历表上空洞的一行文字,要么让"那些享有知识、掌握资源和拥有权力的人能够在科学的名义下对组织成员实施更大的控制"。① 然而,一个社会、一种文化、一种文明,实际上更多的是建立在这种"意会"的社会关系基础上,而不是那些宣称的、白纸黑字的、明确界定的交流方式上。② 如果你不能被外行人所理解,无法使你的听众进入你说的境况,你将错失真相。③ 试问,除了范围极其有限的同行,谁会关心那些抽象和枯燥的数据和证明?这些研究与现实世界几乎没有互动,且不说公众,即便是兄弟学科的学者,对它们也往往兴趣索然。

在此背景下,学术写作正在面临异化的风险,"它的目标是让那些被我们窃取其生活用于社会科学研究的人们保持沉默,同时它还巧妙地服务于重新创造出这个世界——而不是其他一些可能更复杂但是公正的世界——的目的"。抵抗这种异化的方法,"就是去创造一种新的可以打破(传统的)边界的文本;创造一种可以从中心移向边缘,并对中心进行评论和去中心化的文本;创造一种放弃封闭的、有界的世界,转而建立更为开放的、更少传统束缚的世界的文本;创造一种跨越了常规社会科学的边界的文本;创造一种尝试着建立关于人类生活的而非关于对象的社会科学的文本"。④

---

① [美]登哈特:《公共组织理论》,扶松茂、丁力译,中国人民大学出版社 2003 版,第 172 页。
② 费孝通:《费孝通全集(第十七卷)》,内蒙古人民出版社 2009 年版,第 450 页。
③ [美]阿瑟·克莱曼:《疾痛的故事:苦难、治愈与人的境况》,方筱丽译,上海译文出版社 2010 年版,第 1 页。
④ [美]诺曼·K.邓津、伊冯娜·S.林肯:《定性研究(第 1 卷):方法论基础》,风笑天译,重庆大学出版社 2007 年版,第 198 页。

一个社会科学家要想让大众了解他/她的观点,并对社会产生影响,就应该直接面向公众,而不是为数不多的专家。① "一门研究政治的学科对于那些从事政治或者有可能从政的人无话可说,这多少是一种失败。"②研究成果如果无法吸引读者,除了对作者的事业之外毫无意义,那么这就是愚蠢的、自恋的和自我封闭的。③ 人们经常发现理论与实践毫无关系,因为理论是用学者之间相互交流代码的语言所写成。这些代码难以被非学者所理解。很少有学者会用范例、案例研究等来连接理论与实践,或采用复杂的统计使除技术专家以外的所有人困惑不已并敬而远之,即便其后藏着精彩观点。④ 最终,当一种有关社会生活本身的科学不能为公众提供生活意义的蓝图时,专家的诠释也就只能为系统的控制服务了。⑤

本文并不反对"洋八股",而是反对"洋八股"在学术写作中的主导地位。学者应当致力于"突破理性中心主义的束缚,打破专家知识的迷思、重视公众的地方性知识,促进政府、专家与公众之间的公共对话"。⑥ "我们需要一种具有社会性和道义性参与精神的社会科学,一种将广泛的公共争论与特殊的私人烦恼相联系的社会科学。"⑦这样的研究无论是实证的还是诠释的,都不可能只有一种讲述方式。学者应该让自己的叙事在与其他叙事的自由竞争

---

① Jane Howard, *Margaret Mead: A Life*, New York: Simon and Schuster, 1984, p.156.
② [美]大卫·马什、格里·斯托克:《政治科学的理论与方法》,景跃进、张小劲译,中国人民大学出版社 2006 版,第 258 页。
③ [美]拉雷尔·里查德森:《写作:一种研究方法》,载[美]诺曼·K.邓津、伊冯娜·S.林肯:《定性研究(第 1 卷):方法论基础》,风笑天译,重庆大学出版社 2007 年版,第 989 页。
④ Box R. C., "An Examination of the Debate over Research in Public Administration", *Public Administration Review*, 1992, 52(1), p.62.
⑤ 成伯清:《走出现代性》,社会科学文献出版社 2006 版,第 53 页。
⑥ 颜昌武:《公共行政学中的后现代主义:一个理论述评》,《南京社会科学》2018年第 9 期。
⑦ [美]瑞泽尔:《后现代社会理论》,谢立中译,华夏出版社 2003 版,第 35 页。

中让真理越辩越明,而不是依靠张贴上一张科学的、规范的标签来赢得成功。事实上,历史上那些经典的有价值的伟大作品从来不需要借助这些。

当下,"洋八股"已经成为社会科学学者试图垄断知识和真理的最后一根稻草。知识分子在当代中国的地位日益边缘化,尽管其原因是多方面的,但是如果中国城市学者继续以旁观者的立场,将纷繁复杂的城市生活与生动的现实体验表现为抽象的命题假设与证明,那么我们有可能越来越失去现实的感受力和影响力。学者应该怀着"为人性僻耽佳句,语不惊人死不休"的精神,积极进入与范围更广大的群体的互动,积极建设一个"丰富、多样化、投入社会、非霸权主义的"①共同体,在阐释与对话中重新找回自己的位置。学者要通过本土阐释,打破"研究重心的非中国化"②的怪圈,"为多样性、差异性和特殊性预留安身立命之所"。③

近年来,西方城市治理研究已经有大量学术作品"出圈",成为社会热议的话题并影响公共政策,仅译为中文的就达数十本之多,而国内这方面的原创作品仍然凤毛麟角。城市治理研究的交叉性和开放性使它事实上最有可能被解放出来,从事空前的自我反思,并在批判性的自我反思方面达到一个空前的水平。最终,我们将自己剥夺"科学"话语赋予我们的迷之自信,放弃曾经追求或被允诺过的那种舒适和安逸,重新肩负起学者对社会的道德责任。在这个过程中,中国社会科学学者失去的只有铁链。社会科学将迎来一个"解放的时代","一种从汉娜·阿伦特称之为真理的宰制中

---

① [美]拉雷尔·里查德森:《写作:一种研究方法》,载[美]诺曼·K. 邓津、伊冯娜·S. 林肯:《定性研究(第1卷):方法论基础》,风笑天译,重庆大学出版社2007年版,第1005页。

② 马骏、刘亚平:《中国公共行政学的"身份危机"》,《中国人民大学学报》2007年第4期。

③ 颜昌武:《公共行政学中的后现代主义:一个理论述评》,《南京社会科学》2018年第9期。

得到的解放;一种从只能听到西欧的声音的状态中得到的解放;一种从世世代代保持的沉默中得到的解放;一种从仅以单色眼镜看世界的习惯中得到的解放"。①

五、讲故事:从合作研究到协同治理

那么,反思"洋八股"之后的城市治理学者,应该如何面对社会,为社会提供一个什么样的公共话语?建议学界重视另一种学术表达方式——讲故事。"人不仅在他的小说中而且在他的行为与实践中,本质上都是一种讲故事的动物。"②汉娜·阿伦特说道,"任何哲学、分析、格言,无论多么深刻,在意蕴的丰富和强度上,都不能跟一个恰当讲述的故事相比"。费孝通先生也认为,社会学研究就是讲故事。③ 城市公共事务中的每一个行动者都是独立的个人,每一段故事都是鲜活的生命。就像马克思和恩格斯在《德意志意识形态》里所说的,"我们所说的人是现实中的活生生的、有血有肉的个人"。城市治理研究要"尊重人民主体地位,聚焦人民实践创造",就必须把城市中各个利益相关方的主体性叙事摆到更加重要的位置上。我们只是实践者的再蹩脚、无能不过的秘书,怎么把这个秘书当得少蹩脚一些,是我们终生的任务。④

人类社会就是一个叙事,包括很多子叙事,我们是自己的叙事的作者和主角,同时又与历史合著,与成千上万共享我们的叙事或

---

① [美]诺曼·K.邓津、伊冯娜·S.林肯:《定性研究(第1卷):方法论基础》,风笑天译,重庆大学出版社2007年版,第199页。
② [美]阿拉斯戴尔·麦金太尔:《追寻美德:伦理理论研究》,宋继杰译,译林出版社2003版,第274页。
③ 费孝通:《费孝通全集(第十七卷)》,内蒙古人民出版社2009年版,第450页。
④ 项飙:《跨越边界的社区:北京"浙江村"的生活史》,生活·读书·新知三联书店2000年版,第563页。

者在我们的叙事中登场的人合著,就像我们在他们的叙事中登场一样。① 我们是什么以及我们想要成为什么,取决于我们所能讲述的关于我们自己的故事。② "人类经验的本质以叙事形式结构化……叙事是我们得以成为我们的方式。"③叙事不只是人类经验的表述形式,人类经验本身就是叙事。"观点属于人民,把观点整理出来,这就是我们的工作。"④叙事"提供的是不确定性而非决定论,是多样性而非一致性,是差异性而非综合性,是复杂性而非简单性"。⑤

那么,讲故事会不会产生无数种碎片化的理解和阐释,从而无法形成有效的学术积累呢?恰恰相反。总有一些感受和体验无法被一种故事所包含,新的故事会不断出现,让我们能够不断地重新审视和反思过去、重新阐释过去的文本,重新注意到以前忽视的现象和背后的动机。"世界在本质上是由无限种类的秩序模式构成,每种模式均产生于一套相对自主的实践。"⑥没有任何个体的故事不是历史的叙述。⑦ 社会科学研究是研究者与参与者、潜在的参与者和读者之间的共同创造。他们分享共同的叙事,自觉或不自觉地进行着合作研究。研究者"不过是一个摸象的瞎子,用自己有限的手掌去摸索我所要知道的对象",通过无数次的摸索,拓宽我们共有知识的深度和边界。⑧ 而中国传统文化更是乐于让人们在

---

① Marisa Kelly and Steven Maynard-Moody, "Policy Analysis in the Post-Positivist Era: Engaging Stakeholders in Evaluating the Economic Development Districts Program", *Public Administration Review*, 1993, 53(2), p.135.
② [美]流心:《自我的他性:当代中国的自我系谱》,常姝译,上海人民出版社2005年版,第4页。
③ 同上书,第70页。
④ 项飙、吴琦:《把自己作为方法》,上海文艺出版社2020年版,第95页。
⑤ [美]瑞泽尔:《后现代社会理论》,谢立中译,华夏出版社2003版,第13页。
⑥ [英]齐格蒙·鲍曼:《立法者与阐释者》,洪涛译,上海人民出版社2000版,第5页。
⑦ 潘毅:《中国女工:新兴打工者主体的形成》,九州出版社2011年版,第195页。
⑧ 费孝通:《乡土中国·生育制度·乡土重建》,商务印书馆2011年版,第477页。

故事中明白宇宙与人生的事理,中国人的思维和阅读本身就是叙事性的,很多观点都依靠"在叙述中的理解"。①

城市治理的实践者和研究者常常处于这样的情境中,问题是由人们之间的互动造成的,群体的不同参与者会以不同的方式来看待这一问题。对管理者来讲,实际的解决方法是允许和鼓励参与者来帮助界定问题,不是以客观的方式使所有人都同意对问题的某种客观界定,而是以一种主体间的方式。在主体间的方式中,所有的人都同意尊重其他人对问题的界定,并通过这种尊重而推敲出解决问题的综合方案。② 在管理实践中我们也常常发现,了解人们如何看待问题比了解问题本身更加重要。

进一步地,讲故事不仅具有工具理性更具有价值理性的意味。自古以来,"市民"一方面被视为国家与社会稳定的威胁,是权力着力控制的对象;另一方面,"市民"又是一种能够推动民主、自由乃至解放的力量。中世纪的欧洲有一句名谚"城市的空气使人自由",因为正是市民阶层的自治推动城市成为近代欧洲变革力量的中心。然而,"他们无法表述自己,他们必须被别人表述"③,市民的生活与情感、痛苦与纠结以及他们的自我观照,这些"隐藏的文本"④通常被排除在官方的记载与学者的研究之外。因此,学者的一个重要任务是,"给沉默的人群发出声音,通过讲述他们的集体故事将他们呈现为历史的行动者"。⑤ 城市治理实践中的各个主体,他们本身、他们之间的关系以及他们与环境的互动,本身就是

---

① [美]郝大维、安乐哲:《汉哲学思维的文化探源》,施忠连译,江苏人民出版社1999年版,第5页。
② Ralph P. Hummel, "Stories Managers Tell: Why They Are as Valid as Science", *Public Administration Review*, 1991, 51(1), p.31.
③ 参见[德]卡尔·马克思:《路易·波拿巴的雾月十八日》,冯适译,江苏人民出版社2011年版。
④ 参见[美]詹姆斯·斯科特:《弱者的武器》,郑广怀、张敏、何江穗译,译林出版社2011年版。
⑤ 成伯清:《走出现代性》,社会科学文献出版社2006版,第47页。

变动不居的,沟通、争论、说服永远在场,城市治理学术写作自然不可能摆脱叙事与修辞,学者需要"努力从一去不返的场合抢救对这种话语的言说,把它固定在阅读形式中"。① 在"沉思生活"和"积极生活"之间,学者未必只能二选一。

同时,"对象的现在建立在作者的过去之上。作为科学思想的试金石的事实性本身,是自传性的"。② 社会科学研究的对象不仅是社会与他人,也应该包括自己。讲故事作为一种学术写作就是要拒绝把讨论限定在一个非常狭窄的范围内的做法,而是要回归人类沟通讨论的常理,不避讳研究者的所作所为所思所想,无论是成功的还是失败的,而这些在"洋八股"式的写作里都被蒙在了黑暗之中。每个人都可以用文字书写自己的生活,也可以用文本来理解他人的生活,社会能够延续和凝聚依赖于这种同情理解他人叙事的能力。特别是当主流的宏大的叙事操控的时候更需要每个人的叙事的文本。这种叙事还可以让我们与不同境遇、不同地区甚至不同年代的人们对话。越是个体化、碎片化的社会,越需要人们在情感上的相互连接。

在当代城市,千篇一律的宽阔马路和广场以及浮华的玻璃幕墙写字楼组成的新科技园区遍地开花,现代性带来的同质化特征不断破坏着"地方"的意义。当现代性把根植在地方之中的历史与意义连根拔起的时候,当"无根性"从技术本身蔓延至人类身心的时候,人们又将何去何从?个体具有无限的可能性,具有意向性和反省能力,并且担负着一种建构社会实体的持续共同的任务。城市为人们提供了协同与分享的平台,"讲故事"作为一种合作研究,同时也是一种联合行动,它将帮助我们更好地体会不同人群的命运,让我们更加善意和宽容地审视城市治理中的各种行动者,并激

---

① [美]克利福德·格尔兹:《文化的解释》,纳日碧力戈等译,上海人民出版社1999年版,第23页。

② 成伯清:《走出现代性》,社会科学文献出版社2006版,第19页。

励我们以更大的热忱投入协同治理当中,从而提供一种改变现状的可能。

六、城市治理研究者作为"阐释者"的责任

至此,可以小结一下本文的观点。首先,应当重视诠释性研究路径在当代中国城市治理研究中的前景。城市治理研究的重点可以从测量和求证拓展到理解和阐释,从单纯的因果解释拓展到更加丰富的意义诠释,从"浅释"转向"深描"。其次,意义阐释的主要方法是以参与式观察为主的民族志,特别是在线上与线下成为"孪生空间"的当代城市,线上线下相融合的民族志研究具有广阔的应用前景。再次,我们要反思"洋八股"在学术写作中的主导地位,中国城市治理研究无论是实证的还是诠释的,都不应当只有一种讲述方式。最后,建议学界重视"讲故事"的学术表达方式,它不仅是一种合作研究的路径,更提供了一种迈向协同治理的可能。

进一步地,要读懂当代城市,进而形成一批能够阐释当代中国城市的研究成果,必须把理论与实践建立在彼此关联、和而不同的思想基础之上。在教育和信息传播大为发展,实践者所掌握的知识技能和思考能力都接近于研究者的今天,知识分子实际上无法以知识权威的面目告诉人们该如何,我们的思考只是实践过程中的一小环。① 正如学者陆铭指出的,知识分子只是"职业读书人",如果学者继续"对于某种优越的身份依依不舍,其实就成了不平等的捍卫者"。②

---

① 项飙:《跨越边界的社区:北京"浙江村"的生活史》,生活·读书·新知三联书店2000年版,第522页。
② 陆铭:《大国大城:当代中国的统一、发展与平衡》,上海人民出版社2016年版,第313页。

当下城市治理研究的核心目标是寻求因果解释。然而,正如鲍曼的比喻,社会在做着布朗运动,即每一种瞬间的状态既不是前一种状态必然的结果,也不是下一种状态的充分原因,而是没有充分决定和没有充分被决定的状态。① 鲍曼认为,知识分子已经越来越从"立法者"转变为"阐释者"。作为"立法者"的知识分子,拥有更好的接近知识的方法,这种优势来源于一些普遍有效的程序性规则,使知识分子拥有了判断和宣称各种地域性观念有效或者无效的权力。而"阐释者"只是对某一共同体传统相关的观念进行翻译,以便被其他的共同体所理解,"阐释者"的目标不是找到最佳的观念,而是促进各个利益相关方之间的沟通。某一个共同体的"阐释者"的地位并不高于另一个共同体的"阐释者"。

其实,社会科学研究者就是一些讲故事的人,没有必要在自己头上套上任何神秘的光环,他们的活动与那些外行人的活动之间并没有本质区别。"经验科学的任务决不是确定约束性的规范和理想并借此开具实践处方",我们能做的只是去寻找那些关于"他者"的问题的答案,进而将他们纳入人类知识的仓库中。而一些学者已经习惯作为虚幻的"立法者"的身份,依靠程序性的规则先验的科学性,仿佛给自己穿上了厚厚的铠甲,既让研究者满足于自说自话的形式上的正确,也让他们对社会变得迟钝。如果学者继续"追求一个为其自身的理论或方法所驱动的研究议程,似乎它处在一个分离的世界中,与其同胞公民的关注相隔绝"②,我们将越来越自我束缚于理性的牢笼,从而离真实的"社会"越来越远。

因此,社会科学理论不在于新不新、深不深,更不在于正确与

---

① Zygmunt Bauman, *Intimations of Postmodernity*, London: Routhledge, 1992, p. 190.
② [美]大卫·马什、格里·斯托克:《政治科学的理论与方法》,景跃进、张小劲译,中国人民大学出版社 2006 版,第 258 页。

否,重要的是有没有可沟通性。① 写作重要的是促进人们之间的相互理解,城市治理研究者应当顺应从"立法者"到"阐释者"的角色转变,甚至自己也需要成为阐释的对象。学者应该"不断地寻找并尝试各种可以拓宽人类经验中理解、声音以及故事性差异的范围的叙述。研究者不仅仅是社会科学家,还应该同时是说书人、诗人和剧作家,他们应该去尝试着进行叙说、第一人称记录、反思性审问,以及对嵌入与再现实践中的各种暴政形式的解构"。②

城市公共事务的治理某种程度上也是一场谁来掌控变迁叙事的斗争。在西方国家,启蒙运动以来的宏大叙事正在被打破,社会群体构建自己的局部叙事来赋予其存在的意义。西方学者也在反思,"后现代情境的阴暗面在于叙事彼此矛盾时引起的冲突,以及叙事崩溃后产生的混乱",③而当今中国城市,公共舆论正在面临严重的两极化的危险倾向,马林诺夫斯基笔下"偏见、恶意、报复正分割着欧洲民族"④的悲剧并非只会在欧洲大陆发生,对话的迫切性日益凸显。"为了所有人都能认识到他们对我们的民主价值的最充分最好的表达具有共同的责任,实务者和理论家都必须不断地学习",实务者和理论家要学会以对方的方式去思考。⑤

当然,"阐释者"未必会在某种线性的历史进程中永远取代"立法者"。学者也不必都变成诗人、小说家或者编剧(我们也很难在这些领域取得重大的成功),而是要形成自己的声音。"一花独放不是春,百花齐放春满园",本文无意强调或者发明一种所有社会

---

① 项飙、吴琦:《把自己作为方法》,上海文艺出版社 2020 年版,第 68 页。
② [美]诺曼·K.邓津、伊冯娜·S.林肯:《定性研究(第 1 卷):方法论基础》,风笑天译,重庆大学出版社 2007 年版,第 199 页。
③ [美]怀特、亚当斯:《公共行政研究:对理论与实践的反思》,刘亚平、高洁译,清华大学出版社 2005 年版,第 6 页。
④ [英]马凌诺夫斯基:《太平洋的航海者》,梁永佳、李绍明译,华夏出版社 2002 年版,第 447 页。
⑤ [美]登哈特:《公共组织理论》,扶松茂、丁力译,中国人民大学出版社 2003 版,第 226 页。

科学研究者共同采用的单一写作范式,不存在所谓的"正确方式",写作就像黏土,可以被塑造成任何形状。①

城市治理理应有多元主体的参与和协作,学者也必须在这些主体之间发挥好对话与合作的推动者的作用。"阐释者"相对于"立法者"而言看似是一种退步,殊不知"手把青秧插满田,低头便见水中天。心地清净方为道,退步原来是向前"。"阐释者"的立场让我们拥有更清醒的自我认知,"我们必须与我们的同胞们有效地对话,交流我们的研究结果并认真听取他们的反馈。只有这样,我们才能成功地将政治学转变为这样一种形式——它适用于社会公众和政治活动并始终为之服务,或是澄清、或是干预、或是提供新知。在理解当下和思索未来的过程中不断地推陈出新,我们才能抵达重要的社会和政治科学"。②

---

① [美]拉雷尔·里查德森:《写作:一种研究方法》,载[美]诺曼·K.邓津、伊冯娜·S.林肯:《定性研究(第1卷):方法论基础》,风笑天译,重庆大学出版社2007年版,第1003页。
② Schram and Caterino, *Making Political Science Matter: Debating Knowledge, Research, and Method*, New York: NYU Press, 2006, pp.56-85.

社会心理服务体系试点案例的主题识别与政策启示
——基于148个案例文本的主题建模研究

卞 菲*

[内容摘要] 社会心理服务体系是基于心理学、社会学（社会工作）等学科的理论与方法以及中国社会和文化的特点，以积极主动预防和解决个体、群体与社会层面的各类问题为目的，所形成的全方位、多层次、多元化的社会支持系统。通过对148个全国社会心理服务体系建设优秀案例文本进行主题建模和聚类分析，可将当前的政策试点案例成果识别为9个方面，即远程服务、高校赋能、疫情防控、志愿服务、成果发布、工作推进、组建机构、数字赋能、青少年心理健康。结合主题建模得出的主题和相关的实践案例文本，我们可以从中捕捉到地方政府在探索新政策新方向时所采取的共同措施、所面临的共同问题以及其他共同特点。通过对传统案例研究方法的反思，本文希望可以探索出一种新的研究逻辑和科学过程，并对未来的服务体系构建提出相应的政策启示。

[关键词] 政策试点；案例文本；主题建模；社会心理服务体系

---

* 卞菲，复旦大学国际关系与公共事务学院博士生。

一、问题的提出

《庄子·天下》篇中提到的"内圣外王",是中国治理中重要的"生命治理"①概念,是中国人"修身、齐家、治国、平天下"的起点和目标。社会心理服务体系建设不仅仅是一项国民心理健康促进政策,更是以中国人民安居乐业、社会安定有序、国家长治久安为终极政策目标的一项体系建设工程,与健康中国、平安中国和幸福中国的追求息息相关。

2006年10月,中国共产党十六届六中全会首次明确提出:"注重促进人的心理和谐,加强人文关怀和心理疏导,引导人们正确对待自己、他人和社会,正确对待困难、挫折和荣誉。加强心理健康教育和保健,健全心理咨询网络,塑造自尊自信、理性平和、积极向上的社会心态。"②国民心理健康自此正式成为一项政策议题,并逐步受到重视。2015年10月,党的十八届五中全会审议通过了《中共中央关于制定国民经济和社会发展第十三个五年规划的建议》,在"八、加强和改善党的领导,为实现'十三五'规划提供坚强保证"的"(五)加强和创新社会治理"中提出,"健全社会心理服务体系和疏导机制、危机干预机制"。③ 社会心理服务体系作为一个术语(Term)首次被提及。2017年10月,习近平总书记在党的十九大报告"八、提高保障和改善民生水平,加强和创新社会治

---

① 卫小将:《精准扶贫中群众的主体性塑造——基于赋权理论视角》,《中国特色社会主义研究》2017年第5期。
② 《中共中央关于构建社会主义和谐社会若干重大问题的决定(全文)》(2006年10月18日),新浪网,http://news.sina.com.cn/c/2006-10-18/125711271474.shtml,最后浏览日期:2023年5月20日。
③ 《中共中央关于制定国民经济和社会发展第十三个五年规划的建议》(2015年11月3日),中国政府网,https://www.gov.cn/xinwen/2015-11/03/content_5004093.htm,最后浏览日期:2023年5月20日。

理"的"(六)打造共建共治共享的社会治理格局"中正式提出:"加强社会心理服务体系建设,培育自尊自信、理性平和、积极向上的社会心态。"①社会心理服务体系进入政策议程设置阶段,从一项广受关注的领域,变为一项需要制定政策方案并有效执行的政策议题。2018年11月,10部委联合发布《关于印发全国社会心理服务体系建设试点工作方案的通知》(简称《试点工作方案通知》),提出"到2021年底,试点地区逐步建立健全社会心理服务体系,将心理健康服务融入社会治理体系、精神文明建设,融入平安中国、健康中国建设"。② 社会心理服务体系建设开始进入政策试点阶段,全国共有55个城市成为国家级试点并开始了自下而上的政策创新。本文使用的案例文本全部来自2021年12月内部发行的《全国社会心理服务体系建设试点工作经验交流材料汇编》。该汇编由全国社会心理服务周暨应用交流组委会整理并发行,在时间节点上符合政策执行评估的条件和假设。

主题建模是一种无监督的机器学习方法,可以准确地识别和量化文本中的议题和目的。相较于其他定量和定性的研究方法,它可以更好地做到价值无涉(Value-free)。原因在于主题建模是通过文本中上下文单词的统计关联来识别潜在的主题,不仅能充分地考虑语义,还能更有效地避免社会科学研究者在选用定量或定性研究的变量时出现主观偏差。③ 基于以上论述,本文拟采用

---

① 习近平:《决胜全面建成小康社会 夺取新时代中国特色社会主义伟大胜利——在中国共产党第十九次全国代表大会上的报告》(2017年10月18日),中华人民共和国教育部官网,http://www.moe.gov.cn/jyb_xwfb/xw_zt/moe_357/jyzt_2017nztzl/2017_zt11/17zt11_yw/201710/t20171031_317898.html,最后浏览日期:2023年5月20日。

② 《关于印发全国社会心理服务体系建设试点工作方案的通知》(2018年11月16日),国家心理健康和精神卫生防治中心,https://ncmhc.org.cn/channel/newsinfo/6263,最后浏览日期:2023年5月20日。

③ Hannigan Timothy R., Haans Richard F. J. and Vakili Keyvan, et al., "Topic Modeling in Management Research: Rendering New Theory from Textual Data", *Academy of Management Annals*, 2019, 13(2), pp.586-632.

主题建模的方法来识别和测量案例文本中的议题,并借此与《试点工作方案通知》中的内容进行相互印证,以期探索出一条新的政策评估之路。

二、文献综述

(一)社会心理服务体系

为探究中国近年来社会心理服务体系的研究热点和趋势,本研究选用中国知网(CNKI)文献数据库作为文献计量数据来源,在该库中进行主题检索,时间跨度设定为"-2023年",检索词设定为"社会心理服务体系",检索时间为2023年6月2日,剔除明显不符合该领域的文章,最终得到文献432篇。从发文趋势中可以看出,自2017年开始有更多的国内学者关注该领域。从主要主题分布中可以看出,"心理服务""社会心理""心理健康""社会治理""服务体系建设""社会心态"是国内学者的主要关注领域。从学科分布中可以看出,社会学及统计学占比43.96%(233篇),位列第一;心理学占比12.64%(67篇),位列第二;行政学与国家行政管理占比7.74%(41篇),位列第三;中国政治与国际政治占比7.36%(39篇);医药卫生方针政策与法律法规研究占比5.47%(29篇);中国共产党占比1.89%(10篇);教育理论与教育管理占比4.91%(26篇);基础医学占比2.83%(15篇)、精神病学仅占比0.75%(4篇)、临床医学仅占比0.57%(3篇)。将行政学与国家行政管理、中国政治与国际政治、医院卫生方针政策与法律法规研究以及中国共产党等学科进行合并后,本文可以得出政治与行政类占比22.46%,超出心理学近10个百分点,位列第二。因此,社会心理服务体系建设这项研究议题比起心理学类和医学类专业研究,更偏向社会学类和政治与行政类研究。

学界目前对社会心理服务体系应然概念的分歧不大,均认为它截然不同于心理健康服务体系。① 俞国良认为社会心理服务是社会心理建设的基础,社会心理建设是社会心理服务的产物,建构中国特色的社会心理服务体系,其实就是中国特色的社会心理建设。② 王俊秀认为,社会心理学是社会心理服务体系的核心,整合心理学的社会心理学和社会学的社会心理学才能更好地理解社会治理的机制和过程。③ 以闫洪丰为代表的学者认为,社会心理服务体系的概念可阐释为,基于心理学、社会学(社会工作)等学科的理论与方法以及中国社会和文化的特点,积极主动地预防和解决个体、群体与社会层面的各类问题,形成全方位、多层次、多元化的社会支持系统。④ 吕小康和汪建新认为,社会心理服务体系更准确的名称应是公共心理服务体系,其主要内容包括心理健康服务、社会心态培育、共同体认同建构这三大模块,其主要功能分别为预防和治疗心理疾病、提升全民族的心理健康水平,培育自尊自信、理性平和、积极向上的社会心态,以及塑造中华民族的统一文化认同和人类命运共同体认同。⑤ 综上所述,社会心理服务体系建设虽然特别强调心理健康和社会心态,但心理健康只是基础,社会心理服务体系更强调服务和发挥保持社会安定和谐的作用。

在实践的应然层面上,吕小康和汪新建认为社会心理服务体系更容易被地方政府理解为一种"公共心理服务体系"⑥,其主要

---

① 辛自强:《社会心理服务体系建设的定位与思路》,《心理技术与应用》2018年第5期。
② 俞国良:《社会转型:社会心理服务与社会心理建设》,《心理与行为研究》2017年第4期。
③ 王俊秀:《多重整合的社会心理服务体系:政策逻辑、建构策略与基本内核》,《心理科学进展》2020年第1期。
④ 闫洪丰等编著:《社会心理服务体系解析》,科学出版社2021年版,第22页。
⑤ 吕小康、汪新建:《中国社会心理服务体系的建设构想》,《心理科学》2018年第5期。
⑥ 吕小康、汪新建:《从"社会心理服务体系"到"公共心理服务体系"》,《心理技术与应用》2018年第10期。

内容包括心理健康服务、社会心态培育、共同体认同建构三大模块,其主要功能分别为预防和治疗心理疾病、提升全民族的心理健康水平,培育自尊自信、理性平和、积极向上的社会心态,以及塑造中华民族的统一文化认同和人类命运共同体认同。① 林颖和蒋俊杰认为,推进和完善我国社会心理服务体系建设要完善领导体制,拓展以个体心理健康为重点的社会心理服务体系建设模式;建立社会心态的识别、分析和吸纳机制,并引入公共政策的制定过程中;以公正性和获得感为导向,完善公共政策的评估体系;加强公共政策的顶层设计和推动,提高公共政策的可预期性;优化政策执行过程,打通政策执行的"最后一公里";以民心为出发点,改善基层社会治理和党的群众工作。② 陈雪峰认为,当前我国社会心理服务体系建设的核心内容是,通过心理健康服务来提升人民心理健康水平,促进社会和谐稳定发展;未来应向更全面的、支撑五位一体总体布局的心理建设发展。③

在实践的实然层面上,各地对这项政策的理解和定位存在巨大的差异。池丽萍和辛自强收集了全国 12 个社会心理服务体系建设试点地区实际工作情况的网络文本资料,按照组织架构、工作模式等 6 个一级指标以及其下的 23 个二级指标对资料进行编码,以描述各地建设的实然状况。文本分析结果显示:(1)各试点地区社会心理服务体系建设的内容定位在心理健康方面的倾向严重;(2)社会心理服务整体上仅偏重风险防控工作;(3)社会心理服务与社会治理关系错位。④

---

① 林颖、蒋俊杰:《从心理疏导到社会心理服务:我国社会治理体系的重大创新》,《上海行政学院学报》2019 年第 4 期。
② 同上。
③ 陈雪峰:《社会心理服务体系建设的研究与实践》,《中国科学院院刊》2018 年第 3 期。
④ 池丽萍、辛自强:《社会心理服务体系建设的应然与实然:基于全国 12 个试点地区的评估》,《心理科学》2019 年第 4 期。

上述研究对社会心理服务体系建设做了大量的讨论和设想，且在一定程度上评估了该政策的执行效果。但囿于仅选用了全国12个最优秀的试点作为分析样本，难以全面地观察和归纳该领域的现状，也难以科学地研判该政策试点产生的成果和可以改进的方面。因而，全方位地归纳和解读社会心理服务体系政策试点的实践主题就显得十分必要。

（二）政策试点

政策试点作为中国"土生土长"起来的一项政策工具，其实质是将实验这一研究方式应用到政策制定和执行等政策生命周期各阶段的实践领域。① "实验"意味着试点的容错性更高，对试点悬浮和失败的包容性更强。一个理想的政策试点实施的全过程在三个关键环节存在政策层面的连续试错，表现为：中央选取或地方自发设立试点、试验区并运行；政治层面对地方优良方案的识别、筛选与认可，表现为典型样板的确立；作为结果的试点方案、试验性法规被"由点到面"地推广开来以及政策反馈刺激新一轮政策创新的启动。② 大量文献关注政策扩散和学习，忽视了政策试点有"试对"和"试错"两种模式，对于高度不确定状态下的改革试点，决策系统希望通过试点生成新政策，从差异性中识别出更为有效的政策安排。③

社会心理服务体系建设属于高度不确定性的改革试点，一些试点城市并未拥有较好的基础以承接试点工作，因而出现了社会心理服务中心覆盖率高与"空置率"高并存的现象。④ 针对这种现

---

① 宁骚：《政策试验的制度因素——中西比较的视角》，《新视野》2014年第2期。
② 梅赐琪、汪笑男、廖露等：《政策试点的特征：基于〈人民日报〉1992—2003年试点报道的研究》，《公共行政评论》2015年第3期。
③ 杨宏山、张健培：《政策试点何以悬浮？》，《治理研究》2023年第1期。
④ 廖晓明、顾宇娇、李鲲：《从悬浮到下沉：农村社会心理服务体系建设——基于江西省三个试点县的案例分析》，《西北农林科技大学学报》（社会科学版）2023年第3期。

象,该政策试点的研究需要从过度关注"由点到面"的政策扩散,向"专注于点"的政策试点下沉回归。但识别政策试点的悬浮是困难的,因为不优秀的试点缺乏新闻报道,从而很难被学术研究者"看到",这些重要的政策试点案例被"无意识地隐藏"了。包含所有试点的案例汇编不仅可以避免个人主观偏差对学术研究结论的影响,而且由于涵盖了悬浮试点的案例,更有助于提升研究方法的全面性和准确性。机器学习中的主题建模方式可以通过一种无监督的方式准确地识别和量化案例文本中的议题及其目的。通过上下文单词的统计关联识别出来的潜在主题,不仅能充分考虑语义结构的差异,而且这种无监督的过程既不需要定义词典,也不需要专家解读,因此更加客观和价值无涉。基于以上论述,本文拟采用主题建模的方式来识别和测量社会心理服务体系政策试点案例文本中的议题,并与政策试点方案进行对比,以期可以发现一些有趣的研究结论。

三、案例文本和研究方法

(一)案例文本的来源与筛选

2021年12月16日,由中国科学院心理研究所、中国心理学会、中国社会心理学会、中国心理卫生协会、中国医药卫生文化协会主办的首届全国社会心理服务周暨应用交流会在安徽省宿州市举行。该活动以"融合、创新、服务、发展"为主题,以"党政领导、应用主导、学术支持、各方参与"为特色和定位,以"围绕社会心理服务的实际应用展开"为主线。活动内容包括社会心理服务体系建设研讨会暨高峰论坛和全国社会心理服务应用成果展示两个部分。大会邀请了全国55个试点地区的政策实际践行者,通过"线上+线下"相结合的方式进行了充分的互动交流、经验共享和发展共促。该大会的出席和筹备人员包括国家心理健康和精神卫生防治中心的相关负责人①以及宿州市的政策试点推动者。②因此,本文可以假设这份案例汇编不仅是系统的、全面的、客观的,同时也是受到官方认可的分析样本。

从征集程序来看,案例文本是由试点城市主动向会议主办方提交的,再由会议主办方进行汇总,且主办方并未限制每个试点城市提交的案例数量。因此,本文可以推断出以下结论:(1)所有的试点城市提交的案例文本均为自己最满意的案例,这可以保证每个分析样本处于同一个层次上,不会出现层次谬误;(2)成果越多的城市提交的案例数量越多,这可以保证每个分析样本的词汇数量和权重成正比,不会过度影响高频词汇所占的比例;(3)所有试点城市在同一时间节点被选为试点且案例提交的截止日期相同,这可以保证每个城市的政策实施周期是一样的,均为3年的时间。阅读过所有的案例文本之后,本文发现所有的案例均具备以下三个方面的内容:一是案例背景,即该城市在执行试点方案时所面临的新形势,需要解决的新问题;二是主要做法,即该城市为了解决这些问题采取了哪些措施,且由哪个单位主抓;三是工作成效,即该城市在政策执行中取得的成果。综上所述,这些案例文本符合的大样本(≥30个)案例比较的同质性的要求。虽然这些案例并没有标准化的格式,但具备真实性和可信度,并且可以在同一层次和维度上进行横向比较。

该资料汇编中共有宿州专题案例集37篇,试点城市案例集151篇,非试点城市案例集13篇。试点地区案例集中不包括宿州案例,且每个试点城市平均被收录3篇案例。本文剔除6篇未包括案例背景、主要做法或工作成效的试点案例文本,补充了3篇宿

---

① 资料来源:案例汇编中的与会者名单。
② 资料来源:案例汇编中的编委会名单。

州案例文本①,共得到 148 个可供分析的案例文本。

(二) 方法论反思与研究方法呈现

研究者是采用定性研究方式或是定量研究方式,其决定因素既不是研究者个人的喜好,也不是研究者的知识背景或方法训练,而是研究问题的性质和研究的目标。②

1. 案例研究的方法论反思

"关于如何认识社会世界的问题,哲学认识论和科学方法论展开了历久弥新的理论对话"③,体现于唯理论与经验论两种认识论,本质主义与表象主义两种科学观,符合论、融贯论、冗余论、约定论、实用论、语义论等多种真理观,归纳与演绎两种逻辑思维,实证主义、解释学、批判理论、建构主义四大理论流派,定量与定性两种研究方法,证实与证伪两种科学检验方式,价值中立与价值无涉两种科学态度,等等。④ 作为两种主流的知识探求方法,定量研究建立在推断统计学(概率论和统计学理论)的基础上,定性研究则根植于逻辑学和集合论。⑤ 定量分析的基本逻辑是基于"共变法和对频数的统计"⑥,定性分析的基本逻辑是对事物的特殊性和复杂性的归纳和解释。案例研究是一种常见的定性分析方式。

受到研究问题的性质和时空范围的限制,可供选择的案例数量并不相同,而案例数量又进一步限制了研究方法的选取。根据样本数量的多少,研究类型分为单案例研究、小样本研究、中等样

---

① 根据随机原则,从 37 篇案例中选取了 3 篇,以保证宿州市在整个案例分析集合中所占的比重和其他城市相同或相近。
② 风笑天:《定性研究——本质特征与方法论意义》,《东南学术》2017 年第 3 期。
③ 郭台辉:《西方社会科学方法论的历史之维》,《中国社会科学》2019 年第 8 期。
④ 陈玉生:《社会科学中的创新发现与对标研究》,《社会科学》2022 年第 11 期。
⑤ [美]加里·格尔茨、詹姆斯·马奥尼:《两种传承:社会科学中的定性与定量研究》,刘军译,上海格致出版社 2016 年版,第 2 页。
⑥ 叶成城:《社会科学中的因果分析:逻辑、样本与方法的考量》,《社会科学文摘》2022 年第 8 期。

本研究和大样本研究。单案例研究只能进行个案的深度挖掘,可以采用过程追踪的方法,用于发现理论,但这些理论的推广性是有局限的。小样本(2—12个)要求案例之间必须存在很大的差异性,研究者既可以采用定性的方法来发现理论,也可以通过控制变量来检验理论。中等样本(12—30个)要求案例之间具有同质性,研究者可以通过定性比较分析(QCA)的方式进行假设检验,但通常不能进行机制性解释。大样本(≥30个)同样要求案例之间具有同质性,研究者可以采用定量分析和因果推断方法,如回归分析。因此,当本文有148个案例文本需要分析且未来试图探寻推断类的研究问题时,单案例、小样本、中样本的案例研究思路和方法均不适用于本文的研究问题和研究目的。

随着机器学习方法的兴起,实证研究从原来的定性定量的双峰并立,转为定性、定量和机器学习方法三分天下。机器学习是基于大量的数据特征值,不断优化统计计算程序的性能标准,让程序来实现"学习",发现数据特征并进行统计预测的任务。一般而言,根据数据集是否已给出目标特征标签可把机器学习分为监督学习(Supervised-learning))与无监督学习(Unsupervised-learning),分别对应于预测和分类聚类任务。① 它可以更好地识别和控制混淆因素、帮助更好地构建对照组、更好地识别异质性因果效应,以及检验因果关系的外部有效性。② 传统的定量的政策评估方法如DID和RDD等,则假设变量之间是线性的、无关的,这在现实生活中是做不到的。基于以上论述,本文可以得出如下推论:(1)大样本的案例集合比单样本、小样本和中样本能更好地进行描述统计和因果推断;(2)机器学习可以解决传统定量研究方法的一些不足;

---

① 陈云松、吴晓刚、胡安宁等:《社会预测——基于机器学习的研究新范式》,《社会学研究》2020年第3期。
② 郭峰、陶旭辉:《机器学习与社会科学中的因果关系——一个文献综述》,《经济学》(季刊)2023年第1期。

(3)本研究的研究目的适用于机器学习中的主题建模方法。本文拟采用机器学习的主题建模方法，尝试探索大样本案例文本中的重要主题，并与现实中的政策方案进行对照，以期可以有相关的研究发现。

2. 大样本案例分析的主题建模路径

主题建模是一种机器学习中的自然语言处理算法，可以作为篇章级别的文本语义理解工具。它的逻辑是从一组或 N 组文本数据中，抽取出若干组关键词来表达文本材料的中心议题，比文本聚类等方法更加灵活有效。本文分析社会心理服务体系建设的政策试点成果案例集时，主要遵循两个步骤：一是对文本语料库进行预处理，以获得最佳的分析效果；二是对预处理后的文本语料库进行主题提取，以识别案例文本里的中心议题。

(1) 案例文本的预处理

案例文本预处理主要包括文本清理、分词、停词三个步骤。首先，文本清理是指去除案例文本中的非汉字字符，包括标点符号、数字、图片、缩略词以及表情符号等。该步骤的目的是避免这些内容影响分词质量。其次，分词处理是指按照一定的规则将文本中的语句拆分为单独的单词。单词是主题建模的最小分析单元。由于中文文本并不像英文文本那样有天然的单词分隔符号，因此，本文需要将案例文本语料库转换为一个词袋（Bag-of-words）。最后，停用词处理是指去除文本中高频出现但对于研究无实际意义的词语。这些词语主要有两类：一类是"因为""最后""的"等一些无实际意义且不影响实际内容的助词、介词等词语；另一类是有实际含义但不具备主题区分能力的词语。通过对停用词的处理，有助于提高主题聚类的准确性。本文保留"心理""心理健康"这些词汇的原因在于，一些由卫生健康委员会单位牵头的试点地区，将社会心理服务体系当作一项国民心理健康促进政策或针对重度精神病的专项政策。保留这两个词汇可以在更大范围内验证是否大多数试点城市都把心理健康和心理咨询作为施政重心。

(2) 案例文本的主题识别

LDA(Latent Dirichlet Allocation)潜在狄利克雷分配模型是近年来较为常用的文本量化分析方法。① 它是一种基于贝叶斯和狄利克雷分布理论的文档主题生成模型,其假定文档呈现出由不同主题所构成的概率分布,主题又是由不同单词所构成的概率分布。LDA主题模型比其他常用的主题模型如LSA(潜在语义分析)模型更加准确。

主题提取的具体操作过程大致可分为两步:(1)确定最佳主题数量。主题数过低,会导致模型预测能力不足;主题数过高,又会导致模型过于拟合。② 目前,常用的主题数量选取方法主要有两种,即困惑度(perplexity)和一致性(coherence)。③ 本文使用一致性指标来确定最佳主题数,原因是一致性指标比困惑度更接近人类对于文本主题可解释性的判断。④ 主题一致性越高,则意味着关键词之间的歧义越少,这间接决定了主题的可解释性。主题之间的排他性是指不同主题之间应当有明显的区分度,这可以作为最佳主题数的辅助分析工具。当不同主题数的一致性指标一致时,主题之间的排他性便成为决策的关键参照。(2)主题提取与命名。确定最佳主题数量后,便需提取案例文本中的主题并对其命名。主题命名有两种方式:第一,阅读概率分布较高的关键词。概率分布较高的关键词往往对主题具有较强的解释力,主题关键词

---

① 杜燕萍:《基于 LDA 主题建模的教师队伍建设改革政策文本分析》,《系统科学与数学》2022 年第 6 期。

② David Blei and Andrew Y. Ng, "Latent Dirichlet Allocation", *Journal of Machine Learning Research*, 2003(3), pp.993-1022.

③ Ocallaghan Derek, Greene Derek and Carthy Joe, et al., "An Analysis of The Coherence of Descriptors in Topic Modeling", *Expert Systems with Applications*, 2015, 42 (13), pp.56-57.

④ Ibid.

数量一般不超过 20 个。① 第二,阅读代表性文档。代表性文档是指主题概率分布较高的文档。通过分析代表性文档以及主题关键词在文档中集中分布的段落,本文同样可以更清晰地理解主题内涵。

四、案例文本的主题建模

使用 Python 对案例文本进行预处理,具体步骤如下:(1)使用正则表达式(re)库清除标点符号、数字和字母;(2)使用 jieba 库对政策文本进行分词处理。为了避免社会心理服务体系领域的专有名词被拆分,本文构建了专业名词词典(包含 110 个单词),并将其作为 jieba 库自带分词词典的补充;(3)使用 cntext 库进行停用词处理。具体来看,本文参照 cntext 库自带的停用词表②剔除了一些无意义的单词,包括"通常""那么""那些"等单词。同时,本文构建了案例文本专用的停用词典(包含 49 个单词),目的是剔除其他有意义但不具备主题区分能力的单词。

(一)确定最佳主题数

本部分对预处理后的案例文本语料进行主题识别:包括确定最佳主题数和主题提取及命名两部分。

首先,本文通过 cntext 库中的 coherence 模块计算了不同主题数量的一致性程度,结果见图 1。由图 1 可知,随着主题数量的增大,各主题之间的一致性程度不断降低。但是,当主题数为 9 和 14

---

① Gary Hollibaugh, "The Use of Text as Data Methods in Public Administration: A Review and an Application to Agency Priorities", *Journal of Public Administration Research and Theory*, 2019, 29(3), pp.474-490.

② Cntext 停用词表来源:https://github.com/zhw3051/cntext。

时,主题一致性程度在整体趋势中都有所上升。这意味着,这两个主题数可能为最佳主题数。这两个主题数的一致性程度得分相同,为了进一步从这两个主题数中选出一个,本文人工判断了两个主题数所生成的主题之间的排他性。通过比较结果可以发现,当主题数为9时,各主题之间的排他性程度更为显著,最终确定最优主题数为9。

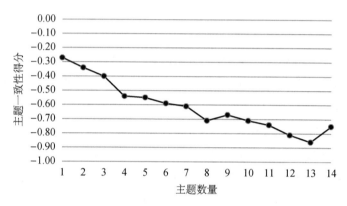

图1 主题一致性曲线

(二)主题提取及命名

其次,本研究应用上述过程所确定的主题数构建了最终的主题模型。该模型识别出9个社会心理服务体系主题,并抽取了每个主题下的关键主题词(表1)。

表1 案例文本的关键主题词

主题	关键词
主题一	心理、心理健康、服务、社区、居民、社会、工作、建立、开展、咨询室、人员、目前、成立、学校、队伍、我市、和谐、组织
主题二	心理、服务、心理健康、中心、工作、教育、社区、建立、心理咨询、知识、学校、制定、精神、辅导、成员、组织、救助、余名、工作人员、工作室

(续表)

主题	关键词
主题三	心理、疫情、患者、危机、防控、工作、精神障碍、服务、及时、群众、团队、精神、专家、开展、进、人民、干预、化解、形成、加强
主题四	心理、服务、心理咨询、干预、心理健康、开展、疏导、热线、提供、专业、咨询、人员、进行、矛盾、家庭、人群、情绪、志愿者、讲座、合川
主体五	社会、心理、服务、建设、工作、服务体系、开展、精神、管理、卫生、街道、治理、试点工作、培训、单位、加强、医院、提升、组织、部门
主题六	社会、心理、建设、服务体系、服务、工作、试点工作、市、健康、全市、项目、副、人员、试点、全国、进行、相关、主任、召开、我市
主题七	平台、心理、宣传、打造、专家、社会、工程、区、在线、心防、参与、开展、市民、全民、微、科普、学习、网格、服务、公益
主题八	心理、建设、社会、服务、服务体系、重点、师、群众、领导小组、取得、情况、问题、模式、需求、团体、新冠、任务、群体、平和、指导
主题九	心理健康、心理、活动、教育、社会、培训、专业、青少年、沙盘、服务、纳入、心理学、辅导、方式、队伍、现场、提升、发展、推动、教师

考虑到不同主题的关键词依然难以直观地体现主题内涵,本文通过查询代表性案例文档来对上述主题进行解读和命名:(1)找出各个主题分布概率最高的社会心理服务体系建设的案例文本。[①] 以主题一为例,找到该主题分布概率最高的案例文本,即《远程会诊,服务居民"零距离"》;(2)找出主题关键词密集分布的段落。例如,主题一的关键词在案例文本中主要分布在社区居民需求、心理咨询专业人员匮乏、矛盾化解等段落;(3)归纳主题关键词密集分布的段落的主要思想。例如,主题一关键词集中分布的段落的思想可以归纳为:社会对心理咨询的需求较大,目前,政府

---

① 受篇幅限制,各主题代表性案例文本未在文中展现。

配备的专业人士和场地有限,需要远程会诊;(4)将这些思想汇总为一个主题名称。

基于以上步骤,本文对所有主题进行了命名。主题一到主题九分别被命名为远程服务、高校赋能、疫情防控、志愿服务、成果发布、工作推进、组建机构、数字赋能、青少年心理健康。各主题内涵解读如表2所示。

表2 主题命名及其内涵

主题	主题命名	主题内涵
主题一	远程服务	运用远程服务的方法解决农村和社区心理健康专业人才不足的问题
主题二	高校赋能	与地方高校合作,携手共建心理健康人才库
主题三	疫情防控	运用心理健康技术,助力疫情防控
主题四	志愿服务	建立社会心理服务体系的志愿者队伍
主题五	成果发布	发布阶段性成果
主题六	工作推进	召开工作推进会议并形成推进方案
主题七	组建机构	成立新机构,完善社会心理服务的组织体系
主题八	数字赋能	运用数字技术,提高社会心理服务体系产品的可得性
主题九	青少年心理健康	重点关注青少年的心理健康问题

五、案例文本的九大主题及分析

案例文本与政策文本、政府工作报告的不同之处在于,案例是某一城市关于某一项政策的政策执行效果的总结和宣传,政策文本是政策执行方案,政府工作报告大多是某一城市在某一阶段中所有政府活动的总结。根据案例文本的特殊性,本文基于主题建模的分析结果,结合实践层面的经验做法,对照 2018 年 11 月 10 部委联合发布《关于印发全国社会心理服务体系建设试点工作方案的通知》,描述三年试点期间这些试点城市在完成政策目标时关注的共同领域和面临的共性问题。

主题一:远程服务

"三、搭建基层心理服务平台"中的"(一)搭建基层心理服务平台",要求"在村(社区)党组织和有关部门的指导下,组织心理服务工作者、社会工作者、网格管理员、人民调解员、志愿者等,对居民摸排各类矛盾问题,及时疏导化解"。但是,由于心理咨询行业的收费较高,考虑到农村居民的文化习俗和付费意愿,中国农村目前尚未有成熟的心理咨询行业和社工组织。

案例 No.106 是湖北省宜昌市入选的案例《远程会诊,服务居民"零距离"》。该案例中采用的远程服务是符合试点城市和全国大部分农村地区的现状的一种经济且高效的社会心理服务产品。通过案例文本识别出的这一主题,既完成了政策文本中的目标,又可以作为一项政策工具向全国推广。

主题二:高校赋能

"四、加强心理服务人才队伍建设"中的"(九)发展心理健康领域社会工作专业队伍"和"(十)培育心理咨询人员队伍",要求试点城市探索出一套可以尽快增加社会心理服务专业人才的道路。一些试点城市的办法是鼓励内科医生通过考试和培训转入心理科,还有一些城市和省份通过专项培训的方式吸纳拥有社工师证书的专业人才进入社会心理服务领域。这从侧面反映了全国各地普遍存在心理咨询师数量不足和分布不均衡的问题。自 2017 年 9 月 15 日国家取消心理咨询师二级和三级考试以来,后续新增的心理咨询师证书都是由第三方机构颁发,缺少由国家认定并颁发职业资格证的渠道,给试点地区培育人才带来了一些困扰。

案例No.145是山东省枣庄市入选的案例《枣庄学院:我校与枣庄市精神卫生中心携手共建合作基地》。该案例通过与地方高校合作,将本地区培养出的心理学相关专业的本科生直接引入本地区的社会心理服务网络中。这种模式可以有效地保证人才受过长期且专业的训练,且更熟悉地方特点,能更好地为本地服务。这个政策工具可以推广到有地方高校存在的城市或地区。

主题三:疫情防控

新冠肺炎疫情暴发于2019年12月,这个突发的公共卫生事件暴发的时间节点正好位于《试点方案通知》颁布一年之后。全国各地的卫生健康系统和各政府单位的注意力被疫情大量占用。社会心理服务体系政策的执行也不得不被裹挟于全国抗疫政策执行之中。"生命至上、举国同心、舍生忘死、尊重科学、命运与共"这二十字抗疫精神将十四亿中国人的心凝聚到一起,展现了万众一心、同舟共济的守望相助精神。

案例No.62是浙江省宁波市入选的案例《战疫情,宁波心理志愿者用心守护"心"》。该案例展示了宁波市在疫情期间对居民心理健康状况的高度重视,以及心理志愿者在抗击疫情中的重要作用。虽然与社会心理服务相关的国家政策中并没有与之对应的具体条款,但这些主题活动有利于提升中国人的心理韧性,对实现"二、工作目标"中的"形成自尊自信、理性平和、积极向上的社会心态"有着积极的影响。

主题四:志愿服务

"四、加强心理服务人才队伍建设"中的"(十二)组建心理健康服务志愿队伍",要求试点地区"向社会广泛招募心理健康服务志愿者","探索支持引导志愿者参与心理健康服务的政策"。由于疫情期间需要大量的志愿者来承担基本公共服务的保障工作,心理疏导等相关的社会心理服务设想和活动有了很多实践的机会,并在此期间积累了大量的经验。

案例No.53是海南省三亚市入选的案例《心理防疫,同心同行:三亚市疫情防控心理辅导志愿服务在行动》。该案例突出了对心理健康志愿者的重视,以及在抗击疫情期间如何依托地方心理志愿者为本地居民和一线抗疫人员舒缓心理压力。随着疫情结束,越来越多的地方政府意识到民众有社会心理服务需求并且这种需求由于这场突发且持久的公共卫生事件而稳步上升。一些非试点城市基于本地的具体情况和需求,开始自发地探索社会心理服务体系建设。

主题五:成果发布

这个主题的出现与本文选用的资料来源相关。本文以一本案例汇编中的案例文本为分析对象,不可避免地会遇到大量"成果发布""成果推介"类型的案例。通过观察该主题的高频词汇——社会、心理、服务、建设、工作、服务体系、开展、精神、管理、卫生、街道、治理、试点工作、培训、单位、加强、医院、提升、组织、部门,可以看出社会心理服务体系建设的主要成果出现在"精神""管理""卫生""街道""治理""培训""医院"等领域。

案例No.3是浙江省嘉兴市入选的案例《嘉兴市社会心理服务体系建设成果发布》。该案例与"三、建立健全社会心理服务网络"中的"(五)提升医疗机构心理健康服务能力""(七)健全心理科普宣传网络""(八)完善严重精神障碍患者服务工作机制"相关,并且"街道"这个高频关键词的出现可以反映试点城市在探索这项政策的执行时,将街道作为该政策执行的抓手和载体。部分学者曾设想过将心理咨询服务归入社区医院,以及将社会心理服务体系融入基层社区之中。街道作为乡镇级别的政府是中国五级政府体系中的最底层,是所有政策的实操机关。因此,街道和乡镇的能力和态度对该政策的探索性执行有着举足轻重的作用。

主题六:工作推进

这个主题的出现与本文选择的政策类别相关。通过观察该主题的高频词汇——社会、心理、建设、服务体系、服务、工作、试点工作、市、健康、全市、项目、副、人员、试点、全国、进行、相关、主任、召开、我市,可以发现"服务""项目""召开"这三个关键词是各试点城市的牵头机关最常提及的内容。

案例No.45是山东省烟台市入选的案例《烟台市召开社会心理服务体系建设与精神卫生工作推进会议》。该案例主要阐述该城市为了推进该政策的执行做了哪些项目,建立了何种工作机制。因此,我们可以推测出以下三点内容:(1)优秀的试点城市将社会心理服务体系作为一种公共"服务",且作为一种与"健康"相关的服务,与一些学者提出的"各试点地区社会心理服务体系建设的内容定位具有较为严重的'心理健康'倾向"①的观点相互印证;(2)项目制是这些试点城市的主要推进方式;(3)为了推进这项涉及多个部门的政策,必须召开多次联席会议。

主题七:组建机构

"四、加强心理服务人才队伍建设"中的"(十三)健全行业组织并加强管理",要求"整合辖区社会心理服务资源,完善社会心理服务行业组织"。该政策刚刚执行3年时,并没有很好的社会基础,因此,培育行业协会、鼓励成立相关机构、制定监管规则等成为政

---

① 池丽萍、辛自强:《社会心理服务体系建设的应然与实然——基于全国12个试点地区的评估》,《心理科学》2019年第4期。

策试点初创时期的工作重心之一。这个主题可以被看作政策执行中不可或缺的前期步骤。

案例 No.141 是陕西省临汾市入选的案例《临汾市社会心理服务联合会成立大会暨第一届全体成员大会召开》,该案例主要介绍了临汾市吸纳相关社会团体并成立了相关机构。

主题八:数字赋能

"三、建立健全社会心理服务网络"中的"(六)建立健全心理援助服务平台",要求"通过热线、网络、App、公众号等建立提供公益服务的心理援助平台"。人工智能和其他数字技术作为数字经济时代的重要基础设施,对中国的社会基层治理效率的提升和覆盖广度的扩大有着非常重要的作用。

案例 No.139 是山西省太原市入选的案例《太原市晋源区社会心理服务上"云"》。该案例展示了用数字化赋能社会心理服务体系建设,可以有效地推动治理和服务的重心向基层下移,填补基层专业技术人才严重不足的窘境,降低服务成本,加快社会心理服务体系建设的推进。"数字赋能、全民共享"已经成为中国政府推动社会进步的重要工具和目标。

主题九:青少年心理健康

青少年时期是身心发育的重要时期,也是健全人格的关键时期。习近平总书记一直高度关注青少年的健康成长。近年来,因青少年心理健康问题所引发的极端事件时有发生。《健康中国行动(2019—2030年)》明确提出了"实施心理健康促进行动和中小学生健康促进行动"[①];《2022年国民抑郁症蓝皮书》显示"我国18

---

① 《健康中国行动(2019—2030年)》(2019年7月9日),中国政府网,https://www.gov.cn/xinwen/2019-07/15/content_5409694.htm,最后浏览日期:2023年6月4日。

岁以下的抑郁症患者占总人数的30%,50%的抑郁症患者为在校学生"。①

案例No.143是山东省潍坊市入选的案例《潍坊诸城:强化健康心理塑造 为青少年成长保驾护航》,该案例将如何化解"成长的烦恼"作为本市社会心理服务的工作重心之一。虽然第七次全国人口普查数据显示,我国60岁及以上人口超过了2.6亿;心理亚健康状态的老年人在总群体中的占比却没有青少年高。② 梁启超在《少年中国说》中写道:"少年强则国强,少年智则国智,少年富则国富",因此,改善青少年的心理健康状况应成为一项全国性的政策。

综上所述,基于148份案例文本,结合LDA主题模型,本文分析了社会心理服务体系案例文本中的主题类型。根据LDA主题模型识别结果,现有案例文本中共有九项主题:远程服务、高校赋能、疫情防控、志愿服务、成果发布、工作推进、组建机构、数字赋能、青少年心理健康。通过对传统案例研究方法的反思,本文发现,结合主题建模得出的主题和相关的实践案例文本,可以从中捕捉到试点城市在探索新政策新方向时所采取的共同措施、所面临的共同问题以及其他共同特点。

六、政策启示与研究展望

(一)政策启示

社会心理服务体系目前仍是一个发展中的体系,在实际的建

---

① 《2022年国民抑郁症蓝皮书》(2022年11月29日),新浪网,http://k.sina.com.cn/article_7659308266_1c887c4ea0010157vm.html,最后浏览日期:2023年6月4日。
② 同上。

设中存在概念的"应然意涵"与建设的"实然状况"之间的差异。①各试点城市对"社会""心理""服务""体系"及"社会心理服务体系"的理解也各不相同,因此,这项政策实验在全国各地呈现出"百花齐放"的态势。虽然各类创新工具和创新模式不断涌现,但目前为止并未形成可向全国推广的方案模式,这与中央试行政策试点的作用和目的不符。通过主题模型的技术对全国所有的案例的汇编进行主题识别,本文不仅得出了社会心理服务体系建设的9个主要特征,还可以对该政策的未来走向有以下3方面的启示。

1. 推广相关政策工具

主题建模可以帮助我们识别出案例集合中普遍认同的政策工具。工具是达成目标的手段,公共政策工具是人们为解决某一社会问题或执行政策方案采用的具体方式,是政府治理的一种途径,是政策目标和结果之间的桥梁。本文通过对社会心理服务体系政策执行中产生的优秀案例集合进行文本挖掘,识别出广受试点城市认可的政策工具,而这些政策工具是可以向全国推广的。

远程服务可以改善农村等偏远地区心理健康服务的可达性。高校赋能可以有效地解决我国目前社会心理服务人才紧缺的问题,与地方高校合作不仅可以增加服务人才,还可以根据本地特色有针对性地培养了解本地文化、适应本地特点的专业人才。组建志愿服务队伍可以增加该政策的可得性。互联网打破了原有的社会结构、关系结构和地缘结构,重塑了社会治理格局,从技术上为社会心理服务中多元主体的参与拓展了新的途径和方式。数字赋能可以提高社会心理服务供给方的人力资本水平、提升市场对接能力、推动产业转型升级。

---

① 池丽萍、辛自强:《社会心理服务体系建设的应然与实然——基于全国12个试点地区的评估》,《心理科学》2019年第4期。

2. 重点关注青少年的心理健康问题

青少年心理健康作为一个主题被识别出来,说明这类群体在这三年中被广泛关注,是该政策执行的重心之一。促进青少年身心健康、全面发展,是群众关切、社会关注的重大课题。

2023年4月20日,教育部等17个部门联合印发《全面加强和改进新时代学生心理健康工作专项行动计划(2023—2025)年》,提出"五育并举促进心理健康"。引导学生关心自身、悦纳自我。推进青少年心理健康教育工作日常化成为中国教育领域的重心之一。社会心理服务体系作为一项心理健康促进和社会心态培育的政策载体,将会在此领域继续发挥重要的作用。

3. 重视机关和企事业单位的心理服务网络建设

截至目前,各试点城市在该领域并未有突出的亮点和案例产生。公务员及其他企事业单位员工的心理健康水平虽高于社会整体水平,但职业倦怠、失眠、工作压力等问题也层出不穷。

《唐雎不辱使命》中曾言:"天子之怒,伏尸百万。匹夫之怒,以头抢地尔。"机关和企事业单位包括机关单位、事业单位和企业单位,三者虽然在性质和功能上有一些差别,但均对人民的生产生活有着重要的影响。重视这类群体的心理健康状况,是中国共产党以人为本重视干群关系的重要体现,符合我们党全心全意为人民服务的宗旨,是每个机关和企事业单位都应去践行的政策目标。

(二)研究展望

现有的政策试点研究主要集中于以下3个方面:(1)以某一项试点政策的执行为分析对象。通过梳理该政策的谱系和归纳执行过程发现的问题并提出对策,重点关注政策的顶层设计和执行中的体制机制。(2)以某一个或几个试点城市的试验情况为分析对象,或采取单案例分析,或采取小样本案例分析,或使用政策实验的方法,发现一些执行中存在的共性问题。(3)将大样本的文本集合进行结构化处理,构建自变量和因变量并建立研究假设,进行因果推断。这种类型的研究不可避免地会产生非"价值无涉"和非"价值中立"的状况,即研究变量受到研究者的主观判断的影响。本文采用的主题建模的方法可以最大限度地符合社会科学研究中对"价值无涉"的要求,客观地反映研究样本的真实状态。通过主题建模识别出的这9大主题可以帮助社会科学研究者和行政管理者快速且真实地看到某一项政策试点的全局性的执行情况和存在的问题。

本文不足之处在于以下两个方面:(1)不能做到完全的"价值无涉",这些案例共经历了申报者和编委会两次筛选,每次筛选都会加入一定的价值和个人偏好;(2)不是全样本,有些并不优秀的案例没有入选案例汇编。这会导致本文只能发现实践中的优点和成果,缺点和不足存在于被筛选掉的案例文本之中。

目前,本文仅做了描述性研究,未来会逐步推进与之相关的因果推断类研究。并且,基于行政管理者与社会科学研究者关心的问题不同,会导致结论不同。行政当局更关心社会应该是什么样的,社会科学研究者更关注探索、描述和解释社会事实。[①] 行政管理者总是试图规定社会研究者应该研究什么,这种"价值-事实"的冲突会常常让社会研究者手足无措。普通公众更相信自己的"亲身经历""切身体会"和世人皆知的"常识";社会科学家追求的是科学、普遍性的规律,因而其所得的结论必然有信息损耗,只能尽可能地保证逻辑严谨和过程科学。社会心理服务体系建设是一项利国利民且影响深远的政策,努力弥合社会科学研究者与行政管理者在此项政策中存在的鸿沟、推动这项政策的发展和完善将成为笔者未来努力的方向。

---

① 王蔚:《社会科学方法论研究评述》,《求索》2006年第3期。

稿　　约

1. 《复旦城市治理评论》于 2017 年正式出版,为学术性、思想性和实践性兼具的城市治理研究系列出版物,由复旦大学国际关系与公共事务学院支持,复旦大学国际关系与公共事务学院大都市治理研究中心组稿、编写,每年出版两种。《复旦城市治理评论》坚持学术自由之方针,致力于推动中国城市治理理论与实践的进步,为国内外城市治理学者搭建学术交流平台。欢迎海内外学者惠赐稿件。

2. 《复旦城市治理评论》每辑主题由编辑委员会确定,除专题论文外,还设有研究论文、研究述评、案例研究和调查报告等。

3. 论文篇幅一般以 15 000—20 000 字为宜。

4. 凡在《复旦城市治理评论》发表的文字不代表《复旦城市治理评论》的观点,作者文责自负。

5. 凡在《复旦城市治理评论》发表的文字,著作权归复旦大学国际关系与公共事务学院所有。未经书面允许,不得转载。

6. 《复旦城市治理评论》编委会有权按稿例修改来稿。如作者不同意修改,请在投稿时注明。

7. 来稿请附作者姓名、所属机构、职称学位、学术简介、通信地址、电话、电子邮箱,以便联络。

8. 投稿打印稿请寄:上海市邯郸路 220 号复旦大学国际关系与公共事务学院《复旦城市治理评论》编辑部,邮编 200433;投稿邮箱:fugr@fudan.edu.cn。

稿 例

一、论文构成要素及标题级别规范

来稿请按题目、作者、内容摘要(中文 200 字左右)、关键词①、简短引言(区别于内容摘要)、正文之次序撰写。节次或内容编号请按一、(一)、1.、(1)……之顺序排列。正文后附作者简介。

二、专有名词、标点符号及数字的规范使用

1. 专有名词的使用规范

首次出现由英文翻译来的专有名词(人名、地名、机构名、学术用语等)需要在中文后加括号备注英文原文,之后可用译名或简称,如罗伯特·登哈特(Robert Denhardt);缩写用法要规范或遵从习惯。

2. 标点符号的使用规范

请严格遵循相关国家标准,参见《标点符号用法》(GB/T 15834—2011)。

3. 数字的使用规范

请严格遵循相关国家标准,参见《出版物上数字用法》(GB/T 15835—2011)。需要说明的是:一般情况下,对于确切数字,请统一使用阿拉伯数字;正文或注释中出现的页码及出版年月日,请以公元纪年并以阿拉伯数字表示;约数统一使用中文数字,极个别地方(为照顾局部前后统一)也可以使用阿拉伯数字。

4. 图表的使用规范

各类表、图的制作要做到清晰(精度达到印刷要求)和准确(数据无误、表的格式无误),具体表格和插图的制作规范请参见《学术出版规范 表格》(CY/T 170—2019)和《学术出版规范 插图》(CY/T 171—2019)。表、图相关数据或资料来源需要标明出处,数据或资料来源的体例要求同正文注释,具体见"五、注释格式附例"。

三、正文中相关格式规范

1. 正文每段段首空两格。独立引文左右各缩进两格,上下各

---

① 关键词的提炼方法请参见《学术出版规范 关键词编写规则》(CY/T 173—2019)。

空一行,不必另加引号。

2. 正文或注释中出现的中、日文书籍、期刊、报纸之名称,请以书名号《》表示;文章篇名请以书名号《》表示。西文著作、期刊、报纸之名称,请以斜体表示;文章篇名请以双引号""表示。古籍书名与篇名连用时,可用中点(·)将书名与篇名分开,如《论语·述而》。

3. 请尽量避免使用特殊字体、编辑方式或个人格式。

四、注释的体例规范

所有引注和说明性内容均须详列来源:本《评论》的正文部分采用"页下脚注"格式,每页序号从①起重新编号,除对专门的概念、原理、事件等加注外,所有注释标号放在标点符号的外面;表和图的数据来源(资料来源)分别在表格下方(如果表有注释的话,请先析出资料来源再析出与表相关的注释说明)和图题下方析出。

【正文注释示例】

[例一] 陈瑞莲教授提出了区域公共管理的制度基础和政策框架。① 杨龙提出了区域合作的过程与机制,探讨如何提高区域政策的效果和协调区域关系。② 第二类主要着眼于具体的某个城市群区域发展的现实要求,比如政策协同问题、大气污染防治、公共服务一体化等。

[例二] 1989年,中共中央发表《中共中央关于坚持和完善中国共产党领导的多党合作和政治协商制度的意见》,明确了执政党和参政党各自的地位和性质,明确了多党合作和政治协商制度是中国的基本政治制度,明确了民主党派作为参政党的基本点即"一个参加三个参与"。③

---

① 陈瑞莲:《论区域公共管理的制度创新》,《中山大学学报》2005年第5期。

② 杨龙:《中国区域政策研究的切入点》,《南开学报》(哲学社会科学版)2014年第2期。

③ "一个参加三个参与"指,民主党派参加国家政权,参与国家大政方针的制定,参与国家事务的管理,以及参与国家法律、法规、政策的制定和执行。

【表的注释示例】

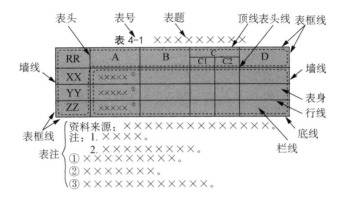

【图的注释示例】

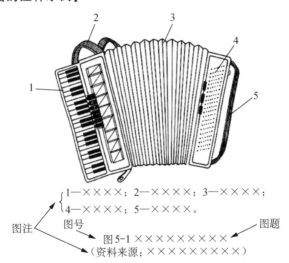

五、注释格式附例

1. 中文著作

 （作者名）著（或主编等）：《***》（书名），***出版社****年版，第*页。

 如，陈钰芬、陈劲：《开放式创新：机理与模式》，科学出版社 2008 年版,第 45 页。

2. 中文文章

*** (作者名):《******》(文章名),《******》(期刊名)**** 年第 ** 期,第 ** 页/载 *** 著(或主编等):《******》,*** 出版社 **** 年版,第 * 页①。

期刊中论文如,陈夏生、李朝明:《产业集群企业间知识共享研究》,《技术经济与管理研究》2009 年第 1 期,第 51—53 页。

著作中文章如,陈映芳:《"违规"的空间》,载陈周旺等主编:《中国政治科学年度评论:2013~2014》,复旦大学出版社 2016 年版,第 75—98 页。

3. 译著

*** (作者名或主编等):《******》,*** 译,*** 出版社 **** 年版,第 * 页。

如,[美]菲利普·科特勒:《营销管理:分析、计划、执行和控制》(第九版),梅汝和等译,上海人民出版社 1999 年版,第 415—416 页。

4. 中文学位论文

*** (作者名):《******》(论文标题),**** 大学 **** 专业 **(硕士/博士)学位论文,**** 年,第 * 页。

如,张意忠:《论教授治学》,华东师范大学高等教育学专业博士学位论文,2006 年,第 78 页。

5. 中文网络文章

*** (作者名、博主名、机构名等著作权所有者名称):《******》(文章名、帖名)(**** 年 * 月 * 日)(文章发布日期),*** (网站名),*** (网址),最后浏览日期:* 年 * 月 * 日。

如,王俊秀:《媒体称若今年实施 65 岁退休 需 85 年才能补上养老金

---

① 期刊中论文的页码可有可无,全文统一即可,但是涉及直接引文时,需要析出引文的具体页码。论文集中文章的页码需要析出。

缺口》(2013年9月22日),新浪网,http://finance.sina.com.cn/china/20130922/082216812930.shtml,最后浏览日期:2016年4月22日。

6. 外文著作

******(作者、编者的名+姓)①,ed./eds.②(如果是专著则不用析出这一编著类型),******(书名,斜体,且除虚词外的每个单词首字母大写),***(出版地):***(出版社),****(出版年),p./pp.③*(页码).

如,John Brewer and Eckhart Hellmuth, *Rethinking Leviathan: The 18th Century State in Britain and Germany*, Oxford: Oxford University Press, 1999, pp.5-6.

7. 外文文章

******(作、编者的名+姓),"******"(文章名称,首字母大写),******(期刊名,斜体且首字母大写),****,(年份)***(卷号),p./pp. ***(页码). 或者,如果文章出处为著作,则在文章名后用:in ******(作、编者的名+姓),ed./eds., ******(书名,斜体且首字母大写),***(出版地):***(出版社),****(出版年),p./pp. *(页码).

期刊中的论文如, Todd Dewett and Gareth Jones, "The Role of Information Technology in the Organization: A Review, Model, and Assessment", *Journal of Management*, 2001, 27(3), pp.313-346.

或著作中的文章如, Randall Schweller, "Managing the Rise of Great Powers: Theory and History", in Alastair Iain Johnston and Robert Ross, eds., *Engaging China: The Management of an Emerging Power*, London: Routledge, 1999, pp.18-22.

---

① 外文著作的作者信息项由"名+姓"(first name + family name)构成。以下各类外文文献作者信息项要求同。
② "ed."指由一位编者主编,"eds."指由两位及以上编者主编。
③ "p."指引用某一页,"pp."指引用多页。

8. 外文会议论文

******（作者名+姓），"******"（文章名称,首字母大写,文章名要加引号），paper presented at ******（会议名称,首字母大写），********（会议召开的时间），***（会议召开的地点,具体到城市即可）.

如,Stephane Grumbach, "The Stakes of Big Data in the IT Industry: China as the Next Global Challenger?", paper presented at The 18th International Euro-Asia Research Conference, January 31 and February 1, 2013, Venice, Italy①.

以上例子指外文会议论文未出版的情况。会议论文已出版的,请参照外文文章的第二类,相当于著作中的文章。

9. 外文学位论文

******（作者名+姓），******（论文标题,斜体,且除虚词外的每个单词首字母大写），doctoral dissertation/master's thesis（博士学位论文/硕士学位论文），****（大学名称），****（论文发表年份），p./pp. *（页码）.

如,Nils Gilman, *Mandarins of the Future, Modernization Theory in Cold War America*, doctoral dissertation, John Hopkins University, 2007, p.28.

10. 外文网络文章

******（作者名、博主名、机构名等著作权所有者名称），"******"（文章名、帖名）（********）（文章发布日期），***（网站名），***（网址），retrieved ******（最后浏览日期）.

如,Adam Segal, "China's National Defense: Intricate and Volatile" (April 1, 2011), Council on Foreign Relations, https://www.cfr.org/blog/chinas-national-defense-intricate-and-volatile, retrieved December 28, 2018.

---

① 如果会议名称中含有国家名称,出版地点中可省略国家名称信息。

图书在版编目(CIP)数据

大都市圈治理:战略协同与共荣发展/唐亚林,陈水生主编. —上海:复旦大学出版社,2023.11
(复旦城市治理评论)
ISBN 978-7-309-16971-3

Ⅰ.①大… Ⅱ.①唐…②陈… Ⅲ.①城市经济-经济发展-研究-中国 Ⅳ.①F299.21

中国国家版本馆 CIP 数据核字(2023)第 167580 号

大都市圈治理:战略协同与共荣发展
Dadushiquan Zhili: Zhanlüe Xietong Yu Gongrong Fazhan
唐亚林　陈水生　主编
责任编辑/朱　枫

复旦大学出版社有限公司出版发行
上海市国权路 579 号　邮编:200433
网址:fupnet@fudanpress.com　http://www.fudanpress.com
门市零售:86-21-65102580　团体订购:86-21-65104505
出版部电话:86-21-65642845
上海四维数字图文有限公司

开本 787 毫米×960 毫米　1/16　印张 24.25　字数 304 千字
2023 年 11 月第 1 版
2023 年 11 月第 1 版第 1 次印刷

ISBN 978-7-309-16971-3/F·2997
定价:72.00 元

如有印装质量问题,请向复旦大学出版社有限公司出版部调换。
版权所有　侵权必究